Reiseführer Natu.
Costa Rica

BLV

Dr. Wolfgang Denzer

Reiseführer Natur
Costa Rica

Die Deutsche Bibliothek – CIP-Einheitsaufnahme

Reiseführer Natur Costa Rica / Wolfgang Denzer
München; Wien; Zürich: BLV, 1997 (Reiseführer Natur)
ISBN 3-405-15036-1
NE: Denzer, Wolfgang

Die Zusammenstellung der praktischen Reiseinformationen und die Beschreibung der Touren in diesem Führer erfolgten mit größtmöglicher Sorgfalt und mit Rücksicht auf die Natur. Bitte verhalten auch Sie sich entsprechend und beachten Sie im Interesse Ihrer eigenen Sicherheit die Hinweise des Autors, z. B. zu gefährlichen Wegstrecken. Ob eine Route gefährlich ist, hängt neben den Wetterverhältnissen auch von der persönlichen Konstitution des Wanderers ab. Befragen Sie im Zweifelsfall vor einer Reise ihren Hausarzt. Bitte haben Sie Verständnis dafür, daß sich nach Erscheinen des Buches Wegführungen, Anschriften oder Telefonnummern ändern können. Korrekturhinweise werden Autor und Verlag gerne aufgreifen:

BLV Verlagsgesellschaft mbH, Postfach 40 03 20, 80703 München

BLV Verlagsgesellschaft mbH
München Wien Zürich
80797 München

Umschlaggestaltung: Julius Negele, München
Karten: Viertaler + Braun, Grafik + DTP, München
Redaktionelle Mitarbeit: Dr. Einhard Bezzel, Prof. Dr. Josef H. Reichholf
Lektorat: Dr. Friedrich Kögel
Layout: Volker Fehrenbach, München
Herstellung: Hermann Maxant
Satz: Grafisches Büro V. Fehrenbach, München
Reproduktionen: Repro GmbH, Landshut
Druck: Appl, Wemding
Bindung: Bückers GmbH, Anzing

Printed in Germany · ISBN 3-405-15036-1

Inhalt

Einführung

Essays

Hauptreiseziele

Nebenreiseziele

Reiseplanung

Anhang

Zum Geleit

Reiseführer Natur — eine Chance für den sanften Tourismus?

Dem Massentourismus ist sehr viel Natur zum Opfer gefallen. Der Versuch, der Unwirtlichkeit der Städte und der Industriegesellschaft für die kostbarsten Wochen des Jahres in eine »intakte Natur« zu entfliehen, mißlang gründlich. Denn der Ruhe, Entspannung und Naturgenuß suchende Mensch wurde im Touristikboom schnell wieder in die Massen einbezogen und beinahe zu einer »Ware« degradiert. Der zähe Brei des Massentourismus wälzte sich, da er fortlaufend seine eigenen Existenzgrundlagen zerstört, immer weiter hinaus bis in die letzten Winkel der Erde. Mit größter Sorge betrachteten Naturschützer in aller Welt diese Entwicklung und versuchten – vergeblich – sich dagegenzustemmen. Sie waren und sind machtlos gegen die Flut, die über sie und die wenigen geschützten Gebiete hereinbrach. Die Naturschützer hatten so gut wie keine Chancen, die Natur vor dem Massenansturm zu bewahren.
So wurde denn der Tourismus in Bausch und Bogen als nicht natur- und umweltverträglich verdammt und gebrandmarkt. Nicht ganz zu Recht, wie man bei objektiver Betrachtung der Sachlage zugeben muß. Denn nicht wenige der wichtigen, ja unersetzlichen Naturreservate der Welt konnten gerade wegen des Tourismus gesichert werden, der Staaten wie Tansania mit der weltberühmten Serengeti und Ecuador mit seinen Galápagos-Inseln mehr harte Währung einbrachte, als eine Umwidmung der geschützten Flächen zu anderen Formen der Nutzung. Durch geschickte und gezielte Lenkung des Besucherstromes ist es möglich, die Schäden gering zu halten, aber großen Nutzen einzubringen. Viele Beispiele gibt es hierfür. In Amerika, in Afrika und in Südostasien gelingt es offenbar weitaus besser, Naturreservate zu erhalten als hierzulande in Mitteleuropa, wo Naturschutzgebiete fast automatisch zu Sperrgebieten für Naturfreunde gemacht werden (während andere Nutzungsformen, insbesondere Jagd und Fischerei, in der Regel uneingeschränkt weiterlaufen dürfen).
Es fehlt an Information und an Personal, das die Schutzgebiete überwacht, Besucher betreut und für die Erhaltung der Natur wie für die Einhaltung der Schutzbestimmungen sorgt. Vielfach können gerade da, wo die Schutzgebiete mit strengem »Betreten verboten« ausgewiesen sind, die Schutzziele nicht eingehalten werden. Es fehlen die »Verbündeten«; sie sind als Naturfreunde ausgeschlossen und damit keine starken Partner. Eine grundsätzliche Änderung, eine Wende zum Besseren ist derzeit nicht in Sicht. So bleibt der Naturfreund auf sich allein gestellt, Natur zu erleben, ohne sie zu zerstören.
Die neue Serie »Reiseführer Natur« folgt diesem Leitgedanken. Sie will den engagierten Naturfreunden die Möglichkeit aufzeigen, sich schöne Landschaften mit einem reichhaltigen oder einzigartigen Tier- und Pflanzenleben auf eine »umweltverträgliche« Art und Weise zu erschließen. Ein Tourismus dieser Art, der auf Information aufbaut und dessen Ziel die Sicherung der Naturschönheiten ist, wird vielleicht die überfällige Wende bringen. Unberührte Natur, naturnahe Landschaften und freilebende Tiere und Pflanzen haben ihren besonderen Wert. Aber er wird nicht zum Nulltarif auf Dauer zu erhalten sein.

Dr. Einhard Bezzel
Prof. Dr. Josef H. Reichholf

Vorwort

Costa Rica hat sich in den letzten Jahren wegen seiner faszinierenden Landschaft und einmaligen Artenvielfalt zu einem der attraktivsten Naturtourismusländer entwickelt. Das Land wird aus einer Vielzahl von Beweggründen besucht, sei es, um in den Regenwäldern Tiere und Pflanzen zu bewundern, aktive Vulkane zu bestaunen oder einfach nur an einer der Küsten einen erholsamen Urlaub zu verleben. Dieser Reiseführer Natur hat das Anliegen, dem interessierten Naturtouristen schon vor der Reise mit dem Land ein wenig vertraut zu machen. Besonderer Wert wird auf die Vorstellung von Pflanzen- und Tierwelt gelegt, jedoch werden auch eventuell auftretende Schwierigkeiten erwähnt.

Viele Costa-Rica-Reisende besuchen das Land mehr als nur einmal. Ist die erste Reise meistens noch ein pauschales Tourenangebot, findet man schnell Geschmack an den abseits der üblichen Routen liegenden Gebieten. Solche Exkursionen bedürfen allerdings einer erheblich intensiveren Vorbereitung. Dem Individualtouristen will dieses Buch helfen, vorab Tourenpläne und Zeitrahmen festzulegen und Informationsquellen zu erschließen, um etwaigen Enttäuschungen vorzubeugen.

Naturbeobachtungen sind in Costa Rica an der Tagesordnung; insbesondere Vogelkundler und Reptilien-/Amphibienliebhaber kommen schnell auf ihre Kosten. Einigen Säugetieren wird man immer wieder begegnen, aber die Beobachtung von seltenen Tieren fällt hier so schwer wie anderswo. Wird etwa das Vorkommen von Jaguar, Ozelot oder Tapir für ein Gebiet erwähnt, darf man keinesfalls mit garantierten Beobachtungen rechnen. Hilfreich ist es, mehrere Tage an einem Ort zu verweilen und mehrmals zu verschiedenen Tageszeiten gleiche Wege abzulaufen. Auf diese Weise erhöht sich die Chance, verschiedenartige Tiere zu Gesicht zu bekommen, da man den unterschiedlichen Aktivitätsphasen gerecht werden kann.

Die eingeschränkte Suche nach bestimmten Arten wie dem sagenumwobenen Göttervogel Quetzal oder einem Puma kann schnell zu Enttäuschungen führen. Nehmen Sie alles in sich auf – die Gerüche, die Farben wie auch die Geräusche – und Sie werden unwiederbringliche Erinnerungen mit nach Hause nehmen.

Auf längeren Fahrten sieht man immer wieder gerodete Flächen und Kulturland. Bei vielen Naturreisenden stößt dies auf Unverständnis. Bedenken Sie jedoch, daß insbesondere viele Kleinbauern ihren Lebensunterhalt daraus beziehen. Costa Rica hat prozentual erheblich mehr geschützte Flächen als irgendein europäisches Land. Jegliche Bemerkung zu Überweidung oder übermäßigem Kaffeeanbau führt lediglich dazu, daß man als arrogant und unwissend betrachtet wird; denn in Europa wird der Kaffee konsumiert und Bananen werden zu Spottpreisen importiert. Genießen Sie lieber die noch vorhandenen Naturschutzgebiete und seien Sie sich bewußt, daß Sie mit Ihrem Eintrittsgeld zur Erhaltung der letzten Regenwälder beitragen. Der Schutz von Naturparadiesen kostet Geld, welches nicht über Massentourismus am Strand erwirtschaftet wird. Durch den Ökotourismus muß erreicht werden, daß auch kommende Generationen noch die Chance haben, die Naturwunder dieses kleinen Landes zu bestaunen.

Noch ein Wort zum Schluß: Beherzigen Sie den weltweit für Schutzgebiete geltenden Grundsatz:

»Take nothing but photographs,
leave nothing but footprints,
kill nothing but time!«

Wolfgang Denzer

Einführung

Zur Benutzung des Buches

Das Buch stellt dem Leser verschiedene Landschaftsformen sowie biologisch interessante Gebiete vor. Es soll in dem begrenzten Rahmen möglichst unterschiedliche Regionen behandeln und als Hilfestellung bei der Tier- und Pflanzenbestimmung dienen. Um den Leser mit der Benutzung des Buches vertraut zu machen, zunächst folgende Hinweise:
Zu Beginn führt eine »Kleine Landeskunde« in die geologischen, klimatischen und landschaftlichen Besonderheiten des Landes ein und liefert einen kurzen Überblick über Flora und Fauna.
Im Hauptteil des Buches werden die Reiseziele vorgestellt. Die Auswahl der Haupt- und Nebenreiseziele muß subjektiv ausfallen. Ich habe versucht, den verschiedenen Landschafts- und Vegetationsformen des Landes gerecht zu werden und exemplarisch Ziele für die entsprechende Region auserkoren. Da viele Reisen nach Costa Rica als Kurzreisen angeboten werden, oftmals mit arrangierten Touren, war ein Auswahlkriterium die leichte Zugänglichkeit der Gebiete. Daneben werden aber auch Nationalparks vorgestellt, die abseits der üblichen Routen liegen und dem Abenteurer oder Spezialisten eher zusagen. So werden Bergtouren auf den Rincón de La Vieja und Chirripó, der Abstieg in die Höhlen des Barra Honda oder tagelange Wanderungen in der Einsamkeit des Corcovado ebenso behandelt wie Tagestouren zu den bekannten Vulkanen Poás und Irazú.
Als Hauptreiseziele werden Gebiete vorgestellt, in denen es sich lohnt oder unumgänglich ist, mehrere Tage zu verbringen. Einige Auswahlkriterien sind Besonderheiten in Geologie, Flora und Fauna sowie Zugänglichkeit. Jedem Hauptreiseziel ist eine Kurzdarstellung vorangestellt, um einen schnellen Überblick zu ermöglichen. Daran anschließend wird auf Landschaftsformen und Tier- und Pflanzenwelt eingegangen. Möglichst viele der angesprochenen Tiere bzw. Pflanzen sind im Bild

Verwendete Kartensymbole

- *Asphaltstraße*
- *Versorgungsstraße, Schotterpiste*
- *Wanderweg*
- *Staatsgrenze*
- *Korallen*
- *Fluß*
- *See, Meer*
- *Land*
- *Nationalpark und andere Schutzgebiete*
- *Stadt, Ortschaft*
- *Berg*
- *Vulkan*
- *Wasserfall*
- *Höhle*
- *Aussichtspunkt*
- *Rangerstation, Forschungsstation*
- *Parkverwaltung, Information*
- *Unterkunft, Hotel*
- *Observatorium, Biologische Station*
- 3 *Besuchspunkte (mit Querverweisen im Text)*

dargestellt, um ein Erkennen zu erleichtern. Ist eine Art in einem anderen Kapitel abgebildet, so ist der Hinweis (S...) eingefügt. Bei Arten, die ausführlich an anderer Stelle besprochen werden, folgt der Hinweis (s. S...). Unter dem Stichwort »**Im Gebiet unterwegs**« werden Wanderwege vorgestellt und, soweit dies möglich ist, Zeit und Weglängen angegeben. Der größte Teil der im Gebiet vorhandenen Wege ist zudem auf Karten verzeichnet, die als Orientierungshilfe dienen sollen. Die »**Praktischen Tips**« geben Informationen zu Klima, Reisezeit und Unterkünften. Vorabauskünfte können von den angegebenen Adressen eingeholt werden. Hier sind auch Internet- bzw. e-mail-Adressen zu finden. Alle Angaben wie Öffnungszeiten, Adressen, Telefon-/Faxnummern usw. sind auf dem Stand Frühjahr 1997. Gegen Ende eines Hauptreisezieles folgt der »**Blick in die Umgebung**«, der lohnenswerte Anlaufpunkte enthält und kleinere Ausflüge vorstellt.
Kurze, meist einseitige **Essays** (blau unterlegte Seiten) lockern die Darstellung der Hauptreiseziele auf. An diesen Stellen wird auf zusätzliche Themen wie das Verhalten einiger Arten, Ökotourismus o. ä. näher eingegangen.
Nebenreiseziele stellen in Kurzform interessante Gebiete vor. Die Auswahl erfolgte nach den gleichen Kriterien wie bei den Hauptreisezielen. Manche liegen abseits der üblichen Routen, wiederum andere sind in Tagesausflügen zu bewältigen. Der Begriff »Nebenreiseziel« sollte keineswegs den Eindruck vermitteln, diese Gebiete seien minder interessant. Auf längeren Touren können einige der angeführten Plätze durchaus als Verbindungsglied zwischen zwei weit auseinanderliegenden Parks angefahren werden.
Im Abschnitt **Reiseplanung** werden praktische Reiseinformationen zur Vorbereitung sowie Durchführung einer Costa-Rica-Reise gegeben, ebenso wie wichtige Angaben zur Infrastruktur des Landes. Am Ende des Buches sind Literaturhinweise, Angaben zu Kartenmaterial und ein Wörterbuch mit Tier- und Pflanzennamen zu finden.

Zeichenerklärung für Kartensymbole
Die Angaben in den Karten sind auf die für den Naturtouristen interessanten Punkte reduziert und beschränken sich auf die im Text beschriebenen Wege. Eine Erklärung der verwendeten Symbole ist der Übersicht links unten zu entnehmen.

Kleine Landeskunde

Lage und Größe

Costa Rica überdeckt eine Fläche von 51032 km² und liegt zwischen 8°02´ und 11°13´ nördlicher Breite sowie 82°33´ bis 85°58´ westlicher Länge. Es ist somit nur unwesentlich größer als das deutsche Bundesland Niedersachsen oder die Schweiz. Das Staatsgebiet grenzt im Norden an Nicaragua und im Süden an Panama. Im Westen und Osten wird das Land durch den Pazifischen Ozean beziehungsweise durch den Atlantischer Ozean (Karibik) begrenzt. Beide Küstenlinien zusammengenommen erreichen eine Gesamtlänge von über 1200 km, wobei allein 1000 km auf die pazifische Seite entfallen. An der schmalsten Stelle beträgt die Entfernung von Küste zu Küste nur etwa 120 km; die längste Nord-Süd-Ausdehnung des Landes beläuft sich auf 460 km. Die höchste Erhebung Costa Ricas ist der Chirripó mit 3821 m Höhe, der längste Fluß ist der nahezu 200 km lange Río Grande de Terraba. Der Arenal-See stellt mit 80 km² das größte Binnengewässer des Landes dar, ist jedoch künstlich angestaut.
In Costa Rica leben derzeit etwa 3,3 Mio. Einwohner, über die Hälfte davon im Zentraltal. Auf die Landesgröße bezogen ergibt sich eine Besiedlungsdichte von 65 Einwohnern pro km² (zum Vergleich Deutschland: 230 Einwohner pro km²).

Geologie und Landschaften

Costa Rica formt mit seinen Nachbarländern (Nicaragua und Panama) eine Landbrücke zwischen den Nord- und Südamerikanischen Landmassen. Die ältesten bekannten Gesteine stammen aus dem Erdmittelalter (Jura sowie Kreidezeit, ca. 150 Mio. Jahre) und wurden auf der Nicoya Halbinsel gefunden. In weiten Teilen des Landes findet man zudem Meeressedimente aus dem Tertiär, deren Ursprung bis in das Paleozän (60 Mio. Jahre) zurückreicht. Die kontinuierliche Verbindung zwischen Nord- und Südamerika existiert erst seit 3 Mio. Jahren.

Costa Rica gilt allgemein als das Land der Vulkane. Zum Teil über 3000 m hohe Gebirgsketten trennen die atlantischen und pazifischen Tieflandregionen und bilden eine Kontinentalscheide. Im Laufe der Jahrmillionen hat sich die Pazifische Platte unter die Karibische Platte geschoben und das Land angehoben. Als Folgen ergaben sich hieraus Erdbeben und Vulkanismus, die an einigen Stellen des Landes auch heute noch beobachtet werden können. Gebirgsketten »cordilleras« vulkanischen Ursprungs sind die vorherrschenden Landschaftsformationen. Im wesentlichen werden vier Kordilleren in Nord-Süd-Ausrichtung unterschieden.

Die **Cordillera de Guanacaste** im Nordwesten des Landes ist erdgeschichtlich recht jung und wurde erst im Quartär (vor maximal 1,5 Mio. Jahren) geformt. Markante Vulkane dieser Region sind der Rincón de La Vieja und der aktive Arenal. Die höchsten Erhebungen sind die Vulkane Miravelles (2028 m) und Tenorio (1916 m). Hieran schließt sich die nur etwa 1300 m hohe **Cordillera de Tilarán** an. Die häufigsten Gesteinsformen sind vulkanischen Ursprungs und stammen aus dem Tertiär (Miozän und Pliozän, maximal 10 Mio. Jahre). Die höchste Erhebung ist der Cerro Poco Sol mit

Am Rande des Lavafeldes am Fuß des Arenal hat sich die Bergwaldvegetation schon wieder erholt.

1327 m . Im Südosten, nördlich von San José, folgt dann die im Quartär geformte **Cordillera Central**. Die vulkanischen Gesteine stammen hauptsächlich von Lavaflüssen und Schlammablagerungen. Zusammen mit Tuffgesteinen bilden sie die Grundlage für die Fruchtbarkeit des angrenzenden Zentraltales (Valle Central). Die herausragenden und bekanntesten Vulkane der Zentralregion sind Poás, Turrialba und Irazú. Der Vulkan Irazú ist mit 3432 m zugleich die höchste Erhebung des zentralen Hochlandes. Die älteste und höchste Formation Costa Ricas ist die **Cordillera de Talamanca**, die südlich an das zentrale Hochland anschließt und sich bis nach Panama zieht. Im Gegensatz zu den anderen Kordilleren wurden hier neben vulkanischem Ursprungsgestein auch aus dem Tertiär stammende Kalke mit vulkanischen Einschlüssen (Diorite) und Granite gefunden. Der höchste Berg dieser Region ist der Chirripó mit 3820 m.

Der Ipé-Baum zeigt sich zu Beginn der Regenzeit in voller Blüte.

In der **atlantischen Tiefebene** werden überwiegend Sedimente und einige vulkanische Gesteine aus dem Quartär gefunden. Diese Ablagerungen sind alluvialen (aufgeschwemmtes Material) und marinen Ursprungs. Gleiche Formationen gibt es in der **pazifischen Tiefebene** auf der Osa-Halbinsel und entlang der Küste bis etwa auf

Meterhohe Baumfarne am Rand eines Tieflandregenwaldes bei La Selva.

die Höhe von Jacó. Nördlich dieser Region und auf der gesamten **Nicoya-Halbinsel** sind überwiegend Tertiärformationen sowie Vulkan- und Sedimentgesteine aus dem Mesozoikum (150-65 Mio. Jahre) zu finden.

Die **Karibikküste** weist auf der nördlichen Hälfte von Nicaragua bis Limón ein natürliches System von Wasserläufen mit großen Süßwasserlagunen auf, während ab Limón bis nach Panama meist Korallen- und Sandstrand anzutreffen ist. An der **Pazifikküste** sind große Halbinseln wie Nicoya und Osa ausgebildet, die mit dem Festland Golfe umschließen. Mehr als 500 km vor der pazifischen Südküste liegt die Vulkaninsel Coco. Wegen ihrer Abgeschiedenheit und Legenden um vergrabene Schätze diente sie als Vorbild für den Bestseller »Jurassic Park«. Wissenschaftler bezeichnen die Insel häufig als »Klein-Galapagos«, da viele Tier- und Pflanzenarten eine vom Festland völlig unabhängige Evolution durchmachten und eigenständige Arten bilden konnten.

Klima

Trotz seiner geringen Größe weist Costa Rica eine Reihe außerordentlich verschiedener Klimate auf. Als Jahreszeiten werden lediglich Sommer »verano« und Winter »invierno« unterschieden, wobei mit Sommer die Trockenzeit und mit Winter die Regenzeit gemeint ist. Eine strikte Trennung zwischen beiden ist nicht immer möglich, jedoch gibt es Regelmäßigkeiten: An der pazifischen Küste herrscht im allgemeinen ab Ende Mai bis Ende November Regenzeit, mit den höchsten Niederschlagsmengen in den Monaten September und Oktober. Die Dauer der Regenzeit verlängert sich je weiter man nach Süden reist. Auf der karibischen Seite beginnt die Regenzeit bereits Ende April und dauert bis Ende Januar. Hier sind die Niederschläge in den Monaten November bis Dezember am höchsten. Im Karibischen Tiefland ist mit stärkeren Regenfällen zu rechnen als auf der Pazifikseite. Die mittlere Niederschlagsmenge liegt zwischen 2000 und 4000 mm jährlich. Während in der Hauptstadt San José »nur« etwa 1800 mm Regen fallen, regnen in Golfito oder Tortuguero in demselben Jahr 5000 mm und mehr ab. Tropische Regen treten in zwei unterschiedlichen Formen auf: zum einen als Schauer, zum anderen als Dauerregen. Tropische Regenschauer sind recht beeindruckend, da sie aus dem Nichts zu kommen scheinen, mit Blitz und Donner einhergehen, Unmengen von Wasser freisetzen und nach meist 1–2 Stunden wieder verschwinden, um strahlendem Sonnenschein Platz zu machen. Die Ticos nennen diese Form »aguacero« (Platzregen). Der Dauerregen oder »temporal« kann sich über mehrere Tage hinziehen und so manche Tour zu einer Tortur werden lassen. Wer in der Regenzeit reist, sollte versuchen, Informationen zur Wetterlage im Voraus einzuholen, um Enttäuschungen vorzubeugen. Manche Nationalparks sind bei derartig schlechtem Wetter nur sehr schwer erreichbar oder gar geschlossen. Auskünfte darüber kann man bei der Nationalparkbehörde erhalten. Außerdem sollte man auch in der Trockenzeit auf kurze, aber heftige Regenschauer gefaßt sein.

Neben Regen- und Trockenzeit sind auch noch die unterschiedlichen regionalen Temperaturen zu beachten. Bei einem Land, das innerhalb einer Entfernung von 100 km von Meereshöhe auf über 3800 m ansteigen kann, sind unzählige Kleinklimate zu finden. Wer zum Beispiel zu einer Tagestour von Puntarenas in Richtung Monteverde aufbricht, der wird vermutlich bei Sonnenschein und 35° C an der Küste starten und bei 15° C mit Nebel oder Regen enden. Innerhalb einer Region schwanken die monatlichen Durchschnittstemperaturen lediglich um 2–3° C, jedoch können Tages- und Nachtwerte sehr unterschiedlich ausfallen. Letzteres ist insbesondere deutlich zu spüren, wenn zusätzlich Winde vom nordamerikanischen Kontinent in Richtung Süden ziehen. Angenehme, südeuropäisch anmutende Temperaturen findet man im Zentralen Hochland. In San José liegt die tägliche Durchschnittstemperatur im Jahresmittel bei 20° C. Es ist daher empfehlenswert, zu Beginn einer Costa-Rica-Rundreise einige Tage in San José zu verbringen und Tagestouren in die Umgebung zu unternehmen, um sich an die unterschiedlichen Klimate zu gewöhnen.

Flora

Die Wälder des tropischen Amerika sind deutlich anders strukturiert als unsere heimischen Wälder. Während bei mitteleuropäischen Mischwäldern meist ein einheitliches Kronendach ausgebildet ist, lassen sich bei tropischen Regenwäldern mehrere Zonen unterscheiden. Dies führt vor allem dazu, daß die Sonneneinstrahlung am Boden nur noch sehr gering ist und die Pflanzen sich auf diese Gegebenheit einstellen müssen.
Zu den wohl auffälligsten Pflanzen zählen die sogenannten Epiphyten; dies sind aufsitzende Schmarotzerpflanzen, die im Kampf um das nur spärlich vorhandene Licht auf Wirtsbäumen siedeln, ohne diese dabei zu schädigen. Bekannte Familien sind Orchideen mit über 1200 Arten, Farne und unzählige Bromeliaceen. Bromelien sammeln das Regenwasser in trichterförmig angelegten Blattrosetten. Manche Arten sind in der Lage, auf diese Weise mehrere Liter Wasser zu speichern. Eine Reihe von Tieren nutzt diese Miniaturbiotope als Lebensraum; so leben hier zum Beispiel Froscharten, die ihren Laich in die Blattachseln ablegen, sowie eine große Anzahl von wirbellosen Tieren. Während Bromelien leicht entdeckt werden, sind Orchideen meist nur in Blüte als solche auszumachen. Ohne Blüten sind viele Orchideenarten recht unscheinbare Pflanzen, die zusammen mit Farnen und Flechten an Baumrinden oder auf Ästen siedeln. Als auffällige Blütenpflanzen können Helikonien und Ingwergewächse ganzjährig gesehen werden. In einigen Regionen sind Palmen vorherrschend. So findet man die großen Raphiapalmen in den Tieflandgebieten um Tortuguero und Zwergpalmen in den Nebelwäldern Monteverdes. Lianen und Kletterpflanzen wie das Fensterblatt und der Baumfreund prägen ebenso das Bild wie Würgefeigen und riesige Fruchtflügelbäume. In trockenen Gebieten leben Akazien und Kakteen, im Hochland gibt es Eichen- und Pinienwälder.
Wegen dieser Fülle an unterschiedlichen Vegetationsformen werden Tropenwälder in verschiedene Kategorien eingeteilt. Insbesondere in nördlichen Landesteilen Costa Ricas findet man **tropischen Trockenwald** vor, dessen Bäume in der Trockenzeit die Blätter abwerfen. Der Vorteil für die Pflanze ist, daß sie weniger Wasser benötigt. Nach Beginn der Regenzeit zeigt sich der Wald in kräftigstem Grün. Das Kronendach erreicht im Trockenwald eine Höhe von etwa 30 m und der Unterbewuchs steht 10–20 m hoch. An stark sonnenbeschienenen Stellen kann man gar Kakteen finden. Da dieser Waldtyp in der Trockenzeit leicht abgebrannt und abgeholzt werden kann, findet man ihn nur noch recht selten, so zum Beispiel im Santa-Rosa-Nationalpark. In vielen Teilen des Landes, wo ehemals Trockenwald vorherrschte, wird heutzutage intensiv Landwirtschaft betrieben.
Mangrovenwälder sind eine besondere Vegetationsform des tropischen Regenwaldes. Sie sind in Küstenregionen zu finden und relativ arm an Pflanzenarten. Der Grund liegt in der notwendigen Anpassung an salzhaltiges Brackwasser, die nur einige hochspezialisierte Pflanzen erreichen. Viele Arten bilden Stelzwurzeln zur besseren Verankerung aus und atmen durch zusätzliche Wurzeln, die aus dem schlammigen Boden herausragen. Dies

gibt den Pflanzen die Möglichkeit auch auf sauerstoffarmen Böden zu überleben. Ein weiterer Vorteil dieser Atmungswurzeln ist, daß eine ansteigende Schlammschicht die Pflanze nicht schädigt. Der sauerstoffversorgende Teil der Wurzeln wächst mit der Verschlammung und ragt immer etwas über den Boden hinaus. Größere Mangrovenbestände findet man noch an den Flußmündungen von Tempisque und Sierpe.

Regenwälder werden nach Höhenlagen unterschieden. Als Tieflandregenwald bezeichnet man in der Regel Wälder bis 900 m über dem Meeresspiegel. Botaniker klassifizieren insgesamt 40 verschiedene Typen des Tieflandregenwaldes, meist nach Niederschlagsmengen, Bodenbeschaffenheit und Pflanzengesellschaften. In den Küstenregionen auf der Pazifikseite sind häufig **tropische Feuchtwälder** zu finden. Dieser Waldtyp zeichnet sich dadurch aus, daß er immergrün und aus mehreren Schichten aufgebaut ist. Die oberste Stufe bilden die Baumkronen in 40–50 m Höhe. Diese Bäume besitzen meist einen hohen Stamm, der erst in 25–30 m Verzweigungen aufweist. Die nächste Baumkronenschicht endet in etwa 30 m und liegt somit im Bereich der Äste des Kronendaches.

Bäume des Unterbewuchses werden oftmals nur etwa 10–20 m hoch. Häufig sind Palmenarten im Unterbewuchs zu finden. Die Krautschicht in Bodennähe ist im Feuchtwald nur schwach ausgebildet. Viele der Urwaldriesen besitzen breite Brettwurzeln, die zum einen der besseren Verankerung im Boden dienen und andererseits zum Gasaustausch beitragen. Einige Palmenarten bilden Stelzwurzeln aus, wie sie sonst von Mangroven bekannt sind. Lianen, Kletterpflanzen und Epiphyten sind typische Vertreter dieser Vegetationsform. Sehr ähnlich strukturiert ist der sogenannte **Naßwald** wie man ihn am Golfo Dulce und vor allem im Tortuguero-Schutzgebiet findet. Der Unterbewuchs weist Zwergpalmen auf, jedoch fehlen meist Epiphyten und Würgefeigen.
Tropische Bergregenwälder (ab 900 m) sind in unterschiedlichen Vegetationsformen an den Hängen und Bergen der Kordilleren anzutreffen. Die Baumkronenschicht befindet sich in etwa 40 m Höhe mit einer zweiten Lage in 15–25 m Höhe. Je weiter man in die Bergregionen vordringt, desto kleiner werden im allgemeinen die Pflanzen. Eine Ausnahme bilden lediglich die Eichenwälder an den Vulkanhängen. Stellenweise wachsen dort 50 m hohe Bäume. Mit der Höhenlage des Waldes variiert

Epiphyten wie Tillandsien und Dischidien besiedeln jeden freien, lichtbeschienenen Platz.

Wasserhyazinthen überwuchern große Wasserflächen.

»Guaria Morada«, die Nationalblume Costa Ricas.

Heliconia latispatha.

Kaffee gehört zu den wichtigsten Expotgütern Costa Ricas.

auch der Unterbewuchs und der Anteil an epiphytischen Pflanzen. Zeichnet sich der prämontane Bereich (niedrige Berglagen) noch durch eine 2–3 m hohe Strauchschicht und geringen Epiphytenbewuchs aus, so ist der Unterbewuchs in höheren Lagen oftmals recht gering, jedoch besiedeln Aufsitzerpflanzen augenscheinlich jeden freien Platz. Bergregenwälder, die sehr viele Niederschläge erhalten und bereits im Bereich der Wolkenschichten liegen, werden als **Nebelwälder** bezeichnet. Dieser Typ ist besonders im Monteverde-Park und einigen Teilen der Cordillera de Talamanca zu finden.
Costa Rica besitzt noch eine weitere Vegetationsform, nämlich die **subalpine Paramó**. Sie ist der nördlichste Ausläufer der Andenvegetation und auf die höchsten Regionen des Landes wie den Chirripó sowie die Umgebung um den Cerro de la Muerte beschränkt. Dieser Typ liegt oberhalb der Baumgrenze und ist von Buschvegetation und Hochmooren bestimmt.
Mehr als 60% der Gesamtfläche Costa Ricas (über 32000 km^2) werden landwirtschaftlich genutzt, 30 % davon entfallen auf Weideland. Die wichtigsten Nutzpflanzen sind Bananen, Kaffee und Kakao. Weiterhin findet man Reis, Zuckerrohr, Maniok (»Yuca«) und Gemüsefarmen. Während die erstgenannten Produkte überwiegend für den Export bestimmt sind, verbleiben letztere als Grundnahrungsmittel im Inland. Die wohlbekannten tropischen Früchte Ananas, Papaya und Mango werden neben Zierpflanzen auf kleinen bis mittleren Farmen gezüchtet. Historisch gesehen ist Kaffee der wichtigste Marktartikel des Landes. Allerdings wurde er wegen sinkender Preise von der Bananenproduktion eingeholt. Kaffeeplantagen sind überwiegend im zentralen Hochland angesiedelt, wohingegen Bananenanbau vornehmlich in den Provinzen Limón und Puntarenas anzutreffen ist. Der steigende Bedarf an all diesen Gütern stellt eine große Gefahr für die verbleibenden Tropenwälder dar. Jedoch ist derzeit der Ökotourismus die wichtigste Einnahmequelle des Landes, so daß zu hoffen bleibt, daß die noch existierenden Tropenwälder unter Schutz gestellt und erhalten werden.

Fauna

Costa Rica beherbergt 220 Säugetierarten, über 850 Vogelarten, etwa 220 Reptilien- und 165 Amphibienarten, 1500 Fischarten, sowie zahlreiche Wirbellose. Die Wirbellosenfauna setzt sich aus schätzungsweise 360000 Insekten-, darunter allein nahezu 1300 Schmetterlingsarten sowie etwa 17000 anderen Invertebraten (Spinnentiere, Weichtiere usw.) zusammen. Etwa die Hälfte der Säugetierarten sind Fledermausverwandte. Dies ist ein in den Tropen typisches Erscheinungsbild, da fruchtfressende Fledermäuse zur Verbreitung vieler Pflanzenarten beitragen. Die wohl am häufigsten zu sehenden Säugetiere sind Affen, von denen 4 Arten in Costa Rica vorkommen, und Kleinbären wie der Nasenbär oder Waschbärenartige. Raub-

Der Goldbrauenorganist besitzt ein auffällig gefärbtes Federkleid.

Langschwanzeremiten befördern Pollen der Passionsblume auf ihrer Stirn.

katzen wie der Jaguar oder das Ozelot führen häufig eine versteckte und nächtliche Lebensweise. Weitere typische Vertreter der mittelamerikanischen Region sind Faultiere, Gürteltiere, Opossums und Ameisenbären. Große Nager wie Pakas und Agutis sind weit verbreitet. Unter den Huftieren findet man Hirsche, Pekaris und den Mittelamerikanischen Tapir. Vor der Küste ziehen Wale und in der Karibik leben in Küstennähe Seekühe.

Zahlreiche Vogelarten bewohnen die verschiedenen Lebensräume. Fast 50 Kolibri-Arten leben im Land. Man kann sie im Küstenbereich oder in 3500 m auf dem Irazú bewundern. Kleinsittiche, Amazonen und Großpapageien wie die Arakangas treten meist in Scharen auf. Sumpfgebiete werden von Reihern, Sichlern, Rosalöfflern und Eisvögeln bewohnt. Die Bergwälder dagegen sind Heimat des Quetzals und des Glockenvogels. Raben- und Truthahngeier sind oft entlang der Straßen zu sehen, wo sie sich an überfahrenen Tieren gütlich tun. In Küstennähe sind Fregattvögel, Schlangenhalsvögel und Braunpelikane typische Meeresvögel. Im Innern des Waldes leben farbenprächtige Schnurrvögel, Tangare, Trogons und Tukane. In der offenen Landschaft sieht man Tyrannen, Anis und Dohlengrackeln. Der Artenreichtum und die zum Teil recht hohe Populationsdichte an Vögeln hat Costa Rica zu einem der beliebtesten Reiseländer für Vogelbeobachter gemacht.

Ähnlich wie in der Vogelwelt sind unter den **Reptilien** und **Amphibien** viele Farben und Größen vertreten. Dies reicht vom 20 mm kleinen, roten Erdbeerfrosch bis zum maximal 7 m langem Spitzkrokodil. Unter den Froschlurchen findet man riesige Agakröten, die bis 20 cm lang werden können, durchsichtige Glasfrösche und hochgiftige Pfeilgiftfrösche. Außerdem gibt es noch eine kleine Anzahl von

Diese Buckelzirpenart tarnt sich als Dorn an ihrer Wirtspflanze.

Das Mittelamerikanische Opossum trägt seine Jungen im Beutel.

Schwanzlurchen (Salamandern), die jedoch verborgen unter Laub oder hoch oben in den Bromelien der Baumkronen leben. Zum Wahrzeichen und zugleich Warnzeichen für Costa Rica ist die Goldkröte geworden. Konnte sie vor etwa 20 Jahren noch in großen Ansammlungen während der Paarungszeit gefunden werden, so gilt sie heute als vermutlich ausgestorben.
Die wohl bekannteste Schlange der Region ist die bis 4 m lange Abgottschlange. Weiterhin gibt es giftige Lanzenottern, bunte Korallenschlangen (echte, giftige und unechte Mimikriformen), Klapperschlangen und eine Reihe von Nattern. Neben Krokodil und Kaiman ist der Grüne Leguan die größte Echse. Echsen aus der Leguanfamilie sind die am häufigsten und verbreitetsten Reptilien Costa Ricas. Insbesondere die kleinen bis mittelgroßen Anolis mit ihrer bunten Kehlwamme sind überall zu finden. In Wassernähe kann man den Stirnlappenbasilisk beobachten, der mit seinen hochgestellten Rücken- und Schwanzkämmen einen saurierartigen Eindruck vermittelt.
Zur Ablagezeit werden die Sandstrände beider Küsten von Meeresschildkröten aufgesucht. Es kommt vor, daß mehrere Tausend Tiere in einer Nacht zur Eiablage an den gleichen Strand ziehen.
Der Reichtum an **Wirbellosen Tieren** ist unschätzbar. Die auffälligsten Vertreter sind Schmetterlinge. Hierzu zählen die farbenprächtigen Morphofalter und Monarchfalter sowie Nachtfalter wie der Augenspinner *Rothschildia*, der eine Spannweite von über 20 cm erreichen kann. Am Boden und auf den Bäumen begegnet man zahlreichen Ameisenarten. Die wohl bekannteste Gruppe stellen Blattschneiderameisen dar (s.S.96/97) deren Straßen sich oftmals Hunderte von Metern zurückverfolgen lassen. Außerdem findet man Aztekenameisen und kleinstaatenbildende Riesenameisen bis 25 mm Größe sowie Termiten. Besonders nachts in der Nähe einer Lichtquelle lassen sich Käfer gut beobachten. Neben buntschillernden Arten sieht man die großen Nashorn- und Herkuleskäfer. Skorpione und Vogelspinnen sind ebenfalls recht häufig. Da sie eine überwiegend nachtaktive Lebensweise führen, sind sie nur schwer zu entdecken. In küstennahen Gebieten siedeln Landkrabben und Einsiedlerkrebse, von denen man manchmal Tausende an einer einzigen Palme entdecken kann.

Mensch und Geschichte

Costa Rica wurde am 8. September 1502 von Kolumbus auf seiner dritten Reise entdeckt, der überwältigt von der Natur und seinen Schätzen dem Land den Namen »Reiche Küste« gab. Diesen Eindruck vermittelten ihm wohl die goldenen Schmuckstücke der indianischen Urbevölkerung. Über die präkolumbianische Zeit ist leider nur wenig bekannt. Als einzig größere Ansiedlung existieren nur noch die Reste der Stadt Guayabo. Die Stadt geht zeitlich auf das 1. Jahrtausend v. Chr. zurück und hatte ihre Blütezeit vermutlich zwischen dem 3. und 7. Jh. n. Chr. In dieser Zeit lebten hier etwa 10000 Einwohner und Guayabo galt als Handels- und Religionszentrum. Die indianischen Ureinwohner waren in verschiedenen ethnokulturellen Stämmen organisiert, die je nach bewohntem Gebiet von Fischfang oder landwirtschaftlichem Anbau lebten. Über

Ökotourismus in Costa Rica

Der Begriff »Ökotourismus« ist ein regelrechtes Schlagwort der Neuzeit. Gemeint ist damit sanfter Tourismus in naturbelassene Regionen. Das kleine Costa Rica hat frühzeitig erkannt, daß in den Erstweltländern Europas und den USA ein großes Interesse an Naturschutz und ökologischen Fragestellungen existiert. Über 11% des Landes sind unter staatlichen Schutz gestellt (zum Vergleich Deutschland <5%), und mit ihrer einzigartigen Geologie, Flora und Fauna sind diese Schutzgebiete die Hauptattraktion für ausländische Touristen. Hier können Vulkane bestaunt, Tiere in natürlicher Umgebung beobachtet und unzählige Blütenpflanzen bewundert werden, allerdings nur häppchenweise und nach Entrichtung einer Eintrittsgebühr. Die meisten Touren führen jeweils nur in die Randgebiete der Parks, wo häufig ein gut ausgebautes Wegenetz für den Naturenthusiasten angelegt wurde. Das oftmals riesige Hinterland der Schutzgebiete bleibt vom Tourismus unberührt. Auf diese Weise ist es möglich den Besuchern nachhaltige Eindrücke von der Natur zu vermitteln und das eingenommene Geld der Hauptaufgabe – dem Biotopschutz – zukommen zu lassen.
Soweit zur Theorie. Daß dies nicht immer funktioniert, zeigte sich im Jahre 1995, als das Ministerium für Natürliche Resourcen die Eintrittspreise für Nationalparks auf 15 US$ anhob, ohne mit dem Tourismusministerium – dem dies zu hochgegriffen erschien – darüber zu verhandeln. Der überwiegende Teil der vorausberechneten Zusatzeinnahmen war dazu bestimmt, die Infrastruktur und Anfahrtswege zu den meistbesuchten Parks wie z. B. dem Vulkan Poás zu verbessern; kleine und entlegene Nationalparks profitierten nur geringfügig. Derzeit (1996/97) sind die Preise wieder auf einem vernünftigen Niveau (6–7 US$) und ein Großteil der Einnahmen kann von den jeweils besuchten Parks für eigene Projekte ausgegeben werden.
Neben den staatlichen Parks haben sich im Laufe der Zeit auch eine Reihe privater Initiativen etablieren können, hierunter weltweit bekannte Gebiete wie der Monteverde-Nebelwald, Rara Avis und La Selva. Oft sind diese Projekte Gemeinschaftsinitiativen von Universitäten, Naturschutzorganisationen und Privatleuten. Die Einnahmen aus dem Tourismusgeschäft dienen dazu, die wissenschaftliche Forschung aufrechtzuerhalten und weitere Waldflächen aufzukaufen. Einige dieser privaten Schutzgebiete sind in der Nähe großer Nationalparks angesiedelt und bieten Tagestouren in die jeweiligen Parks an. Durch dieses Zusammenspiel erhalten auch die Nationalparks Einnahmen aus dem nichtstaatlichen Naturtourismus.
Wird der Ökotourismus in geordneten Bahnen gelenkt, so können alle Seiten nur davon profitieren: die Natur bleibt geschützt und weitgehend unberührt, der Besucher kann unvergeßliche Eindrücke mit nach Hause nehmen, und die mit den Parks verbundene Wirtschaft gewinnorientiert arbeiten.
Costa Rica floriert im Dasein eines Ökotourismus-Landes. Die Einnahmen aus diesem Wirtschaftszweig übersteigen inzwischen die aus Kaffee- und Bananenanbau, den traditionellen Exportgütern des Landes. Die Bevölkerung des Landes gelangt mehr und mehr zu der Auffassung, daß ein Stück natürlicher Regenwald langfristig größere Erträge einbringen kann als landwirtschaftlich genutzte Flächen.

diese Stämme ist derart wenig bekannt, daß man noch nicht einmal ihre ursprünglichen Namen kennt. Die heute gebräuchlichen Namen wurden den Indianern von den Spaniern gegeben. Archäologische Funde zeigen, daß Kunsthandwerk einen wichtigen Teil des täglichen Lebens dieser Stämme ausmachte. Im Nationalmuseum von Costa Rica in San José sind Gefäße, Figuren und Schmuckstücke aus Gold und Keramik zu bewundern. Die Sprachbarrieren und unterschiedlichen Gebräuche spiegeln sich wieder in verschiedenen landwirtschaftlichen Traditionen.

Während die Chorotegas in Bereich der heutigen Provinz Guanacaste vornehmlich Maisanbau betrieben, lebten die Völker der Huetares im Zentraltal und die Diquis-Indianer in der Terraba-Region hauptsächlich von Yuca.

Die heutige Bevölkerung setzt sich zu 98% aus Weißen spanischen Ursprungs und einigen Zehntausend, in der atlantischen Tiefebene beheimateten Schwarzen zusammen. Letztere sind hauptsächlich jamaikanischer Abstammung und sprechen überwiegend Englisch. Von der indianischen Urbevölkerung leben nur noch etwa 15000 Menschen im Land, die sich in 6 verschiedene Sprachstämme einordnen lassen. Neben diesen Volksgruppen findet man Europäer, Chinesen und Amerikaner ebenso wie Einwanderer aus den Nachbarländern. Die Costaricaner haben sich selbst den Namen »Ticos« gegeben, angeblich nach der spanischen Verkleinerungsform »-tico«. Ticos sehen sich als weltoffen, herzlich und ausgesprochen gastfreundlich, in den Städten geht es immer recht quirlig zu, außer zu Zeiten der Siesta.

Staatsform Costa Ricas ist die parlamentarische Demokratie mit 4-jährigen Wahlperioden. Die Minister werden vom Staatspräsidenten ernannt, dem sie verantwortlich sind. Das Land ist in 7 Provinzen eingeteilt. Die Amtssprache ist Spanisch, allerdings wird von vielen Einwohnern Englisch gut verstanden. Die Rechtsprechung erfolgt in Anlehnung an das spanische und französische Recht; Katholizismus ist Staatsreligion, jedoch herrscht Glaubensfreiheit. Bis zum 14. Lebensjahr ist jeder Bürger schulpflichtig, wobei der Unterricht an staatlichen Schulen kostenfrei erteilt wird. Das Land hat ein gut entwickeltes Bildungssystem mit Hochschulzugang. Fächer wie Biologie, Tropenökologie und Tourismusmanagement finden in letzter Zeit besondere Beachtung.

Holztransporte werde glücklicherweise immer seltener.

1 Santa-Rosa- und Guanacaste-Nationalparks

Laubabwerfender Trockenwald und Mangroven; historische Gedenkstätte; bedeutender Eiablageort von Meeresschildkröten; Weißwedelhirsche, Pumas, über 250 Vogelarten; Vulkane und Nebelwald im Guanacaste-Nationalpark.

Diese beiden Nationalparks bilden zusammen mit dem Rincón de la Vieja und einigen kleineren Gebieten der Region die Guanacaste-Schutzzone. Sie liegen in der gleichnamigen Provinz beiderseits der Interamericana und überdecken eine Fläche von über 800 km^2, von denen 495 km^2 auf den Santa-Rosa-Nationalpark und 325 km^2 auf den Guanacaste-Nationalpark entfallen. Hinzu kommen noch 780 km^2 Meeresschutzzone. Wegen der Ausbreitung ins Landesinnere findet man hier eine Reihe unterschiedlicher Vegetationsformen von Küstenwald bis Bergregenwald. Neben seiner biologischen Bedeutung gilt Santa Rosa im Lande als einer der geschichtsträchtigsten Orte der Neuzeit (s.S.26).

Auf der Santa-Elena-Halbinsel wurden einige der ältesten Gesteine der Region entdeckt, die auf 150 Mio. Jahre zurückdatieren. Lavaströme haben Teile des Gebietes vor 2–3 Mio. Jahren mit einer bis zu 300 m dicken Schicht überzogen.

Während der Santa-Rosa-Nationalpark zu dem am leichtesten erreichbaren Parks gehört, gestaltet sich der Besuch des Guanacaste-Nationalparks eher schwierig und bleibt dem mehr abenteuerlustigen Naturreisenden vorbehalten. Reisen in

Playa Naranjo und umgebender Trockenwald.

diese Region des Landes sind besonders zu Beginn der Regenzeit zu empfehlen, weil dann die gesamte Vegetation in voller Blüte steht. Hauptattraktion während der eher regnerischen Monate sind die Eiablagen der Meeresschildkröten. Wer in der Trockenzeit reist, hat den Vorteil, an den wenigen vorhandenen permanenten Wasserstellen viele Tierbeobachtungen machen zu können.

Pflanzen und Tiere

Der Santa-Rosa-Nationalpark weist zwei wesentliche Vegetationsformen auf: Küsten-Mangrovenwald und laubabwerfenden Trockenwald. Außerdem existieren Flächen mit Sekundärbewuchs und Grassavannen, die nach Abholzung in vergangener Zeit entstanden sind, und nun sich selbst überlassen werden.

Der markanteste Baum des Trockenwaldes ist wohl der sogenannte »Indio Desnudo« (»nackter Indianer«). Sein Name resultiert aus der dünnen, papierartigen roten Rinde, die den sonst grünen Stamm überzieht. Von Einheimischen wird er scherzhaft »sunburned gringo« (sonnenverbrannter Ausländer) genannt. Botanisch handelt es sich hierbei um den Weißgummibaum. Während der Monate November bis Mai ist er blattlos, wobei die Photosynthese von Chloroplasten unter der Rinde übernommen wird. Die Blüten erscheinen ab Ende April und sind eintägig. Männliche Blüten sind 5mal häufiger und weisen eine höhere Nektarproduktion auf. Die Bestäubung übernehmen stachellose Bienenarten der Gattungen *Trigona* und *Hypotrigona*. Die feigenförmigen Früchte sind während der Trockenzeit Hauptnahrung für Kapuzineraffen (S.121), Grauhörnchen sowie eine Reihe von Vögeln.

Der »Nispero« oder Kaugummibaum ist ein weiterer typischer, bis zu 30 m hoher Baum der trockenen Regionen. In früheren Zeiten, vor der Einführung synthetischer Gummiprodukte, bildete sein Saft die Grundlage für die Herstellung von Kaugummi. Besonders entlang der Versorgungsstraße in Richtung Playa Naranjo findet man viele Bäume dieser Art, die Schnittnarben von früheren Ernten aufweisen. Interessanterweise laubt der Nispero während der Regenzeit, um kurz darauf Blüten auszutreiben.

Der Boden ist an offenen, sonnenbeschienenen Stellen von immergrünen Mimosen überwuchert, die bei Berührung ihre Blätter zusammenfalten und herunterhängen lassen. In den laubabwerfenden Wäldern sind großwüchsige, bodenbewohnende Bromelien *(Bromelia penguin)* beheimatet. Ihre stacheligen Blätter können eine Länge von 1,5 m erreichen und die Pflanze kann bis zu einer Höhe von etwa 1 m und einen Umfang von 2,5 m heranwachsen. Eine ausgewachsene Pflanze gleicht einer stacheligen Festung und wird daher von einer Reihe kleiner Tiere als Unterschlupf benutzt.

Die Flachlandvegetation des Guanacaste-Nationalparks besteht überwiegend aus Trockenwaldpflanzen sowie Brach- und Weideland, das der natürlichen Pflanzenbesiedlung überlassen wird. An den Hängen der Vulkane Orosí und Cacao sind allerdings noch Restbestände von prämontanem Regenwald und Nebelwald vorhanden. Der Park zieht sich von 200 m bis 1659 m hinauf. Schätzungsweise 2500 verschiedene Pflanzenarten bewohnen die unterschiedlichen Vegetationszonen, jedoch ist die vollständige Inventarisierung aller vorkommenden Arten noch nicht abgeschlossen. Das gleiche gilt für die Tierwelt, wobei seltene Arten wie Tapir (S.123) und Jaguar (S.125) in den höheren Lagen schon gesichtet wurden. Die Tieflandregion des Guanacaste-Nationalparks ist ein gutes Beispiel für einen biologischen Korridor zwischen zwei überwiegend unberührten Gebieten wie dem Santa-Rosa-Park und dem Guanacaste-Hochland. Überläßt man dieses Gebiet wie geplant

noch für einige Jahre sich selbst, so werden mehr und mehr Arten ihren ursprünglichen Lebensraum zurückerobern.
Im Santa-Rosa-Nationalpark wird der nordamerikanische Einfluß auf die costaricanische Tierwelt besonders deutlich. Hier leben Weißwedelhirsche, Pumas, Waschbären und Kojoten. Nordamerikanische Kojoten sind Neuankömmlinge in Costa Rica. Ihr Auftauchen liegt nur etwa 200 Jahre zurück. Durch steigende Abholzung entstehen immer mehr offene Flächen und Korridore, die den Tieren ein weiteres Vordringen in südliche Landesteile ermöglichen. Weißwedelhirsche bevorzugen offene Habitate, da sie mit ihrem verzweigten Geweih im Regenwald nur schlecht zurechtkommen. Ihre Verbreitung beschränkt sich auf die pazifische Seite des Landes, wobei sich ihr Vorkommen von Meereshöhe bis 2200 m (Monteverde) erstreckt. Im Santa-Rosa-Park leben mehrere hundert Tiere, deren Population ständig steigt, da natürliche Feinde wie Pumas eher selten sind. Pumas scheinen keine Habitatpräferenzen zu besitzen. Sie leben im Regenwald, Trockenwald und durchstreifen offenes Terrain auf der Suche nach Beute. Obwohl sie tag- und nachtaktiv sind, gelingen Beobachtungen nur äußerst selten, da die Tiere sehr scheu sind und schon bei der Annäherung leise die Flucht ergreifen. Insgesamt leben 115 Säugetierarten im Santa-Rosa-Nationalpark.
Die Vogelwelt ist mit über 250 Arten sehr reichhaltig und wegen der zum Teil offenen Vegetation gut zu beobachten. Besonders häufig sieht man Graubussarde, Schwefeltyrannen (Bentevis) sowie Guatemalaspechte. Zu den seltenen Vögeln des Parks zählen Langschwanzpipras (S.109) und Trogons. Der Schwarzkopftrogon lebt in den Galerie- und Auwäldern entlang der Wasserläufe. Er ist der einzige gelbbäuchige Trogon Costa Ricas, der keine Streifenzeichnung auf dem Schwanz aufweist und daher leicht von verwandten Arten zu unterscheiden. Während der Brutzeit von März bis Juli fordern Hinweisschilder der Parkbehörde zu ruhigem Verhalten auf, um die schreckhaften Tiere nicht bei ihrem Brutgeschäft zu stören. Schwarzkopftrogons legen bis zu 3 Eier in Nester im Innern von bewohnten Termitenbauten ab. Wer diese Vögel beobachten möchte, benötigt dafür eine Menge Geduld.

Der Guanacaste-Baum ist eine typische Pflanze der Trockenregion.

Hauptattraktion des Santa-Rosa-Parks ist jedoch unbestritten die **Eiablage der Bastardseeschildkröten** während der Monate Juli bis Dezember. Hunderttausende dieser über 50 cm großen und 40 kg schweren Meeresbewohner suchen den Nancite-Strand des Parks auf. In sogenannten »arribadas« erreichen über 120 000 Tiere den nur 1 km langen und 100 m breiten Strand in 4–8 Nächten, d. h. mehr als 15 000 Schildkröten pro Nacht! Zwischen einzelnen Arribadas (Massenankünften) liegen oftmals 2 Wochen, in denen nur wenige Einzeltiere zur Ablage kommen. Versuche, den Auslöser dieses Phänomens zu ergründen sind bisher fehlgeschlagen. Wissenschaftler halten Zusammenhänge mit den Mondphasen oder Gezeitenschwankungen für möglich, konnten jedoch keine plausible Erklärung finden. Die eigentliche Eiablage dauert etwa 50–60 Minuten. Die

Bastardseeschildkröten kommen zur Eiablage an die Strände des Santa-Rosa-Parks. Kleines Bild: Jungtier.

Weibchen graben hierzu 40–50 cm tiefe Löcher in den Sand und legen darin ca. 100 Eier ab. Das Auffüllen mit Sand nimmt weitere 10 Minuten in Anspruch. Danach verlassen die völlig geschwächten Tiere den Strand und kehren auf das offene Meer zurück. Kojoten, Waschbären und Weißrüsselbären (S.103) beginnen dann, die Eier auszubuddeln und einen Teil der Brut zu vernichten. Bedenkt man allerdings die Menge an abgelegten Eiern, so sollte sich dieses Verhalten nicht schädlich auswirken.

Pumas sind oft nur schwer in der Vegetation zu entdecken.

Der Schwarzkopftrogon lebt im Dickicht des Waldes.

Tropischer Trockenwald gleicht in der Trockenzeit einer Buschsavanne.

Die Jungtiere schlüpfen nach ca. 60 Tagen und haben dann den kurzen, aber sehr gefährlichen Weg zum Meer zurückzulegen. Auch der Ausschlupf erfolgt nachts in einer konzertierten Massenaktion, und erhöht somit die Überlebenswahrscheinlichkeit eines Einzeltieres erheblich. Trotzdem erreichen viele Jungtiere das rettende Wasser nicht, da Freßfeinde bereits am Strand lauern.
Eiablagen von Seeschildkröten sind ein besonders beeindruckendes Erlebnis. Beachten Sie jedoch bitte, daß die Tiere unter enormem Streß stehen und verhalten Sie sich dementsprechend ruhig. Jegliche Störung kann zu einem Abbruch des Legevorgangs führen. Folgen Sie daher strikt den Anweisungen des Nationalparkpersonals.

Im Gebiet unterwegs

Santa-Rosa-Nationalpark
Der Santa-Rosa-Nationalpark ist in 3 Sektoren eingeteilt: Santa Rosa, Santa Elena und Murciélago. Die meisten Touristen besuchen nur den Santa-Rosa-Sektor mit seinem gutausgebauten Wegsystem. Schon etwa 2 km hinter dem Parkeingang ① zweigt rechts von der asphaltierten Straße der **Sendero Mirador** ② ab. Er führt auf

Langschwanzhäher bevorzugen offene Buschvegetation. Sie fliegen meist in Gruppen von 5–10 Individuen und sind in den Trockengebieten Costa Ricas zur häufigsten Vogelart geworden.

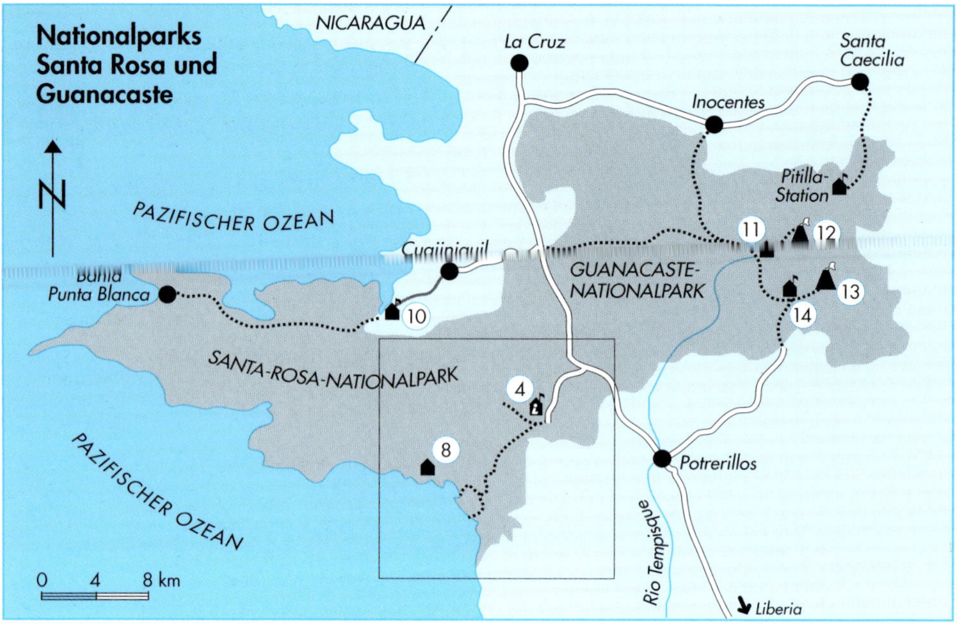

2,5 km Länge durch den Trockenwald zu einem Aussichtspunkt, der den Blick auf den Sta.-Elena-Sektor freigibt ③. Die Berge im Hintergrund gehören mit einem Alter von 85 Mio. Jahren zur ältesten geologischen Formation des Landes. 7 km vom Parkeingang entfernt gelangt man zu der Gedenkstätte **La Casona**. Auf dieser Hazienda fanden in den Jahren 1856 und 1955 historisch bedeutende Schlachten statt. Im Innern der Hazienda sind Ausstellungen zur Geschichte und Naturgeschichte Guanacastes zu sehen. Am Parkplatz vor der La Casona zweigt der 900 m lange **Sendero Indio Desnudo** ab. Hier werden in der Art eines Lehrpfades das Ökosystem des Trockenwaldes und die Lebensweise einiger Tiere und Pflanzen erklärt. Am Ende des Pfades gelangt man wieder zur Straße nahe des Ausgangspunktes.
Etwa 500 m bevor die Straße in Richtung La Casona abzweigt, führt rechts ein Weg zu den Verwaltungsgebäuden ④ und zum Campingplatz. Hier beginnen die Wanderwege zu den Stränden und Schildkrötenablageplätzen. In der Trockenzeit kann Playa Nancite mit einem Allradfahrzeug angefahren werden. Der Hauptweg zu den Stränden trägt den Namen **Sendero Playa Nancite**. Dieser Weg führt auf 12 km Länge zu dem gleichnamigen Strand und der

Mündung des Quebrada Heradura. Zum Besuch des Playa Nancite ist eine Genehmigung der Verwaltung oder Nationalparkbehörde erforderlich. Folgt man dem Sendero Playa Nancite so zweigt nach 2 km linkerhand der **Sendero Los Patos** ⑤ ab. Der Pfad ist 1,5 km lang und bietet schöne Ausblicke auf das Valle del Tigre. Durch schattigen Galeriewald führt er zum Río Poza Salada herab; Vogelkundlern bieten sich in diesem Waldstück sehr gute Beobachtungsmöglichkeiten. Nach einem weiteren Kilometer entlang des Sendero Playa Nancite biegt rechts der 750 m lange **Sendero Mirador Valle Naranjo** ⑥ ab, von dem aus der Strand sowie ein Teil der Mangrovenwälder an der Küste überblickt werden können. Kurz hinter der Abzweigung zum Sendero Playa Mirador beginnt der Abstieg zur Küste. Nach weiteren 2,5 km gelangt man an eine Weggabelung, die rechts zum Playa Nancite und links zum Playa Naranjo führt. Der **Sendero Playa Nancite (El Estero)** ⑧ führt zum Campingplatz (4 km) und zu dem gleichnamigen Strand, der etwa 6 km von der Gabelung entfernt ist. Auf dem **Sendero Playa Naranjo** wird erst der Río Poza Salada überquert, und nach 6 km erreicht man den Campingplatz am Playa Naranjo ⑦. Der Weg zieht sich noch um die Laguna El Limbo herum zum südlichen Ende des Strandes. Etwa 1,5 km vor der Küste zweigt links nochmals ein Pfad ab. Der **Sendero Carbonal** ⑨ führt an die Parkgrenze und wird nur sehr wenig begangen. Vom Naranjo kann man zum Nancite-Strand über den **Sendero Palo Seco** (Trockenwald-Weg) gelangen, der die beiden Hauptwege miteinander verbindet.
Weitere Wege befinden sich in der Umgebung der Parkverwaltung; allerdings sollten Sie sich vorher erkundigen, inwieweit die Trails begehbar sind. Der **Sendero Laguna Escondido** endet an einem Tümpel, der während der Trockenzeit die einzige Wasserstelle des Gebietes ist. Hier finden sich dementsprechend viele Tiere ein. Man sollte jedoch beachten, daß der Weg dorthin nach einem kräftigen Regenschauer sehr schlammig werden kann. Zudem führt er lange Zeit durch offenes Gelände, so daß man einen guten Sonnenschutz benötigt.
Der **Bahia Punta Blanca** im Murciélago-Sektor des Parks ist über eine Schotterstraße von Cuanijiquil zu erreichen. Diese Region ist größtenteils entwaldet und wird in einem Projekt wieder aufgeforstet. Die Strände sind sehr einsam, jedoch bedarf ein Besuch der Genehmigung der Ranger, die etwa 5 km hinter Cuajiniquil in einer kleinen Station leben ⑩.

Guanacaste-Nationalpark

Die einzigen Wege im Guanacaste-Nationalpark starten an der **Biologischen Station Maritza** ⑪. Man hat die Möglichkeit, an den Hängen des Vulkans Orosí ⑫ zu wandern oder über die Cacao-Station den Vulkan Cacao ⑬ zu besteigen. Der **Sendero Llano de los Indios** führt überwiegend durch Weideland und kleinere Waldgebiete. Bei klarer Sicht hat man einen schönen Ausblick auf den Santa-Rosa-Park und das Guanacaste-Tiefland. Die Wanderung von Maritza zum Vulkan Cacao und zurück sollte frühmorgens angetreten werden, da die Strecke 18 km lang ist und etwa 9 Stunden in Anspruch nimmt. Der **Sendero Cacao** führt durch Bergregenwald und Nebelwald zum Gipfel des **Vulkans Cacao** in 1659 m Höhe. An klaren Tagen soll man den Nicaragua-See von hier aus sehen können. Wegen der Länge der Strecke sollten Sie sich über die Wegebeschaffenheit bei den Rangern erkundigen. Die Strecke ist nur erfahrenen Wanderern zu empfehlen! Wer unbedingt den Vulkan Cacao besuchen will, kann dies auch mit dem Allradfahrzeug über den Ort Quebrada Grande tun. Diese Versorgungsstraße ist in sehr schlechtem Zustand und führt zur Cacao-Station ⑭; ab hier sind es nur noch etwa 2,5 km zum Gipfel, jedoch müssen etwa 600 Höhenmeter überwunden werden.

Der Weißgummibaum ist leicht an seiner rötlichen Rinde zu erkennen. Er trägt feigenförmige Früchte.

Manche Säulenkakteen wachsen epiphytisch.

Praktische Tips

Anreise

Beide Parks sind direkt über die Interamericana zu erreichen. Von San José aus führt eine Abzweigung nach links (37 km hinter Liberia) in den Santa-Rosa-Nationalpark und wenige Kilometer später nach rechts in den Guanacaste-Nationalpark.
Während die Straße in den Santa-Rosa-Nationalpark bis zum Parkplatz geteert ist, führt der Weg zur Biologischen Station Maritza über eine Schotterpiste, die in der Regenzeit kaum befahrbar ist. Die Abzweigung in den Murciélago-Sektor des Santa-Rosa-Parks liegt 48 km nördlich von Liberia in Richtung Cuajiniquil.

Klima/ Reisezeit

Der Santa-Rosa-Nationalpark kann ganzjährig besucht werden. In den Monaten Juni bis Oktober muß man mit heftigen Niederschlägen rechnen. Der Guanacaste-Nationalpark kann wegen seiner schlechten Zufahrtswege eigentlich nur in den trockenen Monaten (Januar bis März) ohne Schwierigkeiten erreicht werden.

Unterkünfte

Im Santa-Rosa-Park gibt es eine kleine Lodge, deren Zimmer hauptsächlich Wissenschaftlern vorbehalten sind. Nach vorheriger Anmeldung ist Übernachten allerdings möglich, insofern genügend Platz vorhanden ist. Campingplätze gibt es bei den Verwaltungsgebäuden, am Playa Naranjo und in der Nähe des Playa Nancite. Für Besuch und Übernachtung am Playa Nancite wird eine Sondergenehmigung benötigt, die man in der Verwaltung erhalten kann.
Die Maritza-Station im Guanacaste Park besitzt einen Schlafsaal, jedoch ist für die Verpflegung selbst zu sorgen. Melden Sie sich frühzeitig an, falls Sie einen Besuch dieser Region planen.
Die nächstgelegenen Hotels befinden sich in Liberia.

Adressen

➪ Guanacaste Conservation Area, Apdo. 169-5000, Liberia, Guanacaste, Tel./Fax (506) 695598.

Blick in die Umgebung

Über den Ort Cuanijiquil kann man zur **Area Recreativa Bahia Junquillal** fahren. An dieser Bucht liegt ein kleiner »Erholungspark« mit Wanderwegen. Mit Sondergehmigungen darf man auch das **Isla-Bolaños-Wildtierschutzgebiet** in der Bahia de Salinas südlich von La Cruz besuchen.

2 Rincón-de-La-Vieja-Nationalpark

Vulkanbesteigung; Schlammlöcher, Fumarolen; Blaue Lagune; Drahtseilsystem in den Baumkronen; Möglichkeit zu Ausritten; Gürteltiere; Tuberkelhokkos.

Der Nationalpark ist nach dem Vulkan Rincón de La Vieja benannt, der mit 1895 m zu den höchsten, aktiven Vulkanen der Guanacaste-Kordillere gehört. Die Gesamtfläche des Parks beträgt 14 000 ha und erstreckt sich an den Hängen des Vulkanmassivs über 1200 Höhenmeter. Die höchste Erhebung ist der 1916 m hohe Vulkan Santa Maria. Das Rincón-de-La-Vieja-Massiv ist ein Stratovulkan, der aus wahrscheinlich 9 aktiven Zentren zu einem großen Vulkan zusammengewachsen ist. Es überdeckt eine Fläche von über 400 km^2. Der Hauptkrater des Rincón de La Vieja verzeichnete seinen letzten Ausbruch im Jahre 1991; dabei wurden die Dörfer und die Landwirtschaft am Fuß des Vulkans stark geschädigt. Im allgemeinen ist die vulkanische Aktivität jedoch auf Fumarolen, heiße Schlammlöcher und Thermalquellen beschränkt. Die kargen Lavafelder sind allerdings Zeugen vergangener Ausbrüche. Nur wenige Pflanzen wie Farne und Klusien haben es geschafft, den Lebensraum in der Gipfelregion zurückzuerobern.
Im Park entspringen 32 Flüsse, die für die Wasserversorgung der trockenen Guana-

Am Fuß des von-Seebach-Kraters befindet sich die Baumgrenze.

caste-Region lebenswichtig sind. Viele kleine Bäche haben heiße Quellen, die mit schwefelhaltigem Wasser gespeist werden. Diese Bäche sind lebensfeindlich für eine Vielzahl von Tieren. Immer wieder kann man tote Amphibien entdecken, die sich zu weit in das heiße Wasser gewagt haben. Für Besucher sind die heißen Quellen eine willkommene Abwechslung. Auf den Haziendas der Umgebung werden Ausflüge zu den Quellen und Schlammlöchern angeboten, bei denen man eine natürliche Schlammpackung und erfrischende Bäder genießen kann. In den schwefelhaltigen Dämpfen der Fumarolen hat man das Gefühl, in einer »natürlichen« Sauna zu stehen.
Eine andere Attraktion befindet sich auf dem Gelände der Rincón-de-La-Vieja-Lodge: ein Drahtseilsystem durch das Kronendach des Dschungels, das 10 Plattformen miteinander verbindet.

Pflanzen und Tiere

Die unteren Regionen des Rincón-de-La-Vieja-Massivs werden überwiegend zur Viehzucht genutzt, so daß man auf der Anfahrt durch Öd- und Kulturland kommt. Erst innerhalb des Nationalparks oberhalb 900 m findet man Wald, der von prämontanem Regenwald in Nebelwald übergeht. Die Baumgrenze wird bei etwa 1600 m erreicht. Oberhalb der Baumgrenze bis in die Nähe der Krater wachsen meterhohe Gräser und Bambusarten. An den Bächen stehen Klusien und *Senecio*-Pflanzen, die an stark wechselndes Klima angepaßt sind.
Die Wälder des Rincón-de-La-Vieja-Nationalparks beherbergen einen der größten Bestände der Nationalblume Costa Ricas: *Cattleya skinneri* (S.15). Im Bosque Encantado in der Nähe der Santa-Maria-Station ist sie oft zu finden. Die Blüte dieser Orchidee ist dunkel rosa und hat eine helle Kehle.
Pakas und **Agutis** sind am Berg häufig anzutreffen. Sie gehören zu den Nagetieren, werden aber erheblich größer als die meisten Arten. Während Pakas eine nächtliche Lebensweise bevorzugen, sind Agutis tagaktiv. Beide Arten streifen meist einzeln auf der Suche nach Nahrung durch den Wald und verbergen sich in Bauen an Uferböschungen oder Abhängen. Pakas scheinen eine besondere Vorliebe für Mangos, Avocados und andere Kulturpflanzen entwickelt zu haben, weshalb sie von vielen Bauern gejagt werden. Agutis hingegen sind reine Waldbewohner, die sich von den verschiedensten Pflanzen ernähren. Dabei sitzen sie auf den Hinterbeinen und halten ihr Futter in den Pfoten. Zwischen Agutis und der Palme *Astocaryum confertum* hat sich im Laufe der Zeit eine Verbindung entwickelt, die von Wissenschaftlern als Koevolution bezeichnet wird. Die Palme schützt ihre Früchte mit spitzen Stacheln gegen Freßfeinde. Erst bei der vollständigen Reife fallen die Früchte ab, und locken Fruchtfresser wie Vögel, Pakas und verschiedenen Nager an. Die meisten Arten zerstören dabei den Samen; dies ist der weiteren Verbreitung der Art jedoch nicht dienlich. Nur Agutis tragen zur Vermehrung bei, indem sie das Fruchtfleisch vom Samen abziehen und die Samen für den späteren Verzehr in der Erde vergraben. Zum Vorteil für die Palme scheint das Aguti einige dieser Stellen zu »vergessen«, so daß die Samen in aller Ruhe zur Jungpflanze keimen können. Laborexperimente haben gezeigt, daß nur vom Fruchtfleisch befreite Samen zur Keimung gelangen, da andernfalls Käfer ihre Eier darauf absetzen und den Samen schädigen. Auf diese Weise verdankt die Palme ihr weiteres Fortbestehen allein einem »vergeßlichen« Nagetier.
Neunbinden-Gürteltiere sind am Rincón de La Vieja sowohl im Wald als auch in der offenen Grasvegetation zu finden. Im Gegensatz zu anderen Tieren, die es vorziehen bei Störung lautlos und unerkannt zu verschwinden, zeichnen sich Gürteltiere durch ihre lautstarke Flucht aus. Sie sind

Miniaturvulkane und Fumarolen können an vielen Stellen besichtigt werden.

überwiegend nachtaktiv und verbringen den Tag in unterirdischen Bauen. Ihre bevorzugte Nahrung sind Ameisen, Termiten und Insekten, jedoch werden Früchte und Kleintiere nicht verschmäht.
In den Wäldern lebt der schwarze Tuberkelhokko (S.75), der bis 90 cm groß werden kann. Er sucht am Boden nach Früchten und fliegt nur selten auf Bäume. Bei Störung zieht er es meist vor wegzurennen. In der Buschvegetation halten sich Blauscheitelmotmots (S.47) und Brauenmotmots auf. Mit Glück entdeckt man auf den Viehweiden einen Karakara (S.113). Dieser bis zu 60 cm große Greifvogel bewegt sich häufig durch die offenene Vegetation, wo er nach toten Säugern und Schlangen Ausschau hält. Ebenfalls offenes Gelände bevorzugen Riefenschnabel-Anis und Dohlengrackeln. Tovisittiche und Glatzenköpfe ziehen in großen Gruppen von Baum zu Baum.
Reptilien scheinen in diesem Nationalpark besonders häufig zu sein. So kann man leicht Schwarze Leguane, verschiedene Anolis-Arten und Zaunleguane beobachten. Besucher des Las-Pailas-Trails haben gute Chancen Korallenschlangen (S.101) oder sogar Lanzenottern zu sehen.

Im Gebiet unterwegs

Im Rincón-de-la-Vieja-Nationalpark gibt es zahlreiche Wege, die zwischen 2 und 8 Stunden Wanderzeit in Anspruch nehmen. Außerdem können Touren von den umliegenden Lodges auf deren Gebiet oder in den Park auf Pferden unternommen werden. Der Park ist in zwei Sektoren aufgeteilt: Las Pailas und Santa Maria. Die touristisch interessanten Pfade starten ausnahmslos ab der Las-Pailas-Rangerstation ①, so daß hier nur kurz der Verbindungsweg zwischen beiden Stationen erwähnt wird. Der 9 km lange Trail Sendero a Las Pailas beginnt vor der Hacienda Santa Maria ⑧. Nach 750 m zweigt links der Sendero Bosque Encantado (Der verwunschene Wald) ab, in dem ein kleiner Was-

Idyllische Atmosphäre an der Blauen Lagune.

serfall und zahlreiche Bäche zu besichtigen sind. In diesem Teil des Waldes existiert eine beachtliche Population der costarikanischen Nationalblume »Guaria Morada«. Botanisch handelt es sich dabei um eine Orchidee, nämlich *Cattleya skinneri* (S.15). Nach weiteren 2,5 km auf dem Hauptweg zweigt wiederum links ein Pfad zu Thermalquellen **(Aguas Thermales)** ab, in denen ein Bad erlaubt ist. Besonders an kalten, regnerischen Tagen ist ein warmes Bad sehr wohltuend. Folgt man dem Hauptweg noch einmal 4 km, so trifft man auf den Las-Pailas-Trail, der letztendlich zur Station führt. Für die gesamte Wanderung mit Besuch des Bosque Encantado und einem eventuellen Bad in den »Aguas Thermales« sollten 6 Stunden eingeplant werden. Wer nur auf dem Hauptweg zwischen den beiden Stationen wandert, kann die Strecke in 3–4 Stunden bewältigen. Unterwegs muß der Río Negro überquert werden, was nach langen Regenfällen ein Abenteuer sein kann. Erkundigen Sie sich daher vor Antritt der Wanderung über die Passierbarkeit der Flüsse.

Hinter der Las-Pailas-Parkverwaltung zweigt rechts der 3 km lange **Las-Pailas-Trail** ④ ab. Der Rundweg führt durch primären Regenwald und offenes Gelände zu Schlammlöchern, Fumarolen und einem Wasserfall. Dies ist der meistbegangene Weg des Parks, da man hier die unterschiedlichen Erscheinungsformen von Vulkanismus besichtigen kann. Kurz nach Beginn des Pfades muß der Río Colorado überquert werden. In der Trockenzeit ist der Fluß an dieser Stelle nur knietief. Nach Regenfällen reicht er oft bis zur Brust. Aus diesem Grunde ist in Kopfhöhe ein Führungsseil angebracht, das einen sicher über den Fluß geleitet. Nach kurzer Zeit gelangt man an eine Weggabelung, die Anfang beziehungsweise Ende des Sende-

Heißer Schlamm wird in unregelmäßigen Abständen ausgestoßen.

ro Las Pailas markiert. Folgt man dem Weg im Uhrzeigersinn (linke Abzweigung), so wird nach wenigen hundert Metern ein Wasserfall inmitten des Waldes erreicht. Während der Regenzeit ist er etwa 30 m hoch und 10 m breit und ein lohnenswerter Ort, um nach Amphibien Ausschau zu halten. Nach einer weiteren Bachüberquerung, die trockenen Fußes bewältigt werden kann, weisen Hinweisschilder zur **Laguna Fumarolica** und zu Fumarolen **Pailas de Agua**. Die Laguna Fumarolica ist ein schwefelhaltiger Tümpel, in dem es an allen Stellen brodelt. Das Wasser ist kochend heiß, so daß Sie der Versuchung widerstehen sollten, Ihre Finger hineinzustecken. Die Fumarolen sind wie kleine Vulkane, die heißen Wasserdampf produzieren. Ein Wegweiser (»Salida«) führt Sie wieder auf den Hauptweg zurück.
Die nächste Attraktion ist ein Schlammloch von einigen Metern Durchmesser, das den Namen »**Volcánito**« trägt und »Kleiner Vulkan« bedeutet. In unregelmäßigen Abständen wird heißer Schlamm ausgestoßen, der mehrere Meter in die Höhe geschleudert wird. Am Rand des Schlammloches sind zwar Geländer angebracht, die einen Mindestabstand schaffen sollen, trotzdem können die Schlammspritzer Sie hier noch erreichen. Dies kann vor allem für Besucher mit Kameras eine unangenehme Überraschungen sein. Auf der Hälfte des Rundganges zweigt links der Weg zur Santa-Maria-Station ⑧ und den Thermalquellen ab (7 km). Der Las-Pailas-Trail führt über teilweise offenes Gelände zunächst zu weiteren Schlammlöchern (»**Pailas de Barro**«) und Fumarolen, bis man nach 2 Stunden wieder an der Gabelung ankommt, an der man gestartet ist. Auf dem Rundweg können eine Reihe von Tieren beobachtet werden. So sind Sichtungen von buntgeringelten Korallenschlangen, Neunbinden-Gürteltieren , Kapuziner- und Klammeraffen (S.121,136) keine Seltenheit.
Ein anderer lohnenswerter Weg startet links hinter der Parkverwaltung und führt zu Wasserfällen beziehungsweise einer 5 km entfernten, romantischen **Blauen Lagune**, die von einem Wasserfall und einer Thermalquelle gespeist wird. Zu Beginn folgt der Weg dem Aufstieg zum Krater und zweigt dann nach 400m m links ab. Zunächst muß der Río Blanco überquert werden. In einer Bucht flußabwärts ist das Baden gestattet und ein Schild mit der Aufschrift **Poza del Río Blanco** weist den Weg. Eine weitere Bachüberquerung folgt am Quebrada Agria. Kurz darauf zweigt rechts ein Pfad zu den **Cataratas Escondidas** ②, den verborgenen Wasserfällen ab. Der Weg führt zu zwei schönen Wasserfällen, jedoch muß man für deren Besichtigung erhebliche Steigungen und einen teilweise schlammigen Weg in Kauf nehmen. Die Strecke von der Rangerstation bis zu den Wasserfällen beträgt 4,3 km und sollte nicht mehr als 1,5 Stunden beanspruchen. Auf dem Hauptweg folgt man den Wegweisern zum **Catarata la Cangreja** ③, der offizielle Name der Blauen Lagune. Nach 2 Stunden hat man die Lagune erreicht, so daß genügend Zeit für ein erfrischendes Bad bleibt, bevor der Rückweg angetreten wird. Die Lagune wird von einem etwa 15 m hohen Wasserfall des Quebrada Zanja Tapada gespeist, sowie auf der linken Seite vor

Tovisittiche sind häufig in der Guanacaste-Region.

dem Wasserfall von einer kleinen Thermalquelle. Das Wasser ist nur etwa 2 m tief und es kann hier gefahrlos gebadet werden. Es ist möglich, sich hinter den Wasserfall auf den Felsen zu begeben, der wie ein Vorhang hinabfällt.

Eine andere Möglichkeit die Blaue Lagune zu erreichen, bietet sich per Pferd ab der Buena Vista Lodge an der Westseite des Nationalparks. Der Ausritt dauert 1–1,5 Stunden bis zur Parkgrenze und führt über Weideland sowie durch Trockenwald. An der Parkgrenze werden die Pferde zurückgelassen und nach 30 Minuten Gehzeit gelangt man an die Lagune. Auf dem Gelände der **Buena Vista Lodge** gibt es ebenfalls Schlammlöcher und Fumarolen. Auf einer Tagestour wird ein Schlammbad mit anschließender natürlicher Sauna in den Fumarolen angeboten. Den Abschluß bildet ein erfrischendes Bad in einem kalten Bergbach. Weiterhin kann man kombinierte Pferde-Trekking-Touren zur Kraterregion des Rincón-de-La-Vieja-Massivs unternehmen. Auf der Farm gibt es neben Pferde- und Rinderzucht auch noch ein schönes, mit Regenwald bewachsenes Gebiet, in dem Wanderwege und Aussichtspunkte angelegt wurden.

Höhepunkt des Besuches im Rincón-de-La-Vieja-Nationalpark ist die **Besteigung des Gipfels**. Diese Exkursion ist allerdings nur Personen mit guter Kondition zu empfehlen, da Hin- und Rückweg zusammen 7 Stunden in Anspruch nehmen und etwa 1000 Höhenmeter zu überwinden sind. Pferde werden auf dieser Route nur in der Trockenzeit zugelassen. In der Regenzeit sollten Sie den Anweisungen der Ranger Folge leisten, da diese abzuschätzen vermögen, ob der Gipfel sicher erreicht wer-

Ein Drahtseilsystem führt durch das Kronendach des Regenwaldes.

Der Tuberkelhokko ist leicht an seinen Schopffedern zu erkennen.

den kann oder nicht. Wer unbedingt den Gipfel besteigen möchte, sollte mindestens 2 Tage Zeit haben, um bei schlechten Wetterbedingungen auf den folgenden Tag ausweichen zu können. Der Aufstieg bis zur Baumgrenze bei **Sitio Copelares** ist jederzeit möglich, der Gipfelaufstieg ist allerdings stark von den Wetterbedingungen abhängig. Nach Erreichen des Lavafeldes befinden sich die Wegemarkierungen in etwa 50 m Abstand. Bei schlechter Sicht können diese dann nicht mehr erkannt werden und ein Verlaufen ist vorprogrammiert.

Der Pfad zum Gipfel startet links hinter der Parkverwaltung. Nach kurzer Zeit führt er in den Primärwald mit prämontaner Vegetation. Hier können häufig Weißgesicht-Kapuzineraffen (S.121) und Agutis beobachtet werden. Außerdem kann man eine Reihe von Vögeln entlang des Weges sehen. Die 6 km bis Sitio Copelares sind zwar stetig ansteigend, im übrigen aber ein angenehmer Waldspaziergang. Bei Sitio Copelares befindet man sich im Bergregenwald, der durch kleinwüchsige Palmen und Bambushaine gekennzeichnet ist. Kurz darauf wird die Baumgrenze und eine Weggabelung erreicht. Hier bietet sich ein schöner Ausblick auf den von-Seebach-Krater und auf die Guanacaste-Ebene. Der Weg zur Linken führt über den Kraterrand des **von-Seebach-Kraters** ⑤ zum Rincón-de-La-Vieja-Krater. Der Aufstieg ist mittelschwer und sollte nur bei klarer Sicht angegangen werden. Ein weiterer, unmarkierter Trail führt zur **Laguna Jilgueros** ⑦, an der sich viele Tiere einschließlich Tapiren regelmäßig einfinden sollen. Dieser Pfad ist aber auf den offiziellen Karten nicht mehr aufgeführt und sollte demnach nur nach vorheriger Absprache mit der Parkverwaltung benutzt werden. Der eigentliche Aufstieg zum Gipfel zweigt rechts ab. Er führt zunächst steil bergab zu einem kleinen Bach, dessen Wasser trinkbar ist. Daraufhin folgt der Weg dem Bergrücken durch teilweise meterhohe Busch- und Bambusvegetation. Am Ende dieses anstrengenden Aufstieges wird das Lavafeld erreicht. Der weitere Weg ist durch Steinpyramiden und farbige Plastikbänder gekennzeichnet. Sollten Sie hier bereits in den Wolken sein, so ist eine Umkehr empfehlenswert, weil man bei Nebel schnell die Orientierung verlieren kann. Die Vegetation auf dem Lavafeld ist sehr karg, da kleinere Ausbrüche im Laufe der Jahre immer wieder vorkommen. Am Ende des Weges nach etwa 1 km erreicht man ein kleines Gipfelkreuz und mit viel Glück kann man von dort aus in den **Rincón-de-La-Vieja-Krater** ⑥ hinabsehen. Für den

Neunbinden-Gürteltiere bevorzugen offene Grasflächen.

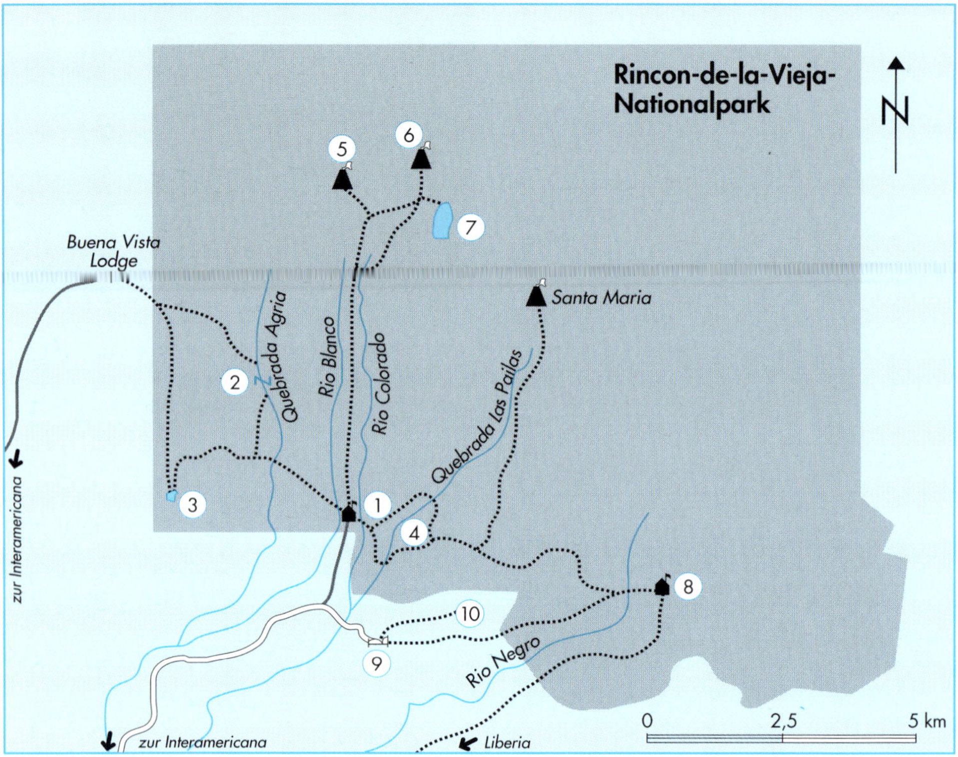

Aufstieg sollten 3,5–4 Stunden eingeplant werden. Bei einem frühen Aufbruch erhöht sich die Wahrscheinlichkeit, klare Sichtbedingungen vorzufinden. Üblicherweise ziehen die Wolken in den späten Vormittagsstunden gegen 11.00 Uhr in dieser Region auf. Ein zügiger Aufstieg verhilft einem zudem zu mehr Zeit für Naturbeobachtungen auf dem Rückweg.

Zusätzliche Exkursionen sind auf dem Gebiet der **Rincón-de-La-Vieja-Mountain-Lodge** ⑨ möglich, die nur 2 km von der Parkverwaltung bei Las Pailas entfernt ist. Ein Ausflug führt per Pferd zu einem schwefelhaltigen Tümpel, der in ein kleines Thermalbad umfunktioniert wurde.

Ein weiterer Höhepunkt ist eine **Canopy Tour** ⑩, bei der man sich an einem Stahlseilsystem zwischen verschiedenen Plattformen im Kronendach des Regenwaldes bewegt. Derzeit sind 9 der insgesamt 16 Plattformen für Besucher zugänglich, die restlichen sind Forschungszwecken vorbehalten. Die einzelnen Bäume, auf denen die Plattformen untergebracht sind, liegen zwischen 25 m und 75 m auseinander. Das Seilsystem befindet sich in etwa 15–20 m Höhe. Ob sich auf der abenteuerlichen Tour durch die Baumkronen Tiere beobachten lassen, wird vom Zufall bestimmt. So kann es vorkommen, daß man sich auf gleicher Höhe mit einer Gruppe von Brüllaffen oder Tukanen befindet. Üblicherweise scheucht der Lärm, den die Rollen auf dem Stahlseil erzeugen, jedoch die Tiere frühzeitig auf. Lohnenswert ist diese Exkursion aber allemal, und sei es nur des Vergnügens wegen.

Das Baumkronendach – ein wenig bekanntes Ökosystem

Donald Perry erregte in den 80er Jahren großes Aufsehen mit seinen Forschungen im »Dach des Dschungels«. Als begeisteter Bergsteiger erfand er eine Technik, die es ihm ermöglichte Seilsysteme und Plattformen in den bis zu 60 m hohen Urwaldriesen zu errichten. Bei seinen Studien konnte er zeigen, daß der obere Kronenraum ein vollständig unbekanntes Ökosystem ist. In den Bäumen fand er eine Tier- und Pflanzenwelt, die der Wissenschaft nur begrenzt bekannt war, da sich die hier lebenden Arten unter natürlichen Umständen nie auf den Boden begeben.
Auf den Exkursionen durch die oberen Etagen des Urwaldes hat man inzwischen eine Vielzahl neuer Arten entdeckt; so lebt hier eine bunte Schabenart, die einen Käfer in Flug und Verhalten imitiert. Botaniker finden immer wieder neue Bromelien, Farne und Orchideen sowie Arten, die bisher für selten gehalten wurden, weil man sie nur zufällig am Boden fand.
Nicht nur neue Arten, sondern bisher wenig bekannte Verhaltensweisen von Tieren wurden beobachtet. Einige Kolibris sind auf die Blüten im Kronendach spezialisiert. Tropensalamander verbergen sich in den Blattrosetten von Epiphyten, und Anolis-Arten jagen ihre Beute auf den äußersten Zweigen der Bäume, wo sie vor den Angriffen der meisten Vögel sicher sind. Säugetierarten und Vögel nutzen die hohen Bäume als Schlaf- und Versteckplätze. Baumnattern jagen auf den Bäumen nach Anolis und jungen Vögeln. Die Raupe eine Schmetterlings ahmt das Aussehen der Schlange in Färbung und Zeichnung derart gut nach, daß sie vor ihren Feinden – Anolis und Vögel – geschützt ist.
Verschiedene Tierarten wandern zwischen den Etagen des Regenwaldes umher. Die Schlegelsche Lanzenotter verbringt den größten Teil ihrer Jugend in Helikoniensträuchern oder niedriger Vegetation in Bodennähe. Mit zunehmendem Alter bewegt sie sich immer höher auf die Bäume. Einige Ameisenarten leben in Bauten am Boden, suchen ihre Nahrung aber auf den Bäumen.
Besonders faszinierend ist die Beschränkung von Bienen auf unterschiedliche Baumregionen. Trotz ihrer Flugfähigkeit gibt es Arten, die nur in der unteren Etage bis etwa 20 m nach Nahrung suchen. Wieder andere leben ausschließlich in den Kronenregionen. Da Bienen Bestäuber bestimmter Pflanzen sind, kann man die gleiche Aufteilung auch unter den Pflanzengemeinschaften beobachten.
Die Arbeit der Wissenschaftler hat gerade erst begonnen und wird wohl noch einige weitere Geheimnisse zu Tage fördern.
Aber auch Touristen können neuerdings die Kronenregionen bewundern: In Costa Rica gibt es an mehreren Stellen Drahtseilsysteme und Gondelbahnen, die einen Einblick in die Welt des Urwalddachs vermitteln. Das größte Projekt ist die Aerial Tram, eine Gondelbahn durch den Primärwald, in der Nähe des Braulio-Carrillo-Nationalparks. Wer lieber selber klettern möchte, kann dies zum Beispiel in Rara Avis, der Rincón-de-La-Vieja-Lodge oder im Corcovado Tent Camp tun.

Mittelamerikanisches Aguti.

Praktische Tips

Anreise

Um zum Las-Pailas-Sektor und der **Rincón-de-la-Vieja-Lodge** zu gelangen, verläßt man die Interamericana 5 km hinter Liberia rechts in Richtung Curubandé. Der Weg zur Lodge und zum Nationalpark ist ausgeschildert und führt über das Gebiet der Hacienda Guachelín, an der eine Durchfahrtsgebühr von US$ 2,50 bezahlt werden muß. Viele Besucher lassen ihr Fahrzeug bereits am letzten Hinweisschild zum Nationalpark stehen und ziehen es vor, die verbleibenden 500 m zu Fuß zu gehen, da die Strecke sehr schlecht ist. An dieser Stelle zweigt rechts der Weg zur Lodge ab.
Die Abfahrt zur **Buena-Vista-Lodge** befindet sich an der Interamericana 12 km nördlich von Liberia. Die Schotterstrecke führt über die Orte Cañas Dulces und Buenavista zur Lodge.
Die **Santa-Maria-Station** erreicht man ab Liberia über den Ort San Jorge. Diese Straße ist in der Regenzeit nur mit Allradfahrzeugen befahrbar.

Klima/Reisezeit

Die beste Reisezeit für dieses Gebiet ist von Januar bis April, wenn Trockenzeit herrscht. In der Regenzeit ist der Vulkan meist nicht einmal zu sehen und somit ein Aufstieg nicht möglich. Die Nachttemperaturen sinken auf 10– 15° C ab. In der Gipfelregion ist es auch tagsüber nicht wärmer; hinzu kommen häufig starke Winde. Wanderungen sind auch außerhalb der Trockenzeit realisierbar, jedoch muß mit heftigen Schauern gerechnet werden.

Unterkünfte

Es ist nach Rücksprache mit der Verwaltung erlaubt, im Nationalpark zu zelten. Übernachtungsmöglichkeiten existieren in der Santa-Maria-Rangerstation.
Die Rincón-de-la-Vieja-Mountain-Lodge (Tel. 2348835, 6955553; Fax 2341676; Apdo. 114-5000, Liberia) liegt dem Las-Pailas-Sektor am nächsten.
Etwas nördlich des Parks liegt die Buena-Vista-Lodge (Tel./Fax 6955147; Apdo. 373-5000, Liberia). Auf der Farm gibt es eine Reihe von Wanderwegen sowie heiße Quellen und Schlammlöcher. Reitausflüge in das Nationalparkgebiet werden täglich angeboten.
Im Umkreis des Parks liegen noch weitere Lodges, die alle ähnliche Standards aufweisen. Seien Sie aber darauf gefaßt, daß die Unterkünfte möglicherweise keine Warmwasseraufbereitung besitzen.

Adressen

➩ Area de Conservacion Guanacaste, Apdo. Postal 169-5000, Liberia; Tel./Fax 6955598.

Hinweise

Es geschieht ständig, daß sich Besucher in der Gipfelregion verlaufen oder von Regen und dichtem Nebel überrascht werden. Melden Sie sich daher vor dem Aufstieg bei der Parkverwaltung an. Offiziell ist dies ohnehin unerläßlich, wird jedoch leicht vergessen! Sollten Sie einen sehr frühen Aufbruch vor Öffnung des Parks planen, hinterlassen Sie Ihren Namen und den Namen Ihrer Lodge auf einem Zettel an der Parkverwaltung. Nach Ihrer Rückkehr sollten Sie sich wieder abmelden, um unnötige Suchaktionen zu vermeiden. All dies ist nur zu Ihrer eigenen Sicherheit und nimmt nicht mehr als 5 Minuten in Anspruch.

3 Palo-Verde-Nationalpark

Trockenwald und Marschgebiet an der Tempisque-Mündung; Vogelinsel; Rosalöffler, Jabiru; Krokodile; ausgedehnte Wanderungen und Bootsfahrten.

Der heutige Palo-Verde-Nationalpark war ursprünglich Teil einer großen Farm, die vom Río Tempisque bis an die Hänge des Vulkans Miravelles reichte. Im Jahre 1968 begann die Organisation für tropische Studien (OTS) damit, im Gebiet wissenschaftliche Untersuchungen durchzuführen. Die Einzigartigkeit der Landschaft und Vielfalt der Arten führte schließlich im Jahre 1977 dazu, daß Palo Verde zur Schutzzone erklärt wurde. Der Park hat eine Größe von 16 800 ha und ist an 3 Seiten von Flüssen umgeben.

Die Marschgebiete des Tempisque-Flusses werden beiderseits von Kreidefelsen aus dem Eozän begrenzt. Saisonale Überflutungen bewirken die Ausbildung großer Sumpfgebiete entlang des Flusses, in denen eine reichhaltige Vogelfauna ihren Lebensraum findet. Die Mangrovensümpfe an der Flußmündung beherbergen zudem viele Fischarten. Trotz der scheinbar genügend vorhandenen Feuchtigkeit, ist das Hinterland mit laubabwerfendem Trockenwald bewachsen. Die angrenzende Kreidefelsformation hält die Wassermassen in der Ebene zurück und besitzt selbst nur wenig fruchtbaren Boden. Die markanten Berge wurden schon am Ende der Kreidezeit vor 68 Mio. Jahren gebildet. Klimatisch gehört das Tempisque-Gebiet zu den trockensten Regionen des Landes. Trotzdem sind im Nationalpark mehr als ein Dutzend unterschiedliche Lebensräume zu finden.

Mangroven und dichte Ufervegetation prägen das Bild der Tempisque-Mündung.

Der Park ist eines der wichtigtsten Vogelschutzgebiete für costarikanische Arten wie auch für nordamerikanische Zugvögel. Während der Monate Januar und Februar findet sich hier die größte Ansammlung von Vögeln in ganz Mittelamerika ein. Trotzdem gehört Palo Verde zu den weniger häufig besuchten Nationalparks des Landes. Die Nationalparkverwaltung arbeitet derzeit an einem neuen Tourismus-Förderprojekt, das mehr Gelder in das Gebiet bringen soll. Eventuell werden der Palo-Verde-Nationalpark und das benachbarte Lomas-Barbudal-Reservat zu einem großen Park zusammengeschlossen.

Pflanzen und Tiere

»Palo Verde« bedeutet »grüner Stamm« und bezieht sich auf die Farbe einer im Park beheimateten Parkinsonienart. *Parkinsonia aculeata* ist ein gelbblühender Dornbusch, dessen Zweige und Stamm hellgrün gefärbt sind. Sie ist vornehmlich in den Sumpflandschaften zu finden. Entlang des Tempisque wachsen Mangrovenmischwälder mit Amerikanischer Rhizophore, Knopfmangrove und Schwarzer Mangrove (S.141). Der auf der Kreideformation wachsende Trockenwald ist recht artenarm. Typische Pflanzen hier sind der Weißgummibaum (S.28), Stachelzedern und Agaven. An den Hängen zum Tempisque und am Fuß der Berge ist der Boden durch angeschwemmtes Material fruchtbarer und die Vegetation artenreicher. Eine besonders hervorzuhebende Baumart des Trockenwaldes ist der Gold- oder Ipé-Baum (S.11), der wegen seiner aufsehenerregenden Blütenpracht bekannt ist. Am Ende der Trockenzeit, wenn die ersten Regenschauer niedergehen, treibt diese Art binnen kurzer Zeit unzählige gelbe Blüten aus. In einem Zeitraum von nur wenigen Tagen blühen alle Bäume gleichzeitig, so daß man den Eindruck gewinnt, sich in einem Meer gelber Blüten zu befinden. Kleine, stachellose Bienen sind dann damit beschäftigt, emsig Nektar zu sammeln und dabei die Blüten zu bestäuben.

In der Trockenzeit ähnelt der Wald der afrikanischen Dornbuschsavanne. Die Vegetation ist licht und man kann gut in den Wald hineinschauen. Am Boden wachsen nur wenige Gräser und Sinnpflanzen (Mimosen), die ihre Blätter bei Berührung zusammenfalten und rosafarbene Blüten haben. Nach dem ersten Regen verändert sich das Bild vollständig. Nahezu alle Pflanzen beginnen Blüten zu treiben, und der Wald zeigt sich in voller Farbenpracht und saftigem Grün.

Palo Verde zählt zu den wenigen Gebieten in Mittelamerika, in denen noch eine stabile Population von Jabirus lebt. Dieser bis 1,35 m große Storch ist leicht an seinem schwarzen Hals mit einer roten Halskrause zu erkennen. Das übrige Gefieder ist reinweiß wie bei den ebenfalls vorkommenden Schmuckreihern. Wenn sich die Vögel in der Nähe ihrer Nester gestört fühlen, beginnen sie laut mit dem Schnabel zu klappern. Waldstörche, Schlangenhalsvögel und Rosalöffler teilen sich den Lebensraum auf der kleinen Isla Pajaros mit Hunderten von Abgottschlangen (S.137), die sich von den allzeit vorhandenen Jungvögeln ernähren. Obwohl in der Tempisque-Mündung mehrere Inseln gleicher Größe vorhanden sind, wird nur die kleine Isla Pajaros als Brutplatz genutzt.

Rosalöffler suchen ihre Nahrung an den Ufern des Flusses, indem sie mit ihrem verbreiterten Schnabel das Wasser und den Schlamm nach kleinen Fischen und Krabben absuchen. Sie bauen ihre Nester in Kolonien und legen 2–4 Eier. Die Jungvögel zeigen im ersten Jahr noch nicht das vollständig rosafarbene Gefieder, sondern haben an Kopf und Körper weiße Daunenfedern. Die Brutzeit der Löffler wie auch der meisten anderen Arten fällt in die trockenen Monate.

In der Trockenwaldvegetation leben Schwarzkopftrogons und Glatzenköpfe.

Spitzkrokodile profitieren vom Fischreichtum des Tempisque.

Letztere ziehen meist in Gruppen von ca. 20 Tieren auf der Suche nach Futter über die Ebenen und sind recht scheu. Anders verhält sich mit den überall im Gebüsch lebenden, neugierigen Langschwanzhähern (S.25). Sie fliegen in Gruppen von 5–10 Individuen und ernähren sich überwiegend von Früchten, machen aber auch vor Nestraub nicht halt. In den Trockengebieten Costa Ricas ist dieser Vogel zur häufigsten Art geworden. In den Sumpfwiesen des Palo Verde kann man leicht Salmonreiher und Schmuckreiher bei der Jagd beobachten. An den Wasserstellen leben Gelbstirnjassanas (S.91) und große Gruppen von Rotschnabel-Pfeifgänsen (S.140).
Die Mangrovensümpfe des Tempisque werden von vielen Fischen zur Laichzeit aufgesucht. Ökologisch sind Mangroven ein wichtiger Lebensraum, da eine große Zahl von Meereslebewesen einen Teil ihres Lebens in den Brackwasserzonen der Erde verbringen. Im Palo-Verde-Gebiet sind Tarpun, Schnapper und Meeräschen sehr häufig. Mit sehr viel Glück bekommt man auch einen Stachelrochen zu Gesicht. Diese imposanten Fische scheinen regelrecht durch das Wasser zu schweben. Das reichhaltige Angebot an Fischen dient einer ansehnlichen Population von Krokodilen als Nahrungsgrundlage. Trotz ihrer Größe von mehreren Metern sind sie nicht leicht auszumachen, wenn sie im Wasser schwimmen und nur Augen und Nasenlöcher die Oberfläche durchstoßen. Obwohl die Tiere einen behäbigen Eindruck machen, können sie sowohl an Land als auch zu Wasser große Geschwindigkeiten entwickeln. Wer einmal ein Krokodil bei der Beutejagd beobachtet hat, der weiß, wie schnell die Tiere sich bewegen können. Beutetiere werden blitzartig geschnappt und unter Wasser gezogen.
Auf Ästen, die über das Wasser ragen, leben Grüne Leguane (s.S.118). Man kann mit Booten sehr nah an sie herankommen, bevor sie die Flucht ergreifen.
Eine Besonderheit, die der Palo-Verde-Nationalpark mit dem benachbarten Lomas-Barbudal-Reservat teilt, ist der immense Artenreichtum an Bienen. Etwa 250 Arten sind aus der Region bekannt, darunter auch die aggressiven »Killerbienen«, eine südamerikanisch-afrikanische Kreuzung. Schmetterlinge sind im Park während der Blütezeit sehr zahlreich. Ein interessantes Verhalten zeigen die Monarchfalter dieser Region: Während sie in den übrigen Landesteilen ihre Fortpflanzungsperiode in der Trockenzeit unterbrechen, vermehren sie sich hier ganzjährig. Dies gelingt ihnen, weil die Futterpflanze der Raupen in den Feuchtgebieten des Tempisque ebenfalls das ganze Jahr über vorhanden ist.

Amerikanischer Nimmersatt.

Schlangenhalsvogel.

Im Gebiet unterwegs

Im Palo-Verde-Nationalpark gibt es eine Reihe von Wanderwegen in der Umgebung der OTS-Forschungsstation ④. Um dorthin zu gelangen, fährt man 7,5 km auf dem Hauptweg in Richtung Tempisque. Nach etwa 4 km zweigt links eine Piste in den Catalina-Sektor ② des Parks ab. Dieser Weg ist nur in der Trockenzeit befahrbar, und auch dann oftmals für Besucher geschlossen. Der erste Wanderweg beginnt kurz vor der Forschungsstation. Der **Sendero Natural la Venada** ③ ist etwas mehr als 2 km lang und führt durch Trockenwald sowie sumpfiges Gelände. An dessen Ende gelangt man zu einer Lagune ⑥, in der Schmuck- und Salmonreiher nach Fischen jagen.

In einigen Büchern ist ein Wanderweg ab der OTS-Station bis zur Isla Pajaros angegeben. Dieser Trail existiert jedoch nicht mehr in seiner ursprünglichen Form, beziehungsweise er ist für den Publikumsverkehr geschlossen. Die einzige derzeit mögliche Variante, die **Isla Pajaros** ⑧ zu erreichen, ist per Boot. Am Ende der Schotterstraße gelangt man an einen Anleger am

Rosalöffler suchen im seichten Wasser nach Nahrung.

Überflutungen haben in der Tempisque-Region eine Sumpflandschaft geformt.

Río Tempisque, von wo aus private Boote ablegen ⑦. Die Abfahrtszeiten sind unbestimmt und richten sich nach der Anzahl der Besucher. In der Regenzeit sind oftmals keine Touristen im Park, so daß man gezwungen ist, das ganze Boot allein zu chartern. Der Preis wird frei ausgehandelt; Sie sollten mit etwa 40.- US$ für eine mehrstündige Fahrt rechnen. Wenn Sie Pech haben, hat der Bootsführer bereits die Reservierung eines Reiseveranstalters, der dann Vorrang genießt. Es bleibt Ihnen dann nur die Hoffnung, auf deren Tour mitgenommen zu werden. Im allgemeinen gilt jedoch: Wer zuerst kommt, ...! In einem neu entwickelten Tourismus-Förderprojekt ist vorgesehen, Boote von Seiten der Parkverwaltung zu regelmäßigen Zeiten einzusetzen. Dies würde sicherlich die Preise erniedrigen, existiert aber bisher nur auf dem Papier.

Die Fahrt zur Isla Pajaros führt den Tempisque flußabwärts. An beiden Ufern haben Sie Möglichkeiten Grüne Leguane und eine Reihe von Vögeln zu beobachten. Auf den Uferbänken und im Fluß leben Krokodile. Am Ende der Brutzeit entdeckt man manchmal die nur etwa 30 cm langen

Der Kahnschnabel lebt verborgen in der Ufervegetation.

Ein Grüner Leguan will durch sein Imponiergehabe beeindrucken.

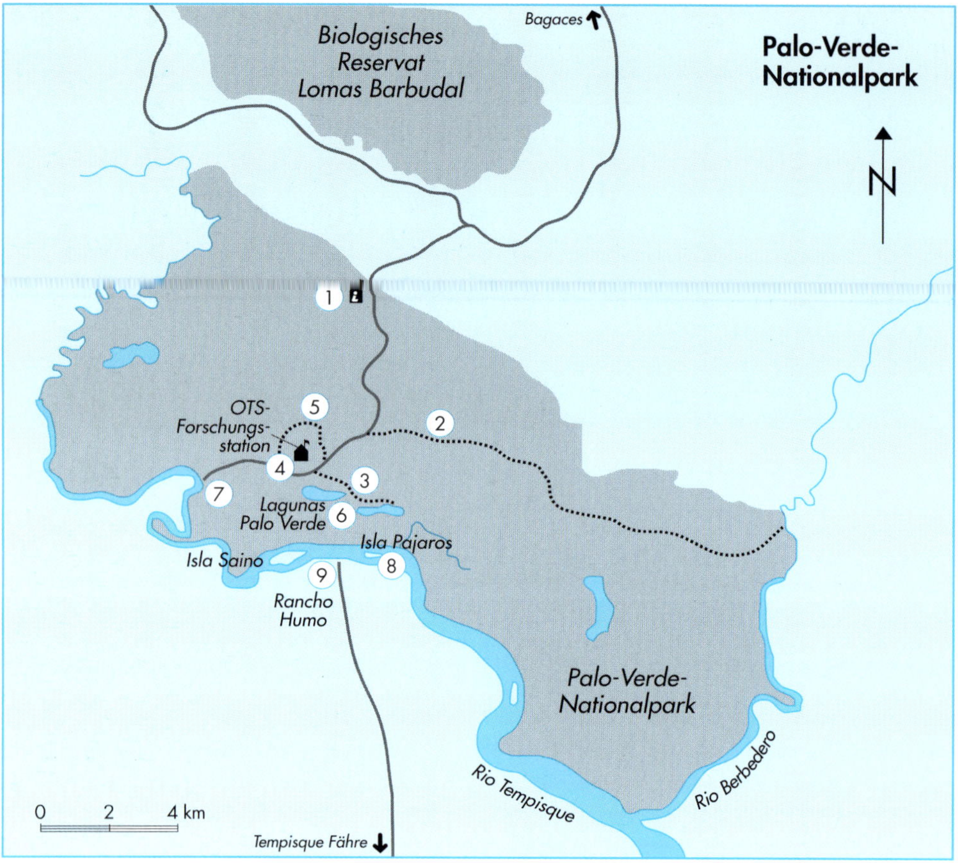

Jungtiere in den seichten Buchten. Im Vergleich zu ihren 3 m großen Elterntieren muten sie fast niedlich an. Sie sollten es aber trotzdem unterlassen, die Kleinen zu fangen, da sie bereits über ausgesprochen spitze Zähne verfügen. An einigen Stellen des Ufers sieht man gemischte Gruppen von Biguascharben, Rabengeiern (S.122) und Waldstörchen, die in der Sonne ihre Flügel ausbreiten, um sie zu trocknen. Rosalöffler suchen an den seichten Stellen nach Nahrung, und Mantelbrüllaffen (S.61) streifen durch die Bäume. In der dichteren Ufervegetation können sie mit etwas Glück Kahnschnäbel entdecken. Die Tiere sind recht scheu, aber die Bootsführer wissen sich ihnen langsam zu nähern. Am Himmel sieht man immer wieder die in Keilformation fliegenden Biguascharben sowie Waldstörche, die sich von der Thermik aufwärts treiben lassen.

Schon von weitem ist die Isla Pajaros ⑧ zu erkennen: unzählige weiße Punkte vor der nahezu blattlosen Mangrove-Vegetation. Bei der Annäherung erkennt man, daß es sich meist um Waldstörche und Schmuckreiher handelt. Die dunklen Schlangenhalsvögel und rosa gefärbten Löffler bringen Abwechslung in das Bild. Bei niedrigem Wasserstand ist es nicht möglich, nahe an die Insel heranzugelangen, da der Fluß um sie herum versandet ist und

man Gefahr läuft, mit dem Boot stecken zu bleiben. Aber selbst aus 50 m Entfernung bietet die kleine Insel ein beeindruckendes Naturschauspiel. Ständig sieht man Elterntiere, die Futter oder Nistmaterial anbringen, oder Jungvögel, die in Erwartung der nächsten Fütterung ihre Hälse weit über den Nestrand hinausstrecken.
Auf der Rückfahrt lohnt es sich, ein wenig auf die Umgebung zu achten. Während das östliche Ufer im Nationalparkgebiet liegt, ist das Westufer privates Kulturland. Abgesehen von ein oder zwei Baumreihen am Ufer ist häufig keine Vegetation mehr im Hinterland vorhanden. Die Bewohner der Gebietes bauen Sand von im Fluß liegenden Sandbänken ab, um ihn beim Hausbau zu verwerten. In der Nähe der Isla Pajaros ist die luxuriöse Rancho Humo Logde ⑨ angesiedelt. Von hier aus werden, ebenso wie ab **Puerto Moreno**, Bootstouren in den Park und zur Vogelinsel angeboten.
Nach 2–3 Stunden erreichen Sie wieder den Bootsanleger und haben die Möglichkeit, auf dem Rückweg zum Parkeingang ① noch einige Tierbeobachtungen im Trockenwaldgebiet zu machen, z. B. auf dem Sendero Querque ⑤. Vielleicht kreuzen gerade ein Weißwedelhirsch oder eine Horde Halsbandpekaris ihren Weg.

Praktische Tips

Anreise
Im Ort Bagaces zweigt eine gute Schotterpiste in Richtung Palo-Verde-Nationalpark ab. Für die 28 km bis zum Parkeingang benötigt man bei trockenen Straßenverhältnissen nur etwa 45 Minuten.

Klima/Reisezeit
Im Palo-Verde-Gebiet gibt es eine ausgeprägte Trockenzeit während der Monate Dezember bis März. In dieser Zeit sind auch die großen Vogelansammlungen hier zu finden. Die Monate September und Oktober markieren die Regenzeit; wegen starker Niederschläge kommt es vor, daß der Park für Besucher geschlossen wird.

Unterkünfte
In der OTS-Forschungstation stehen Unterkünfte zur Verfügung, falls diese nicht von Wissenschaftlern oder Studentengruppen belegt sind. Zelten ist in der Nähe der Rangerstation ① gestattet. Als Alternative stehen Hotels und Lodges in Bagaces, Liberia und Umgebung zur Verfügung.

Adressen
- Organisation of Tropical Studies (OTS), Apdo. 676-2050, San Pedro, San José; Tel. 2409938, Fax 2406783.
- Instituto Nacional de Biodiversidad (InBio); http://www.inbio.ac.cr/

Hinweise
Einige der in anderen Nationalparkführern angegebenen Wege waren 1996 geschlossen, und wegen des neuen Tourismus-Projektes ist mit weiteren Änderungen im Wegesystem zu rechnen. Während der Regenzeit ist der Nationalparkeingang wegen Personalmangel nicht besetzt ebenso wie die OTS-Forschungsstation. Das Tor ist aber nicht verschlossen, so daß man es selbst öffnen und in den Büros hinter dem Eingangshäuschen nach Mitarbeitern der Verwaltung Ausschau halten kann. Im allgemeinen wird man Sie freundlich empfangen, Ihnen den Weg zum Bootsanleger weisen und darum bitten, sich auf dem Rückweg abzumelden.

Blick in die Umgebung

Nur wenige Kilometer vor dem Palo-Verde-Nationalpark liegt das Biologische Reservat **Lomas Barbudal**. Der Park ist überwiegend mit Trockenwald bewachsen und beherbergt eine Vielzahl von Lebensräumen. Leider wurde ein Teil der Vegetation bei einem Brand zerstört.

4 Monteverde-Region und der Internationale Regenwald der Kinder

Private Schutzgebiete mit Berg- und Nebelwaldvegetation; ausgedehntes Wegenetz mit Aussichtspunkten; Quetzale, Hämmerlinge, Nacktkehl-Schirmvögel; zahlreiche Kolibri-Arten.

Der Nebelwald von Monteverde gehört wegen zahlreicher Berichte und wissenschaftlicher Veröffentlichungen zu den wohl bekanntesten Naturschutzgebieten der neuweltlichen Tropen. Ursprünglich wurde das Reservat auf die private Initiative des Ehepaares G. & H. Powell gegründet. Zusammen mit Bewohnern des Ortes Monteverde etablierten sie das Reservat auf einer Fläche von 328 ha; durch Zukauf von Land ist das Gebiet auf nun 10 500 ha angewachsen. Heutzutage wird das Reservat vom Tropical Science Center verwaltet. Der Ort Monteverde ① verdankt seine Entstehung einer Gruppe pazifistischer Quäker, die sich gegen Ende des 2. Weltkrieges entschlossen, die USA zu verlassen. Insgesamt kamen 44 Siedler 1951 an den Ort, den sie wegen des angenehmen Klimas und des fruchtbaren Boden ausgewählt hatten. In den Anfängen bestellten sie das Land, begannen Milchvieh zu züchten und Käse herzustellen. Eine moderne Käsefabrik, die etwa 1000 kg täglich produziert, ist in Monteverde zu besichtigen. Die Quäker-Gemeinschaft hat wesentlich zur Schaffung der Schutzzonen um Monteverde beigetragen.

Der nahezu unberührte, artenreiche Nebelwald von Monteverde zeigt sich oft wolkenverhangen.

Der Nacktkehl-Schirmvogel ist sehr scheu.

Das **Monteverde-Nebelwald-Reservat** liegt exakt auf der Kontinentalscheide Costa Ricas und erstreckt sich somit sowohl auf der karibischen als auch auf der pazifischen Seite des Landes. Hierdurch ergeben sich einmalige klimatische und geologische Bedingungen, die zur Arten- und Biotopvielfalt beitragen. Zahlreiche Flüsse entspringen in dem Reservat und versorgen die tieferliegenden Regionen mit dem lebenswichtigen Wasser.

Der **Kinderregenwald** grenzt an das Monteverde-Reservat und stellt ein weltweit einmaliges Projekt dar. Initiiert von einer Lehrerin und deren schwedischen Schülern wurden 1987 6 ha natürlichen Regenwaldes gekauft, die den Kern des heute immerhin schon 170 km^2 umfassenden Gebietes darstellen. Angeregt durch Erzählungen und Bilder über die Tier- und Pflanzenwelt sowie Umweltzerstörungen, entschlossen sich die Schüler, Geld zur Erhaltung des Regenwaldes zu sammeln. Hierfür fertigten sie Postkarten für den Verkauf an und veranstalteten eine Schulaufführung. Der Erlös wurde an die Monteverde Conservation League geschickt, die mit dem Geld Land in der Region der Tilarán-Berge kaufte. Heute werden innerhalb des Projektes weltweit für 50 US$ Anteile an Kinder verkauft, um den Erhalt des Reservats in alle Zukunft zu sichern. Um diesem Wunsch Ausdruck zu verleihen, wird das Schutzgebiet im Spanischen mit »Bosque Eterno de los Niños« bezeichnet, was übersetzt »Der ewige Wald der Kinder« bedeutet.

Der **Bajo-del-Tigre-Sektor** ② des Schutzgebietes liegt auf der Pazifikseite in 1000–1400 m Höhe in der Übergangszone zwischen prämontanem Feucht- und Nebelwald. Dieser Waldtyp ist mit einer Mischung aus immergrünen und laubabwerfenden Bäumen bewachsen, die früher das gesamte Zentraltal überzog, heute aber nur noch an sehr wenigen Stellen vorhanden ist. Trotz seiner Nähe zum Monteverde-Nebelwald-Reservat weist der Bajo del Tigre eine erheblich lichtere Vegetation auf. An der höchsten Stelle fallen jährlich 2000 mm Regen, während in den Tälern des umgebenden Canyons nur 1500 mm Niederschlag verzeichnet werden. Zum Vergleich: Das Monteverde-Reservat erhält durchschnittlich 3000 mm Regen.

Blauscheitel-Motmot.

Pflanzen und Tiere

Der Pflanzenreichtum des Monteverde-Nebelwaldes ist überwältigend. Meterhohe Baumfarne und winzige Orchideen sind fast überall zu finden. Die Bäume sind überreichlich mit *Guzmania*-Bromelien und Tillandsien bewachsen (S.116). Stellenweise gibt es regelrechte Helikonien-Haine, in denen auch die gelben Scheinblüten der Calathea zu bewundern sind. Wegen ihrer Ähnlichkeit mit der Schwanzrassel von Klapperschlangen, wird sie von den Einheimischen als »Klapperschlangenpflanze« bezeichnet. Die großen Scheinblüten der Helikonien und Calathea locken vor allem Kolibris und nektarsuchende Insekten an. Die eigentlichen Blüten und Früchte sind jedoch unscheinbar und befinden sich am Rande oder im Innern der farbenfrohen Verlockungen.
Der sagenumwobene Quetzal und die Goldkröte sind zum Wahrzeichen des Monteverde-Nebelwaldes geworden. Der erstere wegen seines häufigen Vorkommens, die Goldkröte wegen ihres vermutlichen Aussterbens.
Quetzale können am ehesten in der Brutzeit von März bis Mai im Monteverde-Gebiet beobachtet werden. Wegen der Vielzahl an Vogelfreunden und durch die Mithilfe der Ranger sind die einsehbaren Brutplätze schnell bekannt. Auf diese Weise bedarf es nur ein wenig Geduld bis man die Vögel zu Gesicht bekommt. Der Quetzal war der Göttervogel der Azteken und Mayas und ist noch heute im Wappen Guatemalas zu finden. Die langen Schwanzfedern waren unter den Herrschern dieser vergangenen Kulturen ein wertvoller Schmuck. Heutzutage wird der Vogel glücklicherweise mehr wegen seiner Anmut und Farbenpracht von Naturfreunden geschätzt. Quetzale leben monogam und nisten in Baumhöhlen. Die Weibchen legen 2 Eier, die vom Pärchen abwechselnd bebrütet werden. Sucht das Männchen die Baumhöhle auf, so schauen die

Artenvielfalt und Artenrückgang in Costa Rica

Costa Rica zählt zu den artenreichsten Regionen der Erde. Obwohl seine Landesgröße nur rund 0,04% der Erdoberfläche (0,01% der Gesamt–Landfläche) ausmacht, werden hier schätzungsweise 5% aller weltweit bekannten Pflanzen- und Tierarten gefunden. Wie kann ein so kleines Land, welches zudem in geologischen Zeiträumen betrachtet noch relativ jung ist, eine derartige Artenvielfalt besitzen? Die Entstehungsgeschichte Costa Ricas beginnt mit einer Reihe kleiner Inseln vulkanischen Ursprungs vor ca. 50 Mio. Jahren irgendwo in der östlichen Karibik. Der Nordamerikanische Kontinent war bereits in seiner derzeitigen Form vorhanden und mit einer großen Halbinsel von Mexiko bis Nicaragua verbunden, dem heutigen nördlichen Mittelamerika. In der Folgezeit drifteten die Inseln westwärts und wurden weiter durch Vulkanismus, Erdbeben und Faltungen verformt, bis sie vor etwa 3 Mio. Jahren ihre heutige Position erreichten und die Lücke zwischen den Nord- und Südamerikanischen Kontinentalmassen schlossen. Aufgrund der bewegten geologischen Geschichte hatten sich eine große Zahl verschiedener Lebensräume formen können und somit auch eigenständige Arten.
Nachdem die Landbrücke gebildet war, konnten Pflanzen und Tiere sowohl aus dem Norden als auch aus dem Süden zuwandern. Während die karibische Seite Costa Ricas überwiegend feuchte Klimate und Regenwälder aufwies, herrschte auf der pazifischen Seite bis zur Nicoya-Halbinsel mehr arides Klima vor, in dem laubabwerfende Trockenwälder den größten Teil der Vegetation ausmachten. Auf diese Weise konnten sich Tiergruppen

wie Raubkatzen aus dem eher trockenen Norden über eine westliche Route, und Arten aus den südamerikanischen Regenwäldern wie Faultiere und Beuteltiere über eine östliche Route kontinuierlich in Richtung Costa Rica ausbreiten. Hierdurch entstand die einmalige biologische Vielfalt, die sich neben eigenständig im Laufe der Evolution entwickelten Arten zudem aus Beiträgen der beiden Subkontinente zusammensetzt.

Zieht man die heutigen Verbreitungslisten von Flora und Fauna des Landes zu Rate, so können diese Ausbreitungswege häufig zurückverfolgt werden. Einige Einwanderer dringen auch heute noch immer tiefer in das Land ein. So wurden z. B. Kojoten erstmals vor etwa 200 Jahren in den nördlichen, trockenen Landesteilen gesichtet. Mit der zunehmenden Abholzung und landschaftlichen Veränderung durch den Menschen dringen sie mehr und mehr in den Süden. Das gleiche Ausbreitungsmuster läßt sich seit einigen Jahrzehnten auch bei den kleinen Inka-Täubchen feststellen.

Die meisten Arten, die sich schon vor der Zeit der Landbrücke entwickelt haben, sind ausschließlich auf Costa Rica beschränkt. Diese Formen werden mit dem biologischen Begriff **Endemiten** belegt. Endemiten sind überwiegend in Bergregionen zu finden. Dies wird besonders an den Vulkanen Poás und Irazú deutlich, wo zum Beispiel eine Poas-Magnolie und Irazú-Castelleja beheimatet sind. Häufig sind es hochspezialisierte Formen, die nur an einen ganz bestimmten Biotop angepaßt sind. Aus diesem Grunde sind sie nicht in der Lage, sich weiter auszubreiten und dazu »verdammt« nur an wenigen Orten zu existieren. Endemische Arten sind die gefährdetsten Formen in der Natur. Schon geringfügige Änderungen im Ökosystem können zu ihrer Ausrottung führen. Das wohl beste Beispiel hierfür ist die Goldkröte, die nur in einem kleinen Areal in der Umgebung des Monteverde-Nebelwaldes verbreitet war. Konnte man in den 80er Jahren noch Ansammlungen von mehreren Hundert Exemplaren während der Paarungszeit antreffen, gilt die Goldkröte heutzutage als ausgestorben.

Aber auch Flachlandarten wie das Gelbe Totenkopfäffchen sind vom Aussterben bedroht. Die Zerstörung der natürlichen Lebensräume führt dazu, daß Spezialisten unwiederbringlich verschwinden und anpassungsfähige Generalisten überhand nehmen.

Goldkröten versammelten sich zur Paarung in kleinen Tümpeln. Heute gilt diese Art als ausgestorben.

langen Schmuckfedern am Schwanz noch aus der Öffnung heraus und wirken oftmals wie ein epiphytisch wachsender Farn. Quetzale zählen nicht zu den bedrohten Vogelarten, sondern sind einfach nur schwer zu finden. Im Monteverde-Reservat lebt eine ansehnliche Population und Beobachtungen gelingen nicht selten sogar Tagesbesuchern.

Während man auf der Lauer liegt, kann man zudem auch die übrige Vogelwelt bewundern. Laucharassaris (S.79) und Regenbogentukane (S.132) sind im Gebiet recht häufig. Die Rufe des Hämmerlings oder Glockenvogels sind über weite Strecken zu vernehmen. Versucht man allerdings, diese schönen Vögel zu Gesicht zu bekommen, wird man schnell enttäuscht. Sie bewohnen die Baumkronen und sind daher vom Boden aus nur schwer im Pflanzendickicht auszumachen. Das gleiche gilt auch für die imposanten Nacktkehl-Schirmvögel, deren Männchen an der leuchtend roten Kehle und dem aufblasbaren Kopfschmuck zu erkennen sind. Beide Arten sind am ehesten in den frühen Morgenstunden zu beobachten, wenn sie aus dem benachbarten Peñas-Blancas-Gebiet über das Tal zu ihren Futterplätzen fliegen.

Die Monteverde-Region **war** Heimat der seltenen **Goldkröte**. Obwohl sie erst 1966 entdeckt wurde, gilt die Art heute schon als ausgestorben. Seit 1987 ist die Goldkröte zusammen mit 19 weiteren, weniger spektakulären Arten nicht mehr gefunden worden. Die Brutplätze in der Brillante-Region des Schutzgebietes trockneten aus und führten zum Tod der darin lebenden Kaulquappen. Von den etwa 1500 Individuen, die noch 1985 während der Brutperiode beobachtet werden konnten, war 1987 nur noch ein einziges Tier entdeckt worden. Die Austrocknung der temporären Gewässer mag zwar den Rückgang der Goldkröten-Population teilweise richtig erklären, aber nicht, warum auch Arten, die in Bächen oder Bromelien beheimatet sind, ebenso plötzlich verschwanden.

Die Gründe für diese plötzlichen Zusammenbrüche der Amphibienpopulationen geben den Wissenschaftlern ein schwer zu lösendes Rätsel auf. Einige der verschollenen Arten konnten 1991–1994 wiederentdeckt werden, jedoch scheint die Goldkröte für immer ausgestorben zu sein, da keine Populationen außerhalb des Schutzgebietes existieren, die eine Wiederansiedlung oder Einwanderung ermöglichen. Insgesamt sind 154 Amphibien- und Reptilienarten im Monteverde-Nebelwaldreservat beheimatet. Die farblich sehr ansprechenden, aber ebenso giftigen Lanzenottern (S.100) und Korallenschlangen (S.101) kommen ebenso vor wie riesige Abgottschlangen, Rattennattern und verschiedene kleine Schlangenarten.

Die Säugetierfauna ist sehr reichhaltig und enthält Bairds Tapir, Jaguar, Ozelot und Puma. Mantelbrüllaffen und Klammeraffen stellen neben Pekaris und Agutis die häufigsten Arten dar.

Tierbeobachtungen fallen ergiebiger aus, wenn man die typischen Touristenpfade verläßt und schon in den frühen Morgenstunden das Reservat aufsucht. Denjenigen Besuchern, die mehrere Tage in Monteverde oder Santa Elena bleiben, sei eine Nachtexkursion in das Gebiet empfohlen. Mit viel Glück kann man auf einer Nachtwanderung einen der nächtlich lebenden Wickelbären (S.101) entdecken. Wickelbären gehören zu den Kleinbären und besitzen einen langen Greifschwanz. Sie bewohnen die Baumkronen und ernähren sich hauptsächlich von dem Honig der Wildbienen sowie Früchten. Viele nachtaktive Insekten werden durch das Taschenlampenlicht angezogen. Besonders beeindruckend sind die 15 cm großen Augenspinner sowie Nashornkäfer. Weiterhin sieht man eine Reihe sonst im Verborgenen lebender Amphibien wie Maki- und Rotaugenfrösche. Die Rufe der Agakröte schallen durch den Wald und erinnern an das Rattern einer Maschine.

Die Vegetation des **Bajo del Tigre** ist auf den ersten Blick unscheinbar und nicht so beeindruckend wie im benachbarten Nebelwald von Monteverde, jedoch einzigartig. In den letzten Jahren wurden nicht weniger als 30 Baumarten aus dieser Region neu beschrieben. Von einigen dieser Arten sind nur wenige Exemplare bekannt. Entlang des Weges finden sich Bäume, deren Fruchtstände von Netzen umgeben sind. Dies dient dazu, den Samen vor Freßfeinden zu schützen, um den Bestand der gefährdeten Arten zu sichern und ihren Jungwuchs in einem kleinen Arboretum zur Wiederaufforstung hochzuziehen. Einige typische Pflanzen des Waldes sind Bromelien, Farne und Helikonien. Würgefeigen und mächtige Fensterblätter können ebenso bewundert werden wie Orchideen und Brettwurzelbäume. An den Waldrändern findet man überwiegend schnellwachsende Pionierarten des Sekundärwaldes, die eine Ausbreitung des Waldes auf benachbarte, brachliegende landwirtschaftliche Flächen anzeigen. An einigen Stellen sieht man noch Bananenstauden und Kaffeepflanzen. Typische Bäume sind großwüchsige Eichen *(Quercus brenesii)* und Stachelzedern.
Wegen der eher lichten Vegetation fallen Tierbeobachtungen leicht. Unter den Säugetieren sieht man meist Halsbandpekaris, Weißrüsselbären und Agutis. Hörnchen streifen in Gruppen durch das Baumkronendach und zeigen dem Menschen gegenüber keinerlei Scheu. Die Vogelwelt umfaßt über 170 Arten, und mit etwas Glück ist sogar ein Quetzal zu entdecken. Wesentlich häufiger sind Kolibris in der Nähe von Helikonien-Blüten zu sehen. Bunte Brauenmotmots sind leicht zu entdecken und die Rufe des Glockenvogels durchdringen den Wald. Greifvögel wie Rabengeier, Lachfalke und Graubussard können gut am Aussichtspunkt des Calandria-Trails beobachtet werden, weil hier der Blick auf den Canyon und das Tal freigegeben wird. An sonnenbeschienenen Lichtungen sieht man eine Reihe von Echsen wie Geckos oder smaragdgrüne Zaunleguane. Harmlose gelborange gefärbte Rattennattern leben im Waldesinnern. Amphibien sind wegen des wenigen Wassers in diesem Gebiet nur selten.

Im Gebiet unterwegs

Die Wanderwege im **Monteverde-Nebelwald** sind sehr gut ausgebaut; zum Teil läuft man sogar auf Holzplanken. Alle zugänglichen Wege liegen innerhalb des »El Triangulo« und können ohne Führer erkundet werden. Der **Sendero Bosque Nuboso** ④ bietet eine gute Einführung in den Nebelwald. Am Eingang zum Park ③ ist eine Broschüre erhältlich, die auf die Besonderheiten entlang des Pfades eingeht. Der Weg ist nur 1,5 km lang und kann in etwa 45–60 Minuten bewältigt werden. Wegen der vielen Touristen hat man jedoch kaum Gelegenheit, Tiere zu beobachten. Am Ende des Sendero Bosque Nuboso zweigt rechts der **Sendero Brillante** ⑧, der nach nur 300 m zu einem Aussichtspunkt (**»La Ventana«**) führt. Danach ist dieser Weg für Besucher gesperrt und darf nur mit Genehmigung bewandert werden. Der Brillante-Sektor ist wissenschaftlichen Forschungen vorbehalten, und ist eines der Gebiete, in denen früher Goldkröten vorkamen.
Die Verlängerung des Sendero Bosque Nuboso ist der **Sendero Pantanoso** ⑤ auf der karibische Seite des Reservates. Für den 1,5 km langen Weg benötigt man weitere 45 Minuten. Die Vegetation entlang des Weges ist überwältigend, ebenso wie die Vogelwelt. Unter den zugänglichen Teilen des Reservates zählt der Sendero Pantanoso zu den interessantesten. Da nur wenige Besucher hierher gelangen, hat man die Möglichkeit, die Tierwelt in aller Ruhe zu beobachten. Quetzale und Laucharassaris (S.79) sind häufig, aber nur schwer zu entdecken. Um relativ sicher zu gehen, diese scheuen Vögel zu Gesicht zu bekommen,

Der Göttervogel Quetzal zählt weltweit zu den farbenprächtigsten Vögeln.

empfiehlt es sich, mit einem kundigen Führer zu wandern, der die Brut- und Futterplätze der Vögel genau kennt. Häufiger dagegen sind kleine Anolis-Leguane auf den Ästen der Bäume zu beobachten. Fühlen sie sich bedroht oder sehen sie sich mit einem Männchen der gleichen Art konfrontiert, so beginnen sie sofort Imponierverhalten zu zeigen, indem sie ihren gelblichen oder rötlichen Kehlsack in kurzen Intervallen immer wieder ausgestülpen (S.112).

Der Sendero Pantanoso endet an einer Kreuzung, an der links der 1,8 km lange **Sendero Chomogo** ⑥ zum Eingang zurückführt, und geradeaus der **Sendero Río** ⑦ beginnt. Dieser Weg zieht sich auf 2,5 km Länge entlang des Quebrada Cuecha. Nach etwa 2 km führt rechts ein Pfad zu einem Wasserfall. Das letzte Stück zurück zum Parkeingang geht überwiegend durch Sekundärwald. Der etwas abenteuerlustigere Naturtourist sollte hier einmal den Boden nach etwa 3 cm großen Löchern absuchen; mit etwas Glück und einer Taschenlampe kann man Vogelspinnen (S.130) entdecken, die sonst nur nachts unterwegs sind. Man sollte jedoch dabei vorsichtig vorgehen, da die Tiere im gereizten Zustand einem vermeintlichen Angreifer einige ihrer Haare entgegenschleudern, die Hautrötungen und Nesselfieber verursachen können. Der gesamte Rundweg über die angegebenen Trails nimmt etwa 3 Stunden Gehzeit in Anspruch. Längere Trails führen zu den Peñas-Blancas- und El-Valle-Schutzhütten. Diese Regionen des Reservates können nur mit Genehmigungen besucht werden, da sie größtenteils der Forschung vorbehalten sind. Die Wanderung über den Versorgungsweg **El Camino** nach Peñas Blancas

Helikonien wie diese Hummerkralle sind überall im Wald zu finden.

Calathea treibt große, gelbe Scheinblüten, aus der die eigentlichen Blüten wachsen.

dauert etwa 6 Stunden, so daß dort übernachtet werden muß. Von hier aus sind es nochmals 5 Stunden bis zur Audubon-Station. Auf diesen Wanderungen gelangt man in die wirklich entlegenen Regionen des Reservates und hat daher viel größere Chancen seltene Tiere zu entdecken. Über den Kinderregenwald-Trail (s. u.) kann das Reservat auf der Karibischen Seite verlassen werden. Informationen über diese Routen sind bei der Reservatsverwaltung erhältlich.

Große Teile des **Kinderregenwaldes** sind für Besucher unzugänglich. Da das Hauptinteresse auf der Erhaltung der Natur liegt, sind kaum Wege innerhalb des Gebiets vorhanden. Nur in einem kleinen Areal am Ortsausgang von Monteverde sind Pfade angelegt, die von Naturtouristen genutzt werden können. Das Waldstück wurde 1988 der Monteverde Conservation League (MCL) vom dem Farmerehepaar Scudder gestiftet und wird seitdem zu ökologischen Bildungszwecken genutzt. In dem Büro der MCL können für 2 US$ ein kleiner Führer und eine Karte erstanden werden, die sehr hilfreich und informativ sind. Außerdem gibt es dort für 1 US$ eine Liste der nachgewiesenen Vögel.

Der **Bajo-del-Tigre-Sektor** ist leicht zu Fuß innerhalb von 20 Minuten ab den meisten Unterkünften in Monteverde zu erreichen. Das Waldstück trägt den Namen **Sendero Bajo del Tigre** (Jaguar-Pfad) ② und liegt in der Nähe der Pension Quetzal, wo ein Wegweiser angebracht ist. Das Informationshäuschen am Parkeingang ist nicht immer besetzt und es ist daher sinnvoll Broschüre und Karte schon im Voraus im Dorf zu besorgen. An dem Eingang angekommen können zwei mögliche Richtungen eingeschlagen werden: der Murciélago-Pfad zur Linken oder der Toledo-Pfad, der direkt vor einem liegt. Wer die Broschüre mit Erklärungen zur Ökologie gekauft hat, sollte mit dem **Murciélago-Pfad** beginnen und den dort gegebenen Anweisungen folgen. Obwohl der Eingang auf einer Lichtung liegt, die kaum an Regenwald erinnert, lohnt es sich schon hier, eine kurze Zeit zu verweilen, da man wegen der lichten Vegetation einige Tiere leichter entdecken kann. Am ehesten sieht man auf Holzscheiten und Steinen etwa 15 cm große, smaragdgrüne Zaunleguane (S.61), die sich in der Sonne erwärmen und Futtertieren nachjagen. An den wenigen blütentragenden Bäumen suchen Langschwanzeremit-Kolibris (S.85) nach Nektar, und durch die Luft schweben anmutig Blaue Morphofalter (S.63). Im Gebüsch beiderseits des Murciélago-Pfades

Hämmerlinge sind an den herabhängenden Hautfortsätzen am Schnabelgrund zu erkennen.

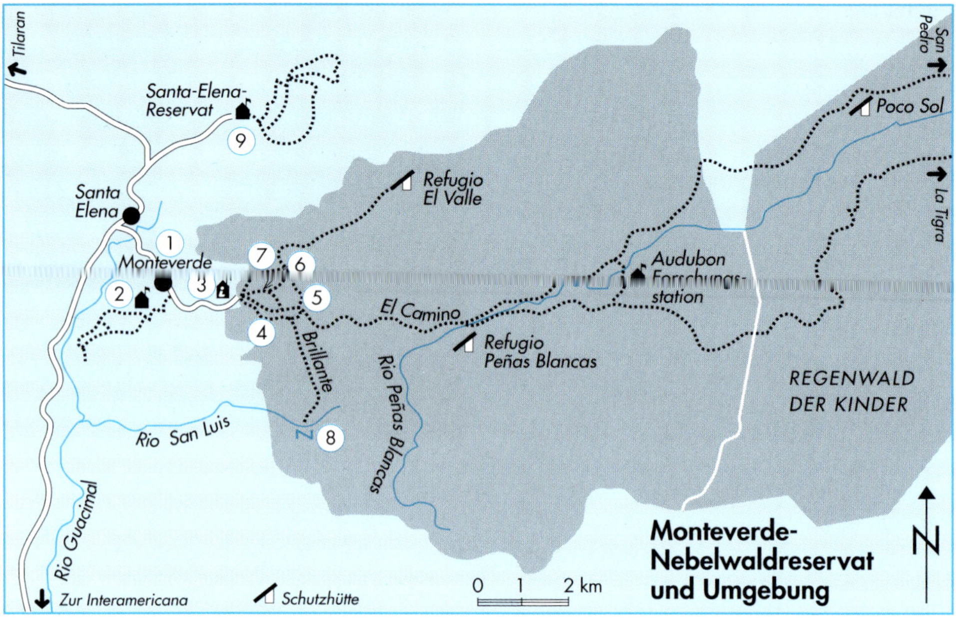

Monteverde-Nebelwaldreservat und Umgebung

rascheln Halsbandpekaris (S.79) und Agutis (S.38) im Laub. Nach kurzer Zeit gelangt man zu einer Reihe großer Würgefeigen, von denen einige innen Hohlräume aufweisen. Hier leben Fledermäuse (»murciélagos«), die dem Weg ihren Namen gaben. Fledermausarten machen 50% der Säugetierarten des Gebietes aus und sind ein wichtiger Bestandteil des Regenwaldökosystems, da sie als Fruchtfresser zur Verbreitung von Samen beitragen.

Nach 400 m gelangt man an eine Wegkreuzung, die rechts in den **Toledo-Pfad** und links in den **Calandria-Pfad** abbiegt. Wer nur an dem in der Broschüre erwähnten Rundgang interessiert ist, sollte den Toledo-Pfad wählen; wer jedoch ein wenig Zeit mitgebracht hat, kann auch noch andere Teile des Areals erkunden, indem er dem Calandria-Trail folgt, der nach dem seltenen Glockenvogel benannt ist, dessen unverkennbare, metallisch klingende Rufe man hier häufig vernimmt. Gegen Ende des Calandria-Pfades geht es ziemlich steil bergab in Richtung auf einen Aussichtspunkt. Hier bietet sich ein wunderschöner Ausblick auf das Monteverde-Gebiet und die Hochebene. Um wieder in das eigentliche Gebiet zurückzukehren, muß derselbe Pfad gewählt werden. Nach etwa 100 m zweigt rechts ein Pfad ab, der in einen Sekundärwald mit Helikonienhainen führt und nach 200 m gelangt man an eine Stelle, die in den **Monos-Trail** mündet. Dieser führt nach weiteren 600 m auf den **Toledo-Pfad**, so daß man hier wieder den Beschreibungen in der Broschüre folgen kann. Der Weg ist nach dem Vogel »Toledo« (Langschwanzpipra) benannt, der für seinen Brauttanz berühmt ist (S.109). Der Trail geht meist durch Sekundärwald und endet nach 600 m wieder am Eingang.

Noch ein weiterer Teil des Kinderregenwaldes läßt sich besuchen, allerdings nimmt dieser Ausflug mehrere Tage in Anspruch und kann nicht auf eigene Faust durchgeführt werden. Der 24 km lange <u>**Monteverde-Kinderregenwald-Trail**</u> führt durch das Nebelwald-Reservat in die unberührten und entlegenen Gebiete des Kinderregenwaldes. Hierfür benötigt man einen Führer der Monteverde Conservation League sowie deren Genehmigung. Der Weg führt über das Audubon Forschungszentrum, in dem übernachtet wird, zu einer Hütte bei Poco Sol innerhalb des Reservates. Für die Hin- und Rückwanderung sollten mindestens 3 Tage eingeplant werden, die Verpflegung muß mitgebracht werden. Dieser Ausflug lohnt sich besonders, weil hier auch tieferliegende Regenwaldregionen der Karibikseite durchwandert werden. Wegen der Abgeschiedenheit sind viele Tiere einfacher zu beobachten, und ein paar Nächte im Regenwald mit seiner Geräuschkulisse zu verbringen ist eine einmalige Erfahrung. Wer den Weg nur in einer Richtung wandern möchte, hat die Möglichkeit von der Poco-Sol-Hütte die Orte San Pedro und San Gerardo zu erreichen. Es ist geplant den San-Gerardo-Sektor des Reservates für Besucher zugänglich zu machen. Erste Wege existieren schon, allerdings sollten Sie vor einem Besuch Auskünfte hierüber bei der MCL einholen.

Praktische Tips

Anreise

Der einfachste Weg führt über die Interamericana bis zur Brücke am Río Lagarto bei Kilometer 149. Von dort aus zweigt die 35 km lange Schotterstraße nach Monteverde ab. Die Anfahrt dauert ab der Interamericana etwa 2 Stunden. Eine andere, aber noch schlechter ausgebaute Route führt über Tilarán nach Monteverde.
Der Bajo-del-Tigre-Sektor ist täglich von 8.00–16.00 Uhr geöffnet, das Monteverde-Reservat von 7–16 Uhr. Gleichzeitig werden nur 100 Besucher zugelassen. Sie sollten daher vor den Touristenbussen (vor 10.00 Uhr) am Parkeingang sein, um nicht Schlange stehen zu müssen.

Klima/ Reisezeit

In den Monaten von Dezember bis März herrscht Trockenzeit; Regenzeit ist von Mai bis November mit den höchsten Regenfällen im Oktober. Wegen der Höhe liegt die Durchschnittstemperatur bei nur 18° C. Die Brutzeit der Quetzale ist in den Monaten März und April.

Unterkünfte

In Monteverde und Santa Elena gibt es zahlreiche Unterkünfte, von denen aus die Reservate leicht erreichbar sind. Die Schutzhütten im Monteverde-Reservat sind über die Verwaltung zu buchen.

Adressen

- Tropical Science Center, Apdo. 83870-1000, San José.
- Monteverde Conservation League, Apdo. 10165-1000, San José, Tel. 6612953.
- Reserva Bíologica Bosque Nuboso Monteverde, Tel. 6455122.
- Bajo del Tigre, Monteverde Conservation League, Tel. 6455003.
- Reserva Santa Elena, Centro Ecologico, Tel. 6455238.

Informationen

http://catalog.com/calypso/cr/vacation/monte.htm

Blick in die Umgebung

Im Ort Monteverde gibt es eine Reihe von Besichtigungsmöglichkeiten wie Kolibri-Gärten, in denen die Vögel an Fütterungsstationen angelockt werden, eine Käsefabrik sowie die Möglichkeit, Ausritte in die Umgebung zu unternehmen. Besonders lohnenswert ist ein Ausflug in das nur 6 km entfernte Santa-Elena-Reservat ⑨, das im wesentlichen die gleiche Flora und Fauna aufweist wie das Monteverde-Reservat. Das Projekt wird in Zusammenarbeit mit der ortsansässigen Schule geleitet. Es gibt ein gut ausgebautes Wegenetz.

5 Vulkan Arenal und Arenal-See

Vulkanausbrüche; Besichtigung von Lavafeldern; Thermalbäder; Wassersport, Surfen; Botanischer Garten; Venado-Höhlen.

Der Arenal ④ zählt zu den aktivsten Vulkanen der Erde, und ein nächtlicher Ausbruch bei klarer Sicht gehört sicherlich zu den beeindruckendsten Naturschauspielen in Costa Rica. Tagsüber finden häufig Ausbrüche mit Ascheausstößen statt, die mehrere hundert Meter in den Himmel reichen. Manchmal kann man beobachten wie rotglühende Felsbrocken in die Luft geschleudert werden, die dann am Hang herabrollen. Nachts sieht man nach Ausbrüchen, wie sich die Lava langsam ihren Weg bahnt. Auf Tages- und Nachtwanderungen können die Lavafelder und Ausbrüche aus nächster Nähe – jedoch in sicherer Entfernung – bewundert werden. Der 1635 m hohe Arenal-Vulkan galt lange Zeit als inaktiv und war rundherum mit immergrünen Regenwald bewachsen. 1968 brach er in einer gewaltigen Explosion aus, die in der näheren Umgebung zu Verwüstungen führte und 80 Menschen tötete. Darauf folgte wieder eine Ruheperiode, in der keinerlei vulkanische Aktivität registriert wurde. Seit 1981 ist der Arenal mit kurzen Pausen ständig aktiv und ist zu einer Touristenattraktion geworden. Der letzte große Ausbruch fand 1992 statt und sprengte einen Teil des oberen Kegels ab. Die Lava dieses Ausbruches kann auf dem Gebiet des Nationalparks ① besichtigt werden. Erst wenn man vor den großen Felsbrocken steht und die Entfernung zum

Ein nächtlicher Vulkanausbruch am Arenal bietet ein phantastisches Naturschauspiel.

Tigerreiher leben in der Ufervegetation und sind sehr gut getarnt.

Vulkan realisiert, wird man sich bewußt, welche ungeheuren Naturgewalten hinter diesem Ausbruch standen.
An der Südseite des Vulkans liegt die Arenal Observatory Lodge ②, die seit 1987 Wissenschaftlern Beobachtungen ermöglicht. Die Lodge liegt auf einem 347 ha großen Gelände in 800 m Höhe mit leichtem Zugang in die umliegenden Wälder und zu den Lavafeldern des Vulkans. In dem Gebiet werden zudem Macadamia, Eukalyptus und Honduraskiefer angebaut. Auf Wanderungen gelangt man an einen Wasserfall oder den erloschenen Vulkan Cerro Chato ③.
Ebenfalls südlich des Vulkans befindet sich der Eingang zum 4000 ha großen Arenal-Nationalpark. Das Gebiet ist größtenteils unzugänglich und schützt die noch vorhandenen Primärwaldreste der Tilarán-Hochebene und die Region um den Vulkan.
Am Fuß des Vulkans befinden sich die Thermalquellen von Tabacon ⑧. Hier gibt es eine Freizeitanlage, in der man sich gemütlich in den warmen Schwefelbädern niederlassen und bei einem Getränk den Vulkan beobachten kann. Der Nachbarort La Fortuna hat in den letzten Jahren einen wahren Touristenansturm erfahren. Viele Hotels mit Blick auf den Vulkan sind hier angesiedelt.

Der Arenal-See ist ein künstlich angestauter See im Hochland und zugleich das größte Binnengewässer Costa Ricas.

Das Fensterblatt ist eine typische Kletterpflanze.

Der künstlich angestaute Arenal-See besitzt eine Oberfläche von annähernd 80 km², was ihn zum größten Binnensee des Landes macht. Er dient hauptsächlich der Energiegewinnung und Bewässerung der trockenen nördlichen Landesteile. In letzter Zeit wurde das Gebiet vom Tourismus entdeckt und wird vor allem von wassersportbegeisterten Besuchern aufgesucht. Auf Ausflügen in die nähere und weitere Umgebung können ein Botanischer Garten ⑨ sowie eine Höhle besucht werden.

Pflanzen und Tiere

In der direkten Nähe des Vulkans ist kaum Wald oder gar Vegetation vorhanden. Die oberen Regionen werden ständig von Lava überschwemmt, so daß kein Leben möglich ist. Am Fuß des Vulkans findet man primären Regenwald, in dem Würgefeigen, Mahagoni und Kapokbäume die häufigsten Arten sind. Der Unterbewuchs besteht aus Farnen, Helikonien und Dieffenbachien. In der Umgebung des Chato-Kratersees ③ existiert noch ein kleines Stück Nebelwald. Große Flächen nahe dem Observatorium dienen zur Wiederaufforstung. Leider wird hier – wie auch an anderen Stellen des Landes – der Fehler begangen, fremdländische Arten wie den Eukalyptus anzubauen. Diese Art wächst zwar schnell, entzieht dem Boden jedoch genauso schnell die Nährstoffe. Eukalyptus wird immer wieder gewählt, weil schon binnen kurzer Zeit ein »Erfolg« zu sehen ist, indem das frühere Brachland von weitem wie ein natürlicher Wald aussieht. Inzwischen ist auch bekannt, daß Eukalyptuswälder nur von wenigen Tierarten angenommen werden und somit alles in allem eher schaden denn nutzen.

Mehrere Familiengruppen von Mantelbrüllaffen bewohnen die nähere Umgebung zwischen der Observatory Lodge und dem Chato-Kratersee. Wer sie einmal in Ruhe beobachtet, wird feststellen, daß sie sich viel ruhiger und behäbiger bewegen als etwa Kapuzineraffen. Die lauten Rufe der Männchen dienen dazu, daß Revier gegenüber anderen Gruppen abzugrenzen. Auf diese Weise ergeben sich manchmal richtige Konzerte rivalisierender Gruppen. Auch junge Männchen und Weibchen können brüllen, allerdings nicht mit der gleichen Stimmgewalt wie der Hordenführer.

Mittelamerikanische Opossums (S.18) besitzen ein dichtes, dunkelgraues Rückenfell und unterscheiden sich von anderen Arten durch ihre schwarzen Beine. Sie sind Allesfresser und in einigen Landesteilen Kulturfolger. Sie suchen in Hausmüll und Abfall nach Nahrung und leben oft in direkter Nähe zu Menschen. Die Weibchen können bis zu 20 Jungtiere gebären, tragen in ihrem Beutel meist aber nur 6 Tiere umher. Die Jungen verbleiben 60–100 Tage im Beutel, bis sie vom Weibchen ausgesetzt werden. Opossums sind in der Regel nachtaktive Einzeltiere, die sich tagsüber in kleinen Höhlen, Astlöchern oder verlassenen Nagerbauen verbergen. Da viele Besucher des Arenal-Nationalparks auch die Nachtausbrüche des Vulkans auf der Terrasse des Observatoriums beobachten, haben sie dort eine gute Chance, Opossums zu Gesicht zu bekommen.

Ein weiterer nächtlicher Gast und Kulturfolger ist die große **Agakröte**, deren Weibchen bis zu 25 cm Körperlänge erreichen können. Sie werden durch das Licht angezogen, wo sie nach Insekten jagen, die sie geschickt mit ihrer Zunge erbeuten. Ausgewachsene Tiere machen auch vor kleinen Nagern und Fröschen nicht halt. Die großen Drüsen am Hinterkopf produzieren eine milchige Substanz, die zur Abwehr gegen Feinde dient. Dieser Stoff ist leicht giftig und verhilft der Kröte zu einem anscheinend unerträglichen Geschmack, der jeden Angreifer zurückschreckt. Große Individuen besitzen keine natürlichen Feinde, was dazu geführt hat, daß sich die Agakröte inzwischen weltweit in den Tropen ausbreitet. Ursprünglich wurde sie als biologischer Schädlingsbekämpfer auf Zuckerrohrplantagen ausgesetzt. Wegen ihrer explosionsartigen Vermehrung ist sie in vielen Ländern – so zum Beispiel Australien und den Philippinen – inzwischen selbst zum Schädling geworden. In den Gebieten ihres natürlichen Vorkommens wie Costa Rica nehmen die Populationen in Kulturlandgebieten zwar zu, jedoch nicht in dem Maße wie in Ländern, in denen sie eingeführt wurde. Vieles spricht dafür, daß diese Art in Mittel- und Südamerika zumindest als Jungtier oder Kaulquappe einen natürlichen Feind besitzt, der ein Überhandnehmen der Art wirksam verhindert.

Farbige Blüten und mineralhaltige Stellen ziehen eine Vielzahl von Schmetterlingen an. Glasflügelfalter sind leicht an ihren transparenten Flügeln zu erkennen. Sie halten sich bevorzugt auf Lichtungen an niedriger Vegetation auf. Die Männchen dieses Schmetterlings besitzen genau eingegrenzte Areale, die sie gegen Eindringlinge verteidigen und während einiger Wochen nicht verlassen. Entfernt man ein Männchen aus seinem angestammten Revier, ist dieses schon meist am nächsten Tag von einem anderen Individuum besetzt. Nashornkäfer und deren Larven findet man in verrottendem Holz, manchmal zusammen mit Termiten. Unter den Spinnentieren beeindrucken besonders Vogelspinnen und Skorpione. Diese sind, wie viele andere Tiere, allerdings überwiegend nachts unterwegs.

In den Flachwasserzonen des Arenal-Sees leben Salmonreiher, Schmuckreiher und Gelbstirnjassanas (S.91). Der Fischreichtum des See zieht auch Fischadler und Grünfischer an. Über dem Tal kann man häufig Greifvögel beobachten wie die Schwalbenweihe, die im Flug leicht an ihrem gegabelten Schwanz zu erkennen ist.

Braune Fledermäuse leben in ausgehöhlten Bäumen.

Im Gebiet unterwegs

Im Arenal-Nationalpark existiert nur ein einziger Wanderweg, der zu den Lavafeldern des letzten großen Ausbruch von 1992 führt ⑥. Der Weg zieht sich überwiegend über offenes Gelände. Nur wenige Pflanzen und Tiere vermögen in dieser unwirtlichen Umgebung zu überleben.

Häufig zu sehen sind Ameiven und kleine Zaunleguane, die sich in der Sonne aufheizen. Kurz bevor man zum **Lavafeld** gelangt, wird ein kleines Waldstück durchquert, das von der Hitze der Lava anscheinend verschont blieb. Hier begegnet man gemischten Gruppen von Tangaren und einzelnen Motmots. Im übrigen sind nur wenig Tiere zu sehen. Am Lavafeld angekommen, muß man den aufgezeichneten Pfeilen folgen. Es ist ratsam, nicht vom Weg abzuweichen, da dieser als sicher gilt. Auf den großen Gesteinsbrocken siedeln einige Farne und man erkennt, daß die Pflanzenwelt versucht, sich ihren Lebensraum zurückzuerobern. Je weiter man allerdings auf das Feld wandert, desto spärlicher ist der Pflanzenwuchs. Kurz vor Ende des Trails gelangt man an ein kleines Loch zwischen den Steinen, aus dem schwefelhaltiger Dampf austritt. Unter dieser Stelle befindet sich in nur wenigen Metern Tiefe noch ein Teil heißer Lava. Wenn man von diesem Punkt in Richtung Arenal-See schaut, erkennt man, wie weit die Lava bei diesem letzten Ausbruch geflossen ist und wie heftig demnach die Eruption gewesen sein muß. Nur wenige hundert Meter weiter, und der Lavafluß wäre erst am See zum Stehen gekommen (S.10). Nachdem man auf den Hauptweg zurückgewandert ist, kann man diesen noch etwas weiter mit dem Auto befahren bis man an eine Kehre gelangt ⑦, an der sich eine gute Aussicht auf den Vulkan bietet. Wanderungen zum Lavafeld werden auch in geführten Touren auf einer anderen Route ab der **Arenal Observatory Lodge** ② angeboten. An manchen Tagen wird die Tour auch nachts durchgeführt. Eine weitere Wanderung führt ab der Lodge zur **»Alten Lava«** ⑤, die von dem großen Aus-

Zaunleguane lieben sonnenbeschienene Lichtungen.

Mantelbrüllaffen kann man am langen Haarkleid erkennen.

bruch im Jahre 1968 stammt. Der Weg führt zunächst direkt vor der Logde steil bergab bis zu einem Fluß. Dieser muß überquert werden, worauf der Weg steil ansteigt. Die Wanderung ist recht anstrengend, jedoch führt sie durch ein schönes Waldstück, in dem viele Brüllaffen leben. Vom Observatorium läßt sich noch ein kleiner Wasserfall und der nahe gelegene **Cerro Chato** ③ besuchen. Der Cerro Chato ist ein erloschener Vulkan, der von Nebelwald umgeben ist und einen wunderschönen Kratersee hat. Mit Paddelbooten kann man auf den See hinausfahren und die Natur genießen.

Am Fuß des Vulkans befinden sich die Thermalquellen von **Tabacón** ⑧. Hier gibt es verschiedene kleine Pools, die mit Wasser unterschiedlicher Temperatur gefüllt sind. Das Wasser wird aus einem nahen Fluß, der vom Arenal aufgeheizt wird, abgezweigt. Das Thermalbad ist täglich von 10–22 Uhr geöffnet. Im Nachbarort La Fortuna gibt es einen Wasserfall sowie ein Vulkanmuseum mit Ausstellungen und Diavorführungen zum Vulkanismus (Di–So, 10–22 Uhr).

Von La Fortuna aus gelangt man mit dem Auto über Monterrey und Jicarito nach Venado. Auf einer Schotterpiste geht es hinter dem Ort bergauf, bis man am Ende des Weges am Berggipfel ankommt. Dort befindet sich der Eingang zu den **Venado-Höhlen**, die zu den größten Höhlen Mittelamerikas zählen. Eine Tour in die Höhlen ist nur mit ortsansässigen Führern zu empfehlen, da das System sehr verzweigt ist. Die Gänge sind sehr eng und es bedarf schon einiger Erfahrung, um in den Höhlen umherzusteigen. In einigen der großen Säle leben Braune Fledermäuse und Amphibien.

Augenspinner werden bis 20 cm groß.

Glasflügelfalter verteidigen ihre Reviere.

Die Gelbe Rattennatter ist harmlos und vorwiegend im Waldesinnern zu finden.

Mit dem Auto läßt sich ebenfalls die Umgebung des Arenal-Sees erkunden. Eine typische Fahrt führt von Fortuna bis nach Tilarán. Auf der Fahrt bieten sich herrliche Ausblicke auf den See. Kurz vor dem Ort Arenal liegt auf der rechten Seite ein Botanischer Garten, in dem Pflanzen aus der ganzen Welt ausgestellt sind. Auf dem Gelände existieren auch einige Pfade in den benachbarten Primärwald. Der **Jardín Botaníco Arenal** ⑨ ist täglich von 9–17 Uhr geöffnet.
Hinter dem Ort Arenal befindet sich das private Reservat Eco-Lodge am **Lago Coter**. Der Coter-See ist ein Kratersee inmitten unberührter Natur und auf dem Gelände der Eco-Lodge gibt es eine Reihe von schönen Wegen in die nähere Umgebung. Die Lodge veranstaltet auch Surf-Touren zum Nordwestufer des Arenal-See.
Windsurfing hat sich in letzter Zeit zu einer neuen Tourismusattraktion rund um den Arenal-See entwickelt. An der Straße um den See gibt es zahlreiche Lodges, die Ausrüstungen vermieten. Am Arenal-See herrschen sehr starke Winde, so daß an der Nordwestseite neuerdings Windkrafträder zur alternativen Energieversorgung installiert wurden.

Praktische Tips

Anreise
Von San José aus fährt man entweder über Ciudad Quesada oder San Ramón nach Fortuna. Tourunternehmen machen oft Halt in der kleinen Stadt Sarchí, in der buntbemalte Ochsenkarren hergestellt werden. Aus dem Norden kommend, verläßt man die Interamericana bei Cañas und fährt über Tilarán um den Arenal-See herum.

Klima/ Reisezeit
Die Arenal-Region kann ganzjährig besucht werden. Leider können zu jeder Jahreszeit Wolken am Vulkan aufziehen, so daß eine freie Sicht Glücksache ist. Beste Zeit zum Surfen: Dezember bis März. Die Trockenzeit fällt in die Monate Dezember bis Mai. Die Durchschnittstemperatur liegt bei 23° C, jedoch wird es nachts wegen der starken Winde empfindlich kalt.

Unterkünfte
Das Gros der Touristen kommt in Hotels im Ort La Fortuna unter. Weitere Unterkünfte befinden sich rund um den Arenal-See. Empfehlenswert sind die Arenal Lodge (Tel. 4601881) sowie die Ecoadventure Lodge Coter (Tel. 2214209, Fax 2210794). Im Nationalpark darf neben der Verwaltung gezeltet werden.

Adressen
- Arenal Observatory Lodge, P. O. Box 1195-1250, Escazú; Tel. 2579489, Fax 2574220.
- e-mail:observatory@centralamerica.com

Informationen zum Nationalpark erteilt die Parkverwaltung in San José.

Blick in die Umgebung

Von Fortuna aus lassen sich das Caño-Negro-Tierschutzgebiet bei Los Chiles (s. Nebenreiseziel 1, Seite 138) und das Indianer-Reservat Guatuso bei San Rafael in Tagesausflügen besuchen.

6 Braulio-Carrillo-Nationalpark

Nebelwald; Regenwaldvegetation auf der pazifischen und karibischen Seite der Kordillere; Bromelien, Tillandsien, Orchideen; Erdbeerfrösche; Schmetterlingsfarm; Gondelbahn.

Der Braulio-Carrillo-Nationalpark gehört mit einer Fläche von 450 km² zu den größten Schutzgebieten des Landes. Er liegt nur wenige Kilometer von der Hauptstadt San José entfernt und ist innerhalb 1 Stunde gut zu erreichen. Neben angelegten Pfaden befinden sich an seinen Grenzen private Schutzgebiete wie eine Schmetterlingsfarm und als neueste Attraktion eine Gondelbahn über das Baumkronendach des Urwaldes.
Der Limón Highway führt mitten durch den Park und ersetzt eine frühere Eisenbahnlinie. Während des Straßenbaus hat es viele Proteste von Naturschützern gegeben. Wenn man heute durch den Park fährt, sieht man jedoch keine offensichtlichen Umweltbeeinträchtigungen. Auf der Fahrt bieten sich herrliche Ausblicke auf die umliegenden Wälder und schönen Wasserfälle. Man durchquert dabei verschiedene Vegetationsformen von Bergregenwald bis Tieflandregenwald. Der höchste Punkt des Nationalparks befindet sich am Vulkan Barva (2906 m), der tiefste Punkt liegt bei 50 m im Karibischen Tiefland.
Der Barva ist ein Stratovulkan, der sich aus einem Dutzend Kegeln zusammensetzt und dessen zuletzt aufgezeichneten Ausbrüche schon nahezu 400 Jahre zurückliegen. Er besitzt mehrere Kraterseen, von denen der größte einen Durchmesser von 500 m hat. Zwei weitere Vulkane liegen im Gebiet des Nationalparks: der 2250 m hohe, kegelförmige Cacho Negro und der Zurqui nahe San José.

Der Braulio-Carrillo-Nationalpark kann auf kurzen Wanderungen oder mehrtägigen Trekkingtouren erkundet werden. Die Besteigung des Vulkans Barva ist in einem Tag möglich und wird von verschiedenen Tourveranstaltern in San José angeboten. Auf Fahrten von der Hauptstadt zur Karibikküste durchquert man den Ostteil des Parks. Entlang des Limón Highway befinden sich an verschiedenen Stellen Aussichtspunkte und an zwei Stellen gibt es Rangerstationen, von denen aus Pfade in den Wald führen.
In der Nähe der Carrillo-Rangerstation ② befindet sich außerhalb des Parks die Schmetterlingsfarm »Las Heliconias«. Etwa 5 km hinter der Brücke über den Río Sucio erreicht man die Aerial Tram. Auf 1,7 km Länge kann man in einem Gondelsystem durch das Kronendach des Urwalds fahren oder auf speziellen Wegen die Natur in den Urwaldbäumen erkunden. Dieses Projekt wurde von dem amerikanischen Biologen Donald Perry initiiert. Das Ziel ist, dem Besucher einen Eindruck von der Artenfülle im Kronendach zu vermitteln und Einblicke aus der Vogelperspektive zu ermöglichen.

Epiphytische Farne wachsen überall, wo es feucht genug ist.

Im Braulio-Carrillo-Nationalpark gibt es noch große, unberührte Regenwaldbestände.

Gondelbahn durch das Kronendach.

Pflanzen und Tiere

Im Braulio-Carrillo-Nationalpark findet der Pflanzenliebhaber eine unbeschreibliche Fülle von Bromelien, Tillandsien und epiphytisch lebenden Farnen sowie Orchideen. Die häufigsten Bromelienarten gehören zur Gattung *Guzmania* (S. 116). Sie zeichnen sich dadurch aus, daß aus der inneren Rosette eine spiralförmige, meist rote Scheinblüte wächst, unter deren Hüllblättern sich weiße oder gelbe Blüten bilden. Verwandte Guzmanien kommen in Europa oft als Zierpflanzen in den Handel. Viele Tillandsien sind daran zu erkennen, daß sie graugrün und etwas pelzig erscheinen. Manche Tillandsienarten bringen Blütenstände hervor, die das Aussehen eines Schwertes haben (S. 116). Auch hier handelt es sich um farbige Scheinblüten, die Bestäuber anlocken sollen. Die eigentlichen Blüten werden klein und unauffällig am Rande der Scheinblüte ausgetrieben. Wieder andere Arten sehen aus wie Grasbewuchs an der Baumrinde, und einige wenige Bromelienarten leben gar am Boden, entgegen der landläufigen Meinung,

daß es sich dabei um ausschließlich epiphytisch lebende Schmarotzerpflanzen handelt.
Bei genauem Hinsehen fällt auf, daß die jungen Triebe vieler Pflanzen andersfarbig als die reifen Blätter sind. In den meisten Fällen sind die frischen Blätter rötlich oder rosafarben. Dies dient dazu, Pflanzenfresser abzulenken, die vornehmlich auf frische, grüne Triebe spezialisiert sind. Weiterhin sorgen die für die Färbung verantwortlichen Naturstoffe dafür, daß die frischen Triebe vor dem »Verbrennen« durch intensives Sonnenlicht geschützt werden, indem sie eine Filterfunktion ausüben. Erst wenn die Blätter groß und fest genug sind, beginnt der Umfärbungsprozeß. Häufig entdeckt man auch Baumarten, die ihre Blüten und Früchte direkt am Stamm treiben. Dieses Wachstum wird als cauliflor bezeichnet und ist zum Beispiel von Kakaopflanzen bekannt.
In den höheren Lagen findet man überwiegend Eichenmischwälder mit starkem Epiphytenbewuchs. Diese Regionen liegen fast täglich im Nebel, was das Wachstum der Pflanzen begünstigt. In den Tieflandregenwäldern sind Fruchtflügelbäume, Mahagoni und Würgefeigen die häufigsten Pflanzen. Die bodennahe Vegetation wird von Helikonien und Zwergpalmen beherrscht. An den feuchten Stellen wachsen Becherpilze, verrottende Baumstämme sind mit Baumpilzen übersät.
Der Braulio-Carrillo-Natioanlpark beherbergt wegen seiner Größe und unterschiedlichen Lebensräume einen Großteil der costarikanischen Tier- und Pflanzenarten. Auf den Wegen in der Nähe der Rangerstationen kann man oft Gruppen von Kapuzineraffen (S.121) beobachten. Diese Affen leben in Familienverbänden von 30–40 Tieren. Im Gegensatz zu den Mantelbrüllaffen (S.61), die immer Sichtkontakt zu den Mitgliedern ihrer Gruppe haben, zerstreuen sich die Kapuziner über große Entfernungen im Wald. Der Kontakt zur Gruppe wird durch Rufe aufrechterhalten.
Auf der karibischen Seite des Parks in der Umgebung der Quebrada-Gonzáles-Station gibt es große Populationen des **Erdbeerfrosches**. Die Tiere leben überwiegend in Bodennähe und auf niedriger Vegetation. Als Brutplätze bevorzugen sie Guzmanien, in deren Trichtern oft Kaulquappen und rufende Männchen gefunden werden können. Die Populationen in diesem Teil des Landes zeichnen sich durch dunkelblaue Hinterbeine aus, was den Fröschen von den Einheimischen den Namen »Blue Jeans Frog« eingebracht hat. Trotz ihrer auffälligen Warnfärbung sind die Tiere nicht unmittelbar auszumachen. Die Populationen sind sehr lokal, so daß es vorkommen kann, daß man in einem Teil des Waldes innerhalb kurzer Zeit 20 und mehr Individuen beobachten kann und nur 100 m entfernt kein Tier mehr zu Gesicht bekommt. Nach Regenfällen sind die quäkenden Rufe der Männchen überall zu vernehmen, die darauf hoffen auf diese Weise Weibchen anzulocken.
Neben den Erdbeerfröschen sind Echsen der Gattung *Anolis* (S.112) sehr häufig. Die Männchen benutzen ihre bunten Kehlwammen, um Konkurrenten ihr Revier zu signalisieren und paarungsbereiten Weibchen zu imponieren. Einige Tiere zeigen dieses Verhalten auch Menschen gegenüber, wenn sie sich gestört fühlen.
Die Vogelwelt des Parks ist ebenfalls sehr artenreich. Da sich das Gebiet über verschiedene Höhen- und Vegetationszonen erstreckt, sind hier sowohl Flachland- als auch Bergwaldarten beheimatet. Insgesamt sind bisher über 180 Vogelarten nachgewiesen worden. Das Gebiet ist gut untersucht, weil alljährlich eine Art Rallye durchgeführt wird, an deren Ende derjenige Vogelfreund, der die meisten Arten beobachtet hat, als Sieger hervorgeht. Neben den spektakulären Arten wie Nacktkehl-Schirmvogel (S.47), Quetzal (S.52) und verschiedenen Tukanen seien vor allem Kolibris (20 Arten), Trogone (5 Arten) und Tangaren (20 Arten) erwähnt.

Erdbeerfrösche legen ihre Eier in Bromelientrichter, in denen die Larven heranwachsen.

Ein Grün-Veilchenohrkolibri tankt vor der Blüte schwebend Nektar.

Im Gebiet unterwegs

Von San José aus kommend befindet sich auf der rechten Seite kurz vor der Einfahrt in den Zurqui-Tunnel die **Zurqui-Rangerstation** ①. Etwa 200 m vor der Station führt auf der linken Seite der **Sendero Natural Capulin** in den Wald oberhalb des Tunnels. Der 2,5 km lange Rundweg erschließt Sekundär- und Primärwald. Typische Pflanzen entlang des Weges sind meterhohe Baumfarne und der »Capulin«-Baum, nach dem der Trail benannt ist. Ebenso wie Baumfarn ist er eine Pionierpflanze auf Lichtungen und in nachwachsendem Sekundärwald. Die Früchte ziehen eine Vielzahl von Vogelarten an, insbesondere gemischte Gruppen von Tangaren sind leicht zu beobachten. Der Weg gabelt sich nach etwa 200 m; die rechte Abzweigung läuft parallel zur Straße durch Sekundärwald, während der linke Pfad in den Primärwald führt. Beide Wege treffen sich oberhalb der Einfahrt zum Zurqui-Tunnel. Der Rundweg sollte nicht mehr als 90 Minuten in Anspruch nehmen. Wegen der Nähe zur Straße gelingen Tierbeobachtungen im Sekundärwald nur selten.
Der Limón Highway zieht sich auf den folgenden 20 km durch die höheren Lagen des Braulio-Carrillo-Nationalparks, und beginnt dann allmählich in das atlantische

Grüne Baumnattern jagen Echsen und jungen Vögeln nach.

Während der Schwalbenschwanzfalter (rechts) eine auffällige Färbung und Zeichnung besitzt, sind seine Raupen sehr gut getarnt. Sie imitieren Vogelkot und zeigen ein ausgeprägtes Schreckverhalten (links).

Flachland hinabzusteigen. Am **Río Sucio** überquert er eine große Brücke, von der man einen schönen Ausblick hat. Auf der rechten Seite läuft im Tal der braune, lehmführende Río Sucio mit einem kristallklaren Fluß zusammen. Allerdings ist ein Halten auf der Brücke untersagt und wegen des zeitweise hohen Verkehrsaufkommens auch nicht sehr ratsam. 2 km nach der Brücke befindet sich auf der rechten Seite die **Carrillo-Station** ②. Hinter dem Rangerposten führt der nur 2,5 km lange Rundweg **Sendero Natural** in den Primärwald. Entlang des Weges sind Schmetterlinge wie der Blaue Morpho, Glasflügelfalter (S.61) und Schwalbenschwänze sehr häufig. Die Raupen der Schwalbenschwanzfalter imitieren Vogelkot, um sich so vor Freßfeinden zu schützen. Ebenso wie die hier heimischen Grün-Veilchenohrkolibris, Erzeremiten und Braunschwanz-Amazilien werden sie von den zahlreichen Blütenpflanzen angezogen. In den Baumkronen sind oft die Rufe von Tukanen zu vernehmen, die aber wegen der dichten Vegetation nur schwer zu beobachten sind.
An den Bächen gibt es eine Anolis-Art, die an das Wasserleben angepaßt ist. Die nur 15 cm große Echse lebt bevorzugt auf den Steinen in den Bachläufen. Sie jagt nach Insekten auf der Wasseroberfläche, wurde aber auch schon dabei beobachtet, wie sie versuchte Kaulquappen zu erbeuten. Bei Störung verschwinden die Echsen im nahegelegenen Dickicht des Ufers.
Auf der gegenüberliegenden Straßenseite der Carrillo-Station befindet sich der **Sendero Natural Botarama**. Der Weg führt auf 1 km Länge durch Bambushaine und Sekundärwald an das Ufer des Río Sucio. Nur wenige hundert Meter außerhalb des Nationalparks liegt die Schmetterlingsfarm **Los Heliconios Mariposario** ⑤, die neben einer Freifluganlage für Schmetterlinge auch Pfade in den angrenzenden Wald hat. Hinter der Farm zweigt links ein Weg ab, der nach 1,5 Stunden Gehzeit an einen Fluß führt. Entlang des Weges lebt eine beachtliche Population der roten Erdbeerfrö-

Der Blaue Morpho zählt weltweit zu den schönsten Schmetterlingen.

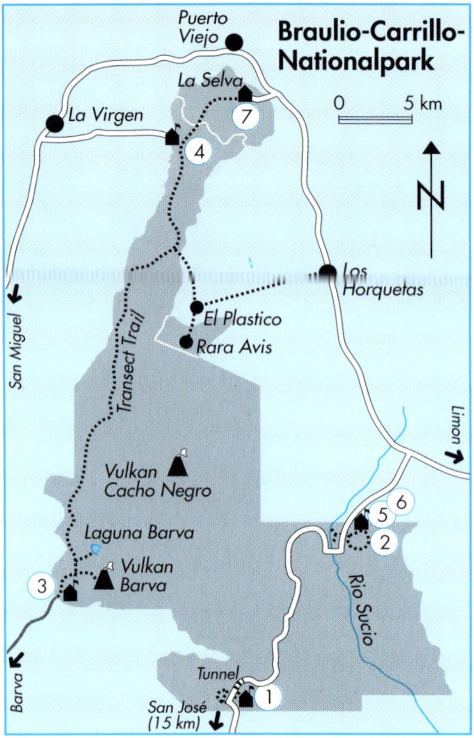

sche. Die Rufe der Männchen sind bereits hinter der Freifluganlage zu vernehmen. Während eines 1-stündigen Aufenthaltes konnte ich mindestens 50 Tiere beobachten. Interessanterweise sind die Populationen sehr lokal gebunden, so daß man an einem Ort 10 oder mehr Individuen sehen kann, während nur wenige Meter weiter kein Frosch mehr zu finden ist. Zweigt man hinter der Farm nach rechts ab, so führt ein Weg durch matschiges Terrain an die Grenze des Braulio-Carrillo-Nationalparks. Auf beiden Wegen sind gute Schuhe oder Gummistiefel angebracht, da sie durch die häufigen Regenfälle teilweise knöcheltief verschlammt sind.

Auf der Schmetterlingsfarm können aus der Nähe Zebrafalter (S.133), Eulenschwärmer, Schwalbenschwänze und natürlich Morphofalter bestaunt werden. Im Preis von derzeit 10 US$ (inkl. Benutzung der Wege) ist eine kleine Führung inbegriffen, auf der Sie Informationen über die hier gezüchteten Arten erhalten. Dazu gehören die Zuordnung der Raupen und Puppen zu den entsprechenden Schmetterlingen sowie Angaben zu ihren Futterpflanzen. Neben der Farm werden ein kleines Restaurant und Unterkünfte gebaut, die jedoch Ende 1996 noch nicht fertiggestellt waren.

Etwa 2 km nach der Schmetterlingsfarm befindet sich auf der rechten Seite der Parkplatz und der Eingang zur **Aerial Tram** ⑥, einer Seilbahn mit Gondeln durch das Baumkronendach des Waldes. Das Projekt des Biologen Dr. Donald Perry wurde erst 1994 in Betrieb genommen. Das System umfaßt 16 Gondeln für jeweils 4–5 Personen. Die Gondeln werden an verschiedenen Stellen angehalten, um den Besuchern einen näheren Einblick in das Baumkronendach zu ermöglichen. Neben der »Aerial Tram« existieren auch einige gut ausgebaute Wanderwege, auf denen Führer die Ökologie des Regenwaldes erklären. Auf dem Gelände befindet sich ein Restaurant sowie ein Souvenirgeschäft, in dem eine sehr gute Auswahl an Büchern zur Natur und Ökologie Costa Ricas verkauft wird.

Neben den gerade beschriebenen Wegen entlang des Limón Highway gibt es auch noch Trails in dem entlegenen östlichen Barva-Sektor des Braulio-Carrillo-Nationalparks. Hinter der **Barva-Rangerstation** ③ beginnt ein Pfad, der zur zum **Vulkan Barva** und dem Lago Barva führt. Der **Lago Barva** ist ein kleiner See inmitten eines erloschenen Vulkankraters. Die Wanderstrecke ab der Station beträgt nur etwa 3 km. Größtenteils geht man durch einen Nebelwald mit altem Eichenbestand. Das Alter einiger dieser Schwarzeichen wird auf über 500 Jahre geschätzt. Nach 2 km zweigt rechts der Weg zum Kratersee ab; geradeaus führt der **Transect Trail** nach 35 km und 3 Tagen Gehzeit zur **Magsasay-Rangerstation** ④, wo sich früher eine Strafkolonie befand. Der Transect Trail ist nur mit Genehmigung der Nationalparkbehörde begehbar; die Exkursion sollte nur mit einem ortskundigen Führer unternommen werden. Auf der Wanderung kommt man durch die unterschiedlichsten Vegetationsstufen, da der Beginn auf 2900 m Höhe liegt und das Ende der Wanderung auf nahezu Meeresniveau führt. Entlang des Weges gibt es an einigen Stellen Unterstände, in denen übernachtet werden kann. Ab der Magsasay-Station führt ein Weg zur **Biologischen Station La Selva** ⑦, die nördlich an den Braulio-Carrillo-Nationalpark angrenzt. Für den Besuch der La-Selva-Region benötigt man eine Genehmigung der OTS, da das Gebiet nicht von der Nationalparkbehörde verwaltet wird.

Praktische Tips

Anreise

Um in den Braulio-Carrillo-Nationalpark zu gelangen, muß man ab San José nur den Highway in Richtung Limón anfahren. Schon nach etwa 20 Minuten erreicht man den Zurqui-Rangerposten. Die Carrillo-Station, Schmetterlingsfarm und Aerial Tram liegen auf der gleichen Route. Den Barva-Sektor erreicht man über Heredia, Barva und den Ort Sacramento.
Der Nationalpark und die Schmetterlingsfarm sind täglich von 8.00–17.00 Uhr geöffnet. Die Aerial Tram fährt täglich von 6.00–15.30 Uhr, außer Montags (9.00–15.30 Uhr); ein Tagesaufenthalt kostet derzeit US$ 47,50.

Klima/Reisezeit

Da der Nationalpark sich sowohl auf der pazifischen Seite der Zentralkordillere als auch in das Karibische Tiefland zieht, ist er ganzjährig bereisbar. Die Klimabedingungen wechseln innerhalb weniger Kilometer, so daß hier keine exakten Angaben gemacht werden können. Die trockensten Monate sind Ende Dezember bis April mit einer kurzen weiteren Trockenperiode Ende Juli. In den höheren Lagen kann es jederzeit feucht und neblig sein. Die Temperaturen schwanken je nach Region von kühlen 15° C im Hochland bis 27° C auf der karibischen Seite.

Unterkünfte

Im Park gibt es keine Unterkünfte. Besucher kommen in den Hotels in San José oder Alajuela unter. Auf dem Gebiet der Schmetterlingsfarm wird seit geraumer Zeit an Unterkünften gebaut. Diese waren Ende 1996 jedoch noch nicht bezugsfertig. Auf längeren Wanderungen durch den Park muß gezeltet werden.

Adressen

- Rainforest Aerial Tram,
  Tel. 25725961,
  Fax 2576053,
  e-mail doselsa@sol.racsa.co.cr
- Informationen im Internet unter
  http://www.cool.co.cr/atram

Informationen über den Braulio-Carrillo-Nationalpark über die Parkverwaltung in San José.

Hinweise

In letzter Zeit mehren sich Berichte über Überfälle auf den Pfaden des Braulio-Carrillo-Nationalparks. Besonders der Bereich in der Umgebung des Zurqui-Tunnels scheint nicht ungefährlich zu sein. Ich bin nur wenige hundert Meter entfernt von der Station im Wald meiner gesamten Kameraausrüstung entledigt worden. Es hat sogar schon Überfälle auf kleinere Gruppen gegeben. Sicherheitshalber sollten Sie dieses Gebiet nur in Begleitung von mindestens 5 Personen aufsuchen. Außerdem ist es ratsam den Rangern der Station Bescheid zu geben, und das Auto auf deren Gelände abzustellen, da auch Autoeinbrüche nicht selten sind. Sollten Sie in eine derart unangenehme Situation geraten, versuchen Sie sich ruhig zu verhalten.

7 Vulkan Poás und Umgebung

Aktiver Vulkan mit 300 m tiefem Hauptkrater; Hochgebirgsvegetation; idyllische Kraterseen; La-Paz-Wasserfall; Kaffeeplantagen.

Der Poás-Nationalpark ist das am häufigsten besuchte Schutzgebiet Costa Ricas. Nahezu 500 000 Touristen bestaunen den Krater jährlich. Hauptattraktion des Parkes ist der 2704 m hohe, aktive Vulkan Poás, der in unregelmäßigen Abständen immer wieder ausbricht, so daß der Nationalpark 1989 kurzfristig geschlossen werden mußte. Die letzte, längere Aktivitätsperiode wurde in den Jahren 1952–1954 verzeichnet. 1974 stieß der Vulkan eine Aschewolke aus, die über 10 km hoch war. Heutzutage sind meist nur geysirartige Eruptionen zu beobachten. Die Gasemmissionen sind schwefelsäurehaltig. Dies hat zur Folge, daß »saurer« Regen gebildet wird, der in den umliegenden Kaffeeplantagen Schaden an den Pflanzen anrichtet. Der Hauptkrater des Poás mißt 1,5 km im Durchmesser und ist 300 m tief. In der Mitte befindet sich ein hellblauer Heißwassersee, der ständig Dampf aus Fumarolen ausstößt. Der See ist nahezu kreisrund und mißt 350 m im Durchmesser. In einem erloschenen Nebenkrater hat sich ein Kaltwassersee gebildet, der von Bergregenwald umgeben ist.

Die Enstehungsgeschichte des Poás läßt sich geologisch bis in das Pliozän vor 11 Mio. Jahren zurückverfolgen. Zusammen mit den benachbarten Vulkanen bildet er einen Teil des »Rückgrats« der mittelamerikanischen Landverbindung. Der Poás besitzt insgesamt 9 Krater, von denen der größte einen Durchmesser von 4 km

Nur selten geben die Wolken den Blick auf den Kratersee des Poás frei.

Die Laguna Botos ist ein längst erloschener Vulkankrater.

hat. Der heftigste dokumentierte Ausbruch fand am 25. Januar 1910 statt, als der Vulkan eine riesige Aschewolke ausstieß, wobei schätzungsweise 640 000 Tonnen Asche im Zentraltal niedergegangen sein sollen.

Pflanzen und Tiere

Dieser Nationalpark wird zwar meist nur wegen des Vulkans besucht, jedoch ist auch die Natur bemerkenswert. Die unteren Regionen des Poás sind fast ausnahmslos abgeholzt und mit Kaffee (S.16) bepflanzt. Innerhalb des Parks gibt es aber noch Flächen mit natürlichem Regenwald und Hochmooren. Unterhalb des Gipfels existiert ein kleiner Nebelwald, in dem Zwergbambus, Klusien und Schwarzeichen wachsen. Die Zweige der Bäume sind mit epiphytischen Bromelien und Orchideen überwuchert. Die roten *Neoregelia*-Bromelien (S.78) fallen am ehesten ins Auge. Bei genauerem Hinsehen erkennt man vollständig mit Moosen und Flechten überwachsene Bäume.

In der Umgebung der Laguna Botos findet man Farnvegetation und die großblättrige *Gunnera insignis* (S.76). Mehrere Arten sind in dieser Region erstmals entdeckt worden. So gibt es eine Magnolienart

Großfuß-Buschammern sind an das kühle Gebirgsklima angepaßt.

Hörnchen (die Hochlandart *Microsciurus alfari*) sind im Poás-Nationalpark leicht zu beobachten und meist sehr zutraulich.

(Magnolia poasana), die nur in den vulkanischen Hochgebirgsregionen Costa Ricas vorkommt, sowie eine Zwergzypresse *(Escallonia poasana)*, die in ihrer Form einer chinesischen Pagode gleicht. In der Nähe des Kraters wachsen Blaubeeren, Zungenfarne und viele Korbblütler. An der Straße, die in den Park führt, gibt es noch an einigen Stellen Hochmoore, die an die Paramó-Vegetation des Chirripó erinnern (s.S.86).
Auf der karibischen Seite sind noch Bergregenwälder mit großen Palm- und Baumfarnbeständen zu finden. In den höheren Lagen geht dieser Wald in Bergnebelwald über. Im Nebelwald sind Quetzale und Lauch-Arassaris (S.79) beheimatet, allerdings nicht in den leicht zugänglichen Gebieten. Eher sieht man schon Weinkehlkolibris, Bergjuwele und Dickschnabelkolibris, die leicht an ihren langen Schnäbeln zu erkennen sind. Großfuß-Buschammern und Maskenklarinos sind an die Anwesenheit der Besucher gewöhnt und zeigen keine Scheu. In der dichten Farnvegetation kann man Bergzaunkönige bei ihrer Suche nach Spinnen und Kleintieren beobachten. In der Luft jagen Schwalben und Bentevis den Fluginsekten nach. Insgesamt sind am Poás 79 Vogelarten nachgewiesen.
Die übrige Tierwelt lebt recht zurückgezogen. Einzig Hörnchen sind überall zu finden. Sie ernähren sich von den Früchten und von Futter, das ihnen von Touristen zugeworfen wird. An die Höhenlage und zum Teil starke Sonneneinstrahlung haben sich eine Reihe von Reptilien angepaßt. So kann man Zaunleguane und mit Glück Gebirgsschleichen entdecken. Auf der karibischen Seite des Parks leben im Regenwald noch Raubkatzen, Wiesel und Skunke. In den offenen Habitaten kann man manchmal Kojoten beobachten, die nach kleinen und mittelgroßen Nagern suchen.

Im Gebiet unterwegs

Bei der Ankunft im Nationalpark findet man ein Besucherzentrum ① mit Ausstellungen und Souvenirshops vor. Von hier aus sind es noch etwa 500 m auf einer asphaltierten Straße bis zum Krater. Am Kraterrand befinden sich verschiedene Besucherplattformen, von denen man bei klarer Sicht herrliche Ausblicke genießen kann. Die Luft in der Nähe des Kraters reizt zum Husten, da die Nebel, die vom Kratergrund aufsteigen, schwefelsäurehaltig sind. An manchen Tagen kann es vorkommen, daß die Aussichtspunkte vollständig in diese Nebel gehüllt sind, und eine Besichtigung des Kraters aus gesundheitlichen Gründen untersagt ist. Der Kratersee **Laguna Poás** ② ist wunderschön hellblau gefärbt, was ihn von der sonst kargen Landschaft absetzt. Kurz bevor man zu den Aussichtspunkten gelangt zweigt rechts ein Pfad ab, der zur **Laguna Botos** ③ führt. Der Weg zieht sich durch einen Wald, in dem deutlich der Zwergwuchs der Pflanzen zu sehen ist. Die Pflanzen sind auf Extrembedigungen wie Kälte, starke Sonneneinstrahlung und säurehaltige Luft eingestellt. Die häufigste Pflanze ist eine dickblättrige Klusienart, die auch in anderen Hochlandregionen vorherrscht. Die Poás-Magnolie ist eine endemische Art, deren Vorkommen nur auf einige vulkanische Regionen des Landes begrenzt ist. Auf dem Weg zur Lagune sieht man viele Hörnchen und Vögel, die wegen des hohen Besucheraufkommens keinerlei Scheu dem Menschen gegenüber zeigen. Am Ende des Weges gelangt man zu einer Aussichtsplattform mit schönem Blick auf den Kratersee.

Ein weiterer kurzer Pfad beginnt in der Nähe des Besucherzentrums und führt zu einem Picknickplatz am Kraterrand. Der **Sendero Escalonia** trägt seinen Namen nach einem Baum: *Escallonia poasiana* ist eine Zypressenart, die typischerweise nur oberhalb der Frostgrenze zu finden ist. Entlang des Weges kann man mit etwas Glück den Vulkankolibri beobachten. An das kühle Klima ist auch die Gebirgsschleiche angepaßt. Diese seltenen Echsen sind mit den europäischen Blindschleichen verwandt, jedoch besitzen sie voll ausgebildete Gliedmaßen.

In der Umgebung des Poás-Nationalparks befinden sich noch eine Reihe weiterer interessanter Ausflugsziele. Die **Laguna Hule** liegt am Fuß des erloschenen Congo-Vulkans nördlich des Poás. Sie überdeckt eine Fläche von 54 ha und ist 130 m tief. Umrahmt von primärem Regenwald ist dieser hübsche Kratersee besonders an Wochenenden Anziehungspunkt für die lokale Bevölkerung. Neben Waldspaziergängern findet man auch viele Angler rund um den fischreichen See. Um zur Lagune zu gelangen, benötigt man ein allradgetriebenes Fahrzeug, da die letzten 9 Kilometer ab dem Ort Cariblanco über eine Schotterstrecke führen.

Die **Laguna Río Cuarto** ⑤ kann vollständig auf asphaltierten Straßen erreicht werden, falls man von der Straße 126 kurz vor dem Ort San Miguel auf die 140 abbiegt, die direkt in den Ort Río Cuarto führt. Der See liegt nur etwa 1 km vom Ort entfernt. Mit 29 ha Fläche und 15 m Tiefe ist er nicht so

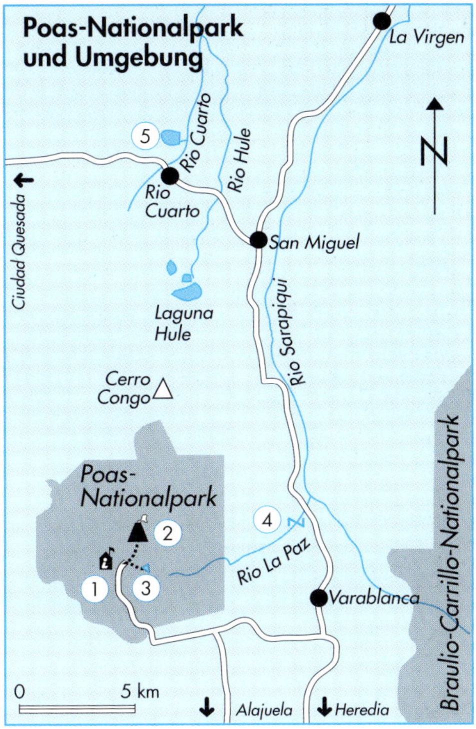

groß wie die Laguna Hule, jedoch nicht minder reizvoll. Der von einem Feuchtwald umgebene Kratersee ist nur vom Osten aus erreichbar; an einigen Stellen verhindern steile Klippen den Zugang. Die Vogelwelt ist recht artenreich, häufig können große Ansammlungen von Kuhreihern beobachtet werden.

Wer die Fahrt von Alajuela oder dem Vulkan Poás aus antritt und entlang der Straße 126 fährt, der hat zusätzlich noch die Möglichkeit eine kurze Rast am **La-Paz-Wasserfall** ④ einzulegen. Der Río La Paz entspringt am Vulkan Poás und überwindet einen Höhenunterschied von 1400 m in nur 8 km. Der Wasserfall ist schon von der Straße aus sichtbar. Ein kurzer Weg führt hinter die herabstürzenden Wassermassen. Die gesamte Anfahrt zur Río-Cuarto-Lagune beläuft sich auf etwa 60 km ab Alajuela (45 km bis Laguna Hule), je-

Kolibris - Juwele der Vogelwelt

Insgesamt leben 330 Arten von Kolibris, nur in der Neuen Welt. Trotz ihrer eingeschränkten Verbreitung sind sie wegen ihrer Flugkünste, Farbenpracht und geringen Größe weltweit bekannt. Die kleinste Art Costa Ricas ist das Schneekrönchen, das gerade einmal 6,5 cm groß wird und dabei nur 2,5 g wiegt. Alle denkbaren Farbkombinationen treten bei den Kolibris auf. Da die meisten Arten stark metallisch-schillerndes Gefieder besitzen, sieht der Betrachter verschiedene Farben unter unterschiedlichen Blickwinkeln.

Die Natur hat Kolibris mit einer Besonderheit ausgestattet, die es ihnen erlaubt, atemberaubende Flugkunststücke zu vollbringen. Ihre Flügel können vollständig um die Schultergelenke rotieren. Dieser kleine Trick erlaubt es, Flügelschläge in alle Richtungen auszuführen. Durch eine sehr hohe Schlagfrequenz sind Kolibris in der Lage, in der Luft stehenzubleiben sowie seitwärts und rückwärts zu fliegen. Einige Arten bringen es auf nahezu 100 Flügelschläge pro Sekunde.

Die Nahrungsaufnahme bewerkstelligen Kolibris im Flug. Viele Pflanzenarten sind bei ihrer Bestäubung auf Kolibri-Arten angewiesen. Die Blüten dieser Kolibri-Pflanzen sind so gebaut, daß nur bestimmte Arten an den begehrten Nektar gelangen. Die Natur hat die Bestäuber dazu mit speziell angepaßten Schnabelformen und einer röhrenförmigen Zunge versehen. Einige Kolibri-Arten besitzen jedoch nur kurze Schnäbel und scheinen somit benachteiligt. Sie überwinden dieses Problem, indem sie die Blüten von unten mit ihrem spitzen Schnabel anstechen und auf diese Weise an den Nektar gelangen.

Die Lebensweise der Kolibris fordert einen hohen Energieverbrauch. Um genügend nährstoffreiches Futter aufzunehmen, sind diese Vögel während des Tages fast ausschließlich mit der Futtersuche beschäftigt. Dabei sammeln sie bis zum Dreifachen ihres Körpergewichtes an Nektar. Neben Blütennektar ernähren sie sich auch von Kleinstinsekten und Spinnen. Der zuckerhaltige Nektar liefert Energie, ist also der Treibstoff, und die weichhäutigen Kerbtiere dienen dazu, den Proteinbedarf der Vögel zu decken. Der Weinkehlkolobri, der in den Bergregionen des Chirippó und der hohen Vulkane lebt, hat zudem mit den kühlen Nachttemperaturen zu kämpfen. Die Natur hat sich hierfür einen weiteren Trick einfallen lassen: die Vögel senken nachts ihren Stoffwechsel ab und passen ihre Körpertemperatur der Umgebung an. Diese Art Kältestarre nennt man Torpor.

Kolibris sind recht ungeselligeVögel, die man häufig dabei beobachten kann, wie sie sich mit einem Artgenossen um eine Blüte oder die Gunst eines Weibchens streiten. Die oftmals unscheinbaren Weibchen werden entweder durch Rufe oder die Darbietung von Flugkunststücken angelockt. Für die Brutpflege ist in den meisten Fällen ausschließlich das Weibchen verantwortlich. Die Nester werden an bewachsenen Ästen oder Felsen gebaut und mit Moos sowie Flechten getarnt. Die Weibchen legen 2 Eier, aus denen nach nicht einmal 3 Wochen die Jungvögel schlüpfen, die mit vorverdautem Nektar und Insekten gefüttert werden, bis sie nach weiteren 3 Wochen flügge werden.

Kolibris sind überall in Costa Rica verbreitet. Die häufigste Art ist die Braunschwanz-Amazilie, die sogar in den Gärten in San José zu finden ist. In den Regenwäldern begegnet man oft den Erzeremiten, und die Bergregionen bewohnt der Weinkehlkolibri. Insgesamt leben 47 Arten in Costa Rica.

doch führt die Strecke durch eine landschaftlich sehr reizvolle Gegend und eine Kombination mit einem Besuch des Vulkans Poás ist zeitlich durchaus in einer Tagestour möglich.

Praktische Tips

Anreise
Der Besuch des Vulkans Poás wird von vielen Reiseveranstaltern in San José als Tagestour in Verbindung mit der Besichtigung einer Kaffeeplantage angeboten. Mit dem Auto ist er ab der Hauptstadt leicht zu erreichen, indem man die Autobahn in Richtung Puntarenas nimmt und dann bei Alajuela den Wegweisern zum Vulkan folgt. Die Fahrt dauert unter normalen Bedingungen nur etwa 45–60 Minuten. Wegbeschreibungen zu den anderen erwähnten Orten s. »Im Gebiet unterwegs«. Der Nationalpark ist von 8.00–15.30 Uhr geöffnet.

Klima/Reisezeit
Die Poás-Region kann ganzjährig bereist werden. Die Trockenzeit fällt in die Monate Dezember bis April. Der Rest des Jahres ist von heftigen Niederschlägen gekennzeichnet. Die durchschnittliche Niederschlagsmenge liegt bei 2700 mm pro Jahr. Wegen der Höhe beträgt die Durchschnittstemperatur nur etwa 10 °C. Der Krater ist meist nur in den Morgenstunden zu sehen, da später Nebel und Regen aufziehen.

Unterkünfte
In der Nähe des Vulkans gibt es eine Reihe von Lodges und Hotels. Das Privatreservat La Providencia (Tel. 2317884) liegt am Südwesthang des Nationalparks. Man erreicht es, indem man kurz vor der Parkgrenze auf einer Schotterstraße etwa 2 km fährt. Östlich des Vulkans nahe dem Ort Varablanca befindet sich die Poás Volcano Lodge (Tel. 4419102), von der aus man herrliche Ausblicke auf die Umgebung hat.

Das Schneekrönchen ist die kleinste Kolibri-Art Costa Ricas.

Blick in die Umgebung

Das Umland des Poás-Nationalparks ist vorwiegend von Kaffeeplantagen umgeben. Viele davon können besucht werden. Hier erfährt man Interessantes über die Kaffeegewinnung und die unterschiedlichen Anbauweisen. 15 km nördlich von Alajuela liegt das Naherholungsgebiet Laguna Fraijanes, das über die Straße 130 erreicht werden kann.

Goldaugenfrösche sind nachtaktiv und verstecken sich tagsüber in Bromelien.

8 Tapantí-Nationalpark

Nördliches Teilstück des La Amistad International Park; prämontaner Regenwald und Bergregenwald mit reichlichem Epiphytenbewuchs; über 260 Vogelarten; Ameisenbären.

Der Tapantí-Nationalpark liegt im Orosí-Tal und schützt große Flächen von Primärwald beiderseits des Orosí-Flusses. Das Nationalparkgebiet hat eine Größe von nahezu 61 km^2 und ist zudem vom Río-Macho-Waldschutzgebiet umgeben. Der Park erstreckt sich in den Talamanca-Bergen von 1220 m bis auf 2560 m. Dementsprechend sind zwei verschiedene Vegetationstypen, nämlich prämontaner Regenwald und Bergregenwald (Nebelwald) ausgeprägt. Der Orosí-Fluß mit seinen 150 großen und kleinen Seitenflüssen wird an verschiedenen Stellen zur Energiegewinnung bzw. Wasserversorgung angestaut und endet in dem nahegelegenen Cachi-Stausee.
Tapantí gehört zum nördlichen Teil des La Amistad International Park, der sich über biologische Korridore und den Zusammenschluß mehrerer Schutzzonen bis nach Panama zieht. Da Tapantí ein sehr junger Nationalpark ist (Gründung April 1992) und abseits der üblichen Touristenrouten liegt, sind sehr gute Tierbeobachtungen auf den gut gepflegten Wegen möglich, was vor allem Vogelkundler in das Gebiet zieht.

Baumfarne und *Gunnera* (»Regenschirm der Armen«) sind typische Pflanzen der Sekundärvegetation.

Pflanzen und Tiere

Die Wälder des Tapantí-Nationalparks weisen einen üppigen Bewuchs auf. Besonders häufig sind Schwarzeichen zu finden, die für mittlere bis hohe Lagen typisch sind. Viele Bäume sind von Orchideen und Bromelien überwuchert. In den Bergregionen werden sie teilweise von Flechten und Greisenbärten abgelöst. 18 verschiedene Baumfarnarten, zum Teil von beachtlicher Größe, prägen das Bild ebenso wie die großblättrige *Gunnera insignis,* die von den Einheimischen »Sombrillo de Pobre« (»Regenschirm der armen Leute«) genannt wird. 60 cm große Blätter und etwa gleich große, dunkelrote Blütenstände sind keine Seltenheit. Die Blattform erinnert stark an Rhabarber und ist bei heftigen Regenfällen ein wirklich guter Schutz. Die Pflanze siedelt meist an erodierten Hängen in höheren Regionen und ist wie auch die vorkommenden Baumfarnarten ein Indikator für Sekundärbewuchs. An den Wegesrändern wächst die orange blühende Schmetterlingsorchidee, und im Innern des Waldes prägen Eichen und Lianen das Bild. Auffallend ist der gelbe Blütenstand der Calathea (S. 53), die wegen ihres Aussehens von den Einheimischen »Klapperschlangen-Pflanze« genannt wird.
Etwa 45 Säugetierarten leben im Park. Neben häufigen Arten wie Kapuzineraffen und Waschbären gibt es auch Tapire und

Tamanduas können mit ihren Krallen Ameisen- und Termitennester öffnen.

Raubkatzen. Beobachtungen von Säugetieren sind allerdings recht selten und beschränken sich in den meisten Fällen auf Hörnchen, Halsbandpekaris und Weißrüsselbären. Am Fluß leben Fischotter (S.91), die nach den reichlich vorkommenden Forellen jagen. Mit sehr viel Glück entdeckt man Tamanduas oder Zwergameisenbären. Den größten Teil des Tages verbringen Tamanduas zusammengerollt und schlafend in Astgabeln. Fühlen sie sich bedroht, so richten die Tiere ihren Oberkörper auf und unterstützen diese Haltung mit ihrem kräftigen Schwanz. Die mit kräftigen Krallen bewehrten Arme werden bedrohlich ausgebreitet, so daß man den Eindruck gewinnt das Tier wolle einen umarmen. Während Tamanduas auch den Boden aufsuchen, verlassen Zwergameisenbären nur äußerst selten die Bäume. Wie die verwandten Tamanduas begeben sie sich nachts auf Nahrungssuche. Dabei werden mit den kräftigen Krallen Termiten- bzw. Ameisennester aufgebrochen und die Tiere mit der langen Zunge aufgeleckt.
Im Tapantí-Nationalpark wurden bisher 260 Vogelarten nachgewiesen, was das Gebiet zu einer der vogelreichsten Regionen des Landes macht. 10 Tangarenarten stehen auf der Liste häufig zu beobachtender Vögel, darunter so farbenprächtige Arten wie der Goldbrauenorganist (S.17) und die Ganzfleckentangare. In den Bäumen leben 60 cm große Schwarzbauchguane, Verwandte des Tuberkelhokkos. Üblicherweise sind diese Hühnervögel Einzelgänger, die nur während und nach der Brutzeit (Mai bis Juni) in Familiengruppen auftreten. Sie sind typische Vertreter der Hochlandregionen und wegen Überjagung nur noch in Schutzgebieten anzutreffen.
Laucharassaris oder Smaragdtukane ziehen meist in Gruppen von 5–10 Individuen auf der Suche nach Früchten durch die höheren Baumregionen. Es fällt nicht schwer, diese hübschen Vögel zu entdecken; wer sie allerdings etwas länger beobachten möchte, muß schon sehr gut zu Fuß sein. Die Vögel bleiben meist nur wenige Momente auf einem Ast sitzen, um aufgeregt mit dem Schwanz zu wippen und sofort weiter zum nächsten Baum zu fliegen. Nur in Futterbäumen halten sie sich etwas länger auf. Mit viel Glück entdeckt man während der Brutzeit (März bis Juli) Vögel am Eingang ihrer Nisthöhlen. Trotz ihres großen Schnabels sind Tukane nicht in der Lage, Stämme selbst auszuhöhlen, so daß sie entweder natürliche Baumhöhlen oder verlassene Spechtbauten für das Brutgeschäft aufsuchen. In den weitgehend unzugänglichen Bergregionen des Hinterlandes leben ansehnliche Populationen des Quetzals (S.52) und des Hämmerlings (S.53).
Wegen der andauernden starken Feuchtigkeit fühlt sich eine Reihe von Amphibien in diesem Gebiet sehr wohl. Mit viel Glück bekommt man gar die in den Bromelien lebenden Tropen- und Schleuderzungensalamander zu sehen. Einige Arten sind derart spezialisiert, daß sie nur in den Wipfelregionen des Waldes zu finden sind. Wissenschaftler gehen davon aus, bei ihren Untersuchungen noch weitere Arten entdecken zu können, die zurückgezogen in den Bromelien der Baumkronen leben und daher vielleicht den Blicken der Forscher verborgen blieben.

Unzählige Insekten tragen zur Artenvielfalt dieses Parks bei. Nur schwer zu entdecken sind die im Gebiet beheimateten Heuschrecken und Gottesanbeterinnen (S.129). Stabheuschrecken leben an Bäumen und sind kaum von kleinen Ästen zu unterscheiden. Blattschrecken leben dagegen im grünen Dickicht. In Form und Farbe ähneln sie Blättern, so daß sie eigentlich nur zu entdecken sind, wenn sie sich bewegen.

Der Zwergameisenbär lebt ausschließlich auf Bäumen und ist nur nachts unterwegs.

Im Gebiet unterwegs

Tapantí kann auf einer Schotterstraße, dem »Camino Principal«, mit dem Auto befahren werden. Beiderseits dieses Weges zweigen Pfade in den Wald ab. Etwa 1,5 km hinter der Parkverwaltung ① beginnt auf der linken Seite der **Sendero Árboles Caidos**. Der Trail ist 2,5 km lang und führt überwiegend durch Sekundärwald, stellenweise aber auch durch Bergregenwald. Am Anfang dieses Pfades ist ein steiler Aufstieg auf einen Bergrücken zu bewerkstelligen. Dieser Teil des Weges kann bei anhaltenden Niederschlägen sehr schwer zu begehen sein. Der Grat ist mit Eichenwäldern bestanden, die starken Epiphytenbewuchs aufweisen. Wegen der Höhe von etwa 1400 m hüllen oftmals Wolken dieses Gebiet in Nebel. In den Nachmittagsstunden halten sich hier viele

◁ *Neoregelia*-Bromelien sind leicht an ihre roten Farbe zu erkennen.

▷ Laucharassaris streifen in Gruppen durch die oberen Baumregionen.

Vögel auf, wenn dieser Teil des Waldes in der Sonne legt. Besonders farbenprächtig sind gemischte Gruppen von gelben Silberkehltangaren und blau-grün gezeichneten Grüntangaren. Die Hauptnahrung dieser Vögel besteht aus allerlei Beeren. Manchmal kann man sie aber auch dabei beobachten wie sie die Unterseiten moosbewachsener Äste nach kleinen Insekten absuchen. Der Trail folgt jetzt eine zeitlang dem Bergrücken, bevor er fast ebenso steil wie zu Beginn nach etwa 2 Stunden Gehzeit wieder auf den Hauptweg führt. Die häufigsten Pflanzen am Hang sind Baumfarne und die großblättrige *Gunnera*. Stellenweise ist gut zu sehen, wie der Boden von den ständigen Regenfällen ausgewaschen wurde und erodierte Abhänge zurückläßt.

Auf halbem Wege zwischen Anfang und Ende des Sendero Árboles Caidos zweigt auf der rechten Seite der **Sendero Oropendola** ab, der in den **Sendero Pantanoso** und letzlich zum Ufer des Río Grande de Orosí führt. Nach einem kurzen Abstieg auf dem Oropendola Trail kann man entweder rechts in den Sendero Pantanoso einbiegen oder auf einem Rundweg wieder zum Ausgangspunkt zurückgelangen. Wer genügend Zeit mitbringt, sollte erst zum Fluß wandern und die zweite Hälfte des Sendero Oropendola auf dem Rückweg gehen. Der Pantanoso Trail ist ein Rundweg, der entlang des Flusses führt. Auf der Hälfte des Weges befindet sich ein Picknickplatz. Bei sonnigem Wetter ist dies ein ruhiger Ort, an dem es sich lohnt, eine Zeitlang zu verweilen. Der Fluß wird von vielen Vögeln überflogen, die auf die jeweils andere Seite des Tales gelangen wollen. Am Ufer lassen sich Helmbasilisken beobachten, die bei Gefahr auf den Hin-

Halsbandpekaris leben in Familenverbänden.

Schmetterlingsorchideen wachsen überall am Wegesrand.

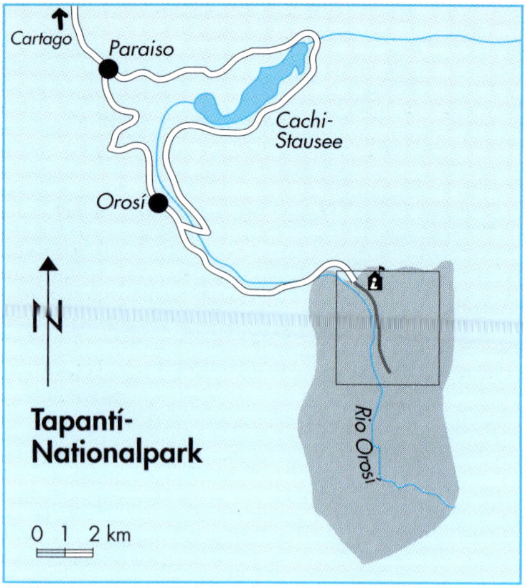

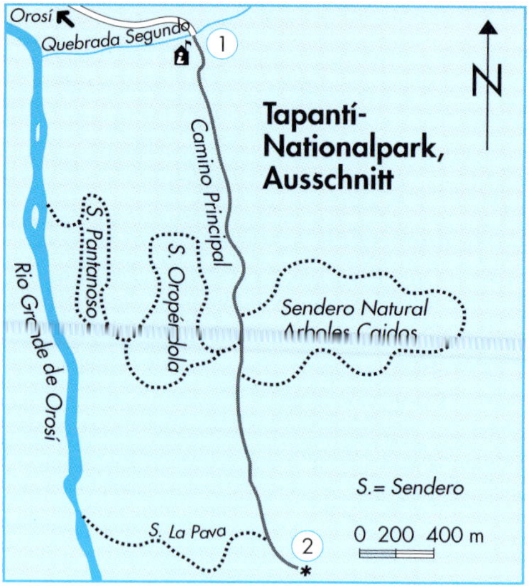

terbeinen über das Wasser laufen können. Diese Fähigkeit hat den Echsen den Namen »Jesus-Christus-Echse« eingebracht. Die Füße der Basilisken sind leicht verbreitert und besitzen eine lamellenartige Struktur an ihrer Unterseite. Auf diese Weise hält sich bei schnellen Bewegungen kurzfristig ein Luftpolster unter den Füßen, so daß die Echsen nicht im Wasser versinken. Das Fluchtverhalten ist bei dieser Art derart ausgeprägt, daß die Tiere auch manchmal an Land nur auf den Hinterbeinen laufen. Der lange Schwanz dient dabei als Stabilisator, um ein Umkippen zu verhindern.

Widerstandsfähigen Urlaubern sei ein Bad im **Río Grande de Orosí** empfohlen. In der Mitte des Flusses befindet sich eine Kiesbank, zu der man bei flachem Wasserstand auch waten kann. Flußabwärts wird durch sie die Strömung erheblich reduziert, so daß hier Baden möglich ist. Vergessen Sie aber nicht, daß Sie sich in 1200 m Höhe befinden und der Fluß aus den Bergen kommt. Die Wassertemperatur ist daher sehr niedrig und gewöhnungsbedürftig. Im Fluß leben Forellen, und nach Rücksprache mit der Parkverwaltung ist Angeln erlaubt. Trinkwasser, sanitäre Einrichtungen und der Fluß machen diesen Ort zu einem idealen Zeltplatz inmitten fast unberührter Natur.

Hinter dem Picknickplatz führt der Weg durch mit Zwergpalmen bestandenen Wald wieder zurück zum Sendero Oropendola. Der Boden ist wegen der Flußnähe sehr feucht, stellenweise sogar sumpfig. Wie in unseren Breiten ist dies ein bevorzugter Standort von Erlen.

Wegen des dichten Kronendaches ist dieser Teil des Waldes bei trübem Wetter sehr dunkel, so daß es schwer ist, Tiere zu beobachten. An sonnigen Tagen sind hier in der Mittagszeit jedoch eine Reihe von Vögeln zu sehen. So konnte ich in nur 1 Stunde nicht weniger als 10 Laucharassaris, verschiedene Tangaren- und Kolibriarten sowie Schwarzbauchguane entdecken. Leider können derartige Beobachtungen nicht garantiert werden, aber das Beispiel zeigt, daß dieses Areal sehr ergiebig sein kann.

Nach weiteren 2,5 km entlang des »Camino Principal« führt auf der rechten Seite der **Sendero La Pava** zum Río Grande de Orosí. Dieser kurze Trail nimmt nur etwa 30 Minuten in Anspruch und unterschei-

det sich nur unwesentlich von den oben vorgestellten Wegen. Abenteurlustige Besucher können versuchen, entlang des Ufers bis zum Picknickplatz am Sendero Pantanoso zurückzulaufen. Es gibt keinen Pfad – schon gar keinen offiziellen – und man muß sich den Weg schon selber suchen; aber mit dem Wissen, daß man wieder an einen anderen Trail gelangt, kann hier einmal eine »echte« Dschungelwanderung geprobt werden. Der eigentliche Pfad führt auf demselben Weg wieder zur Schotterstraße zurück. Von hier aus erreicht man nach 2 km das Ende des »Camino Principal«, wo sich der **Sendero Al Mirardor** befindet, der zu einem erhöhten Aussichtspunkt führt ②. Bei klarer Sicht bietet sich ein wunderschöner Blick auf das Orosí-Tal, in dem der Río Grande de Orosí in der Ferne zu erkennen ist, sowie auf die gegenüberliegende Seite des Tales. Dort sind verschiedene Wasserfälle sichtbar, die teilweise 50 m tief hinabstürzen. Je heftiger es in den vorangegangenen Tagen geregnet hat, desto mehr Wasserfälle sind zu sehen. Die Schotterstraße ist an dieser Stelle zwar nicht zu Ende, darf jedoch nicht weiter von der Öffentlichkeit befahren werden. Sie führt noch einige Kilometer weiter bis sie an einem Stausee endet.
Das Tapantí-Schutzgebiet ist vom Río-Macho-Waldreservat umgeben, welches in südlicher und westlicher Richtung an die Interamericana angrenzt. Hier befinden sich zwischen den Kilometern 60 und 70 einige Lodges, von deren Gebiet aus weitere Wege in den sonst unzugänglichen Teil des Parkes führen. Besonders erwähnt seien die Tapantí Lodge und die Albergue Mirador de Quetzales. Beide liegen bereits auf über 2000 m Höhe und haben ausgedehnte Flächen mit Eichenwaldbewuchs, auf denen ansehnliche Populationen des Quetzals leben. Während dieser Vogel im Tapantí-Schutzgebiet nur schwer zu beobachten ist, sind Sichtungen in den höheren Lagen während der Monate November bis Februar nahezu sicher.

Praktische Tips

Anreise
Von San José fährt man über Cartago nach Paraíso und dann auf der Straße 224 über Orosí nach Tapantí. Ab dem Ort Río Macho (9 km vor dem Parkeingang) beginnt die Straße recht schlecht zu werden. In der Regenzeit kann man hier nur mit Allradfahrzeugen fahren.
Der Nationalpark ist täglich von 8–16 Uhr geöffnet. Die Parkranger sind an Vogelkundler gewöhnt, so daß Sie auch schon früher anreisen und ihren Eintritt bei der Abfahrt bezahlen können.

Klima/Reisezeit
Tapantí gehört zu den regenreichsten Regionen des Landes und erhält im jährlichen Mittel 6500 mm Niederschläge. Die Jahresdurchschnittstemperatur liegt bei nur 20 °C, ist allerdings stark von der besuchten Höhenregion abhängig. Die niederschlagsreichsten Monate sind Mai bis Oktober und die trockensten Monate Januar bis April. Auch in der Trockenzeit muß ständig mit kurzen Schauern gerechnet werden!

Unterkünfte
Im Park stehen keine Unterkünfte zur Verfügung. Nach vorheriger Absprache mit der Verwaltung wird campen am Eingang meist erlaubt.
Die nächsten Hotels befinden sich in Cartago, allerdings gibt es eine Reihe kleinerer Herbergen entlang der Straße 224 und in Orosí.

Blick in die Umgebung

Wer bei der An- oder Abfahrt etwas mehr Zeit mitbringt, kann von Paraíso nach Río Macho den Umweg um den Cachi-Stausee fahren. Auch diese Straße weist die Nummer 224 auf! Auf der Fahrt bieten sich schöne Ausblicke auf den See und das Tal des Río Reventazón.

9 Chirripó-Nationalpark

Höchster Berg Costa Ricas; Bergregenwald, Nebelwald und Paramó-Vegetation; ausgedehnte Bergwanderungen mit herrlichen Ausblicken; vielfältige Tier- und Pflanzenwelt.

Der 3820 m hohe Chirripó ist die höchste Erhebung des Landes und somit eine Herausforderung für naturbegeisterte Bergwanderer. Um es gleich vorweg zu nehmen: Die Besteigung ist kein Tagesausflug und keineswegs ein leichter Spaziergang! Der Chirripó ist ein Teil des La-Amistad-Biosphärenreservates und liegt in der Talamanca-Kordillere, deren Ursprung bis in das Eozän (35 Mio. Jahre) zurückreicht. Neben Zeugnissen vulkanischen Ursprungs fanden Geologen Hinweise auf Gletscher früherer Zeiten. Moränen und U-förmige Täler deuten darauf hin, daß noch bis vor etwa 10 000 Jahren Gletscher existierten und bei Schmelzen gewaltige Erosionen verursachten. Durch diese eiszeitlichen Aktivitäten sind die Täler leicht gewellt. Die Talamanca-Kordillere erfährt auch heute noch die Auswirkungen der Verschiebung von Kontinentalplatten. Jährlich nimmt die Höhe um etwa 3–5mm zu. Während eines verheerenden Erdbebens im April 1991, das 7,45 auf der Richter-Skala verzeichnete, wurde das Gebiet um nahezu 2 m angehoben. Die Bewohner der umliegenden Siedlungen mußten zeitweilig die Region verlassen, und die

Bergregenwälder mit Eichenbeständen prägen das Bild in 2000 m Höhe.

Schwarzgesichtklarinos zählen zu den wenigen Vögeln der Gebirgsregion.

Infrastruktur und Landwirtschaft erlitten große Schäden. Ein Hurrikan im Juli 1996 löste Schlammlawinen aus und ließ Flüsse über die Ufer treten. Viele Zeugnisse dieser Naturkatastrophen kann man auch heute noch entlang des Weges erkennen. 1996 war der Park wegen Unzugänglichkeit bis Anfang November geschlossen.

Trotz der Widrigkeiten ist der Chirripó ein äußerst lohnenswertes Ziel. Bei dem Aufstieg durchwandert man die unterschiedlichsten Vegetationszonen und bewältigt insgesamt einen Höhenunterschied von etwa 2300 m. Diejenigen, die nach 8–12 Stunden das Basislager in 3400 m Höhe bei strahlendem Sonnenschein erreichen, werden es nicht bereuen!

Pflanzen und Tiere

Obwohl der Chirripó-Nationalpark meist wegen seiner Bergwelt besucht wird, ist die Tier- und Pflanzenwelt nicht minder interessant. In den Höhenlagen bis 2000 m sind die Hänge mit prämontanem Regenwald bewachsen. Besonders auffällig sind

Die Crestones-Formation läßt deutlich Faltungen erkennen.

die roten *Neoregelia*-Bromelien, die epiphytisch auf vielen Bäumen leben (S.78). Diese Gattung treibt nicht wie andere Bromelienarten Blütenstände aus, sondern trägt ihre Blüten in der inneren Rosette. Zwergpalmen und Bambus bilden den Unterbewuchs dieses Teils des Waldes. Stellenweise findet man regelrechte Haine mit Zwergbambus. Die Vogelwelt ist mit über 150 Arten sehr reichhaltig. An Passionsblumen sieht man häufig Schatten- oder Eremitkolibris der Gattung *Phaethornis* (S.17), die sich von den übrigen Kolibris Costa Ricas durch ihre langen, gebogenen Schnäbel unterscheiden. Ihr bevorzugter Lebensraum liegt im Unterholz entlang kleiner Bäche, das mit Helikonien und anderen Futterpflanzen bewachsen ist.
Ab etwa 2000 m bilden Eichenwälder mit Schwarz- und Weißeichenbewuchs die Vegetation. In dieser Region ist auch die Futterpflanze des Quetzals (S.52), der Ira, beheimatet. Je nach Höhenlage und klimatischen Verhältnissen fruchten diese Bäume zu unterschiedlichen Jahreszeiten, so daß die Quetzale auf ihrer Suche nach der bevorzugten Nahrung in den unterschiedlichen Höhenlagen umherwandern. Wegen der hohen Luftfeuchtigkeit innerhalb des Nebelwaldes sind Amphibiensichtungen leicht möglich. Schleuderzungensalamander, Goldaugenfrösche (S.75) und Regenfrösche sind die häufigsten Vertreter. Obwohl diese Tiere eine überwiegend nächtliche Lebensweise führen, können Sie nach Regenfällen oft entlang des Weges in der Buschvegetation beobachtet werden. Tagsüber verstecken sich viele Amphibien in den Blattachsel von Bromelien, so daß hier eine genauere Untersuchung lohnenswert sein kann.
In den höheren Bergregionen oberhalb etwa 3200 m findet man Paramó-Vegetation, die leider durch ein Feuer im Jahre 1978 stark geschädigt wurde. Kennzeichnend für diese Vegetationsform, die ihren Ursprung in den südamerikanischen Anden hat, sind Kleinwüchsigkeit der Bäume sowie Hochmoore. Einige Pflanzen ähneln stark Arten, die wir aus den mitteleuropäischen Breiten kennen. So findet man Blaubeeren, Wilde Erdbeeren, Lupinen und Sträucher, die unserem Ginster ähneln. Dickblättrige Klusien und gelbblühende Kreuzkraut-Arten bilden den Hauptteil der Buschvegetation.
Dem unwirtlichen Klima des Hochgebirges sind nur wenige Pflanzen und Tiere angepaßt. Der bronzegrüne Weinkehlkolibri ist oft an den roten Blüten von Fuchsien zu sehen. Streifenjunkos ähneln unseren einheimischen Spatzen und halten sich vorwiegend im Gebüsch auf, ebenso die Zeledonie. Der scheue Bergzaunkönig ist ebenfalls in den oberen Regionen des Nationalparks beheimatet. In der Nähe des Basislagers lassen sich häufig Großfuß-Buschammern (S.71) beobachten, die nach Brotkrumen der Wanderer suchen.

Im Gebiet unterwegs

Die Besteigung des Chirripó ist prinzipiell auf zwei unterschiedlichen Routen möglich, jedoch ist allgemein nur der Aufstieg über das Crestones-Basiscamp im Rahmen einer selbstgeplanten Exkursion zu empfehlen. Im folgenden wird daher diese Route näher besprochen, und nur im Anschluß auf den alternativen Aufstieg über Herradura eingegangen.
Für die 16 km lange Strecke von **San Gerardo de Rivas** ① bis zum Crestones-Basislager ④ sind 8–12 Stunden zu veranschlagen, je nach Kondition und Wegebeschaffenheit. Vor dem Abmarsch muß das Nationalparkbüro in San Gerardo de Rivas informiert werden. Von hier aus folgt man dem Weg durch das Dorf bis man nach 3 km an den Anfang des Trails gelangt. Der erste Anstieg führt durch Sekundärwald und über Viehweiden. Auf den offenen Flächen sieht man häufig kleinere Gruppen von Riefenschnabel-Anis. Sie folgen meist gra-

senden Rindern und versuchen die aufgescheuchten Insekten zu erbeuten.
Nach weiteren 4 km kommt man zur Grenze des Nationalparks und somit in den Wald. In den unteren Regionen herrscht prämontaner Regenwald vor, in dem Schwarzbauchguane, Rotbauchguane (S.145) und Tangaren zu beobachten sind. Trotz ihrer Größe bemerkt man Schwarzbauchguane meist erst, wenn sie aufgescheucht in den Ästen hin- und herspringen. Die nun folgenden 2 km gehen stetig bergauf, bis man an einen Wegweiser gelangt, ab dem es noch etwa 2km bis zum ersten Unterstand **(»Llano Bonito«)** ② auf 2450 m Höhe sind. Diese Strecke ist in der Regenzeit und nach kräftigen Niederschlägen sehr matschig. Versuchen Sie erst gar nicht, den Schlammlöchern auszuweichen, da Sie im weiteren Verlauf des Aufstieges ohnehin mindestens bis zur Wade im Schlamm einsinken werden. Kurz bevor »Llano Bonito« erreicht wird, kommt man an einer kleinen Höhle vorbei, in der Geißelspinnen und manchmal auch Fledermäuse zu finden sind. Die Höhle und die Hütte sind nur als Schutz bei einbrechender Dunkelheit oder plötzlichen Unwettern gedacht. Bei »Llano Bonito« befindet sich die erste Trinkwasserstelle nach Beginn des Aufstieges. Bis zu dieser Stelle sollten Sie etwa 4–6 Stunden benötigen. An der kleinen Lichtung vor der Hütte sind oft Halsband-Waldsänger und gemischte Gruppen von Rotschenkelpitpits und Glanzfleckentangaren zu beobachten. Laucharassari und Quetzal sind hier beheimatet, aber nur schwer zu Gesicht zu bekommen. In den frühen Morgenstunden kreuzen Agutis (S.38) und Pakas die Lichtung. Mit etwas Glück begegnet Ihnen einer der seltenen Schleuderzungensalamander. Wegen der nur knappen Zeit bis zum Sonnenuntergang sollte die Rast am »Llano Bonito« nicht zu lange ausgedehnt und Naturbeobachtungen besser für den Rückweg aufgehoben werden.
500 m nach der Schutzhütte zweigt links

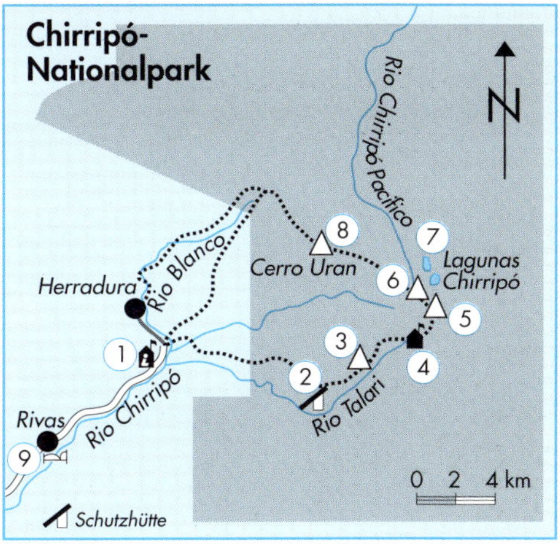

ein weiterer Pfad zu einer Wasserstelle ab. Im allgemeinen ist die Wasserleitung an der Hütte jedoch intakt, so daß frisches Wasser für den Rest des Aufstieges abgefüllt werden kann.
Der nächste Abschnitt ist ein Aufstieg, der durch Nebelwaldvegetation mit überwiegend Schwarzeichenbewuchs führt. In diesem Teil des Parkes lebt eine der größten Populationen des Quetzals (S.52). Meist bekommt man allerdings nur die schemenhaften Umrisse dieses Vogels zu sehen, da diese Region schon ab den späten Vormittagsstunden vollständig in den Wolken liegt. In den niederschlagsreichen Monaten muß hier ständig mit Regenfällen gerechnet werden. Der Pfad wird dann sehr schlammig und der Aufstieg bei niedrigen Temperaturen schnell zur Qual.
In 3200 m Höhe wird beim **Monte Sin Fe** ③, dem Berg ohne Hoffnung, die Waldgrenze erreicht und man betritt das Gebiet subalpiner Paramó-Vegetation. Diese Pflanzengemeinschaft ist in den Anden Südamerikas heimisch und in Costa Rica nur im Hochgebirge der Talamanca-Kordillere zu finden. Leider wurde ein Großteil der bizarr und knöchrig anmutenden Bäume bei einem Brand im Jahre 1978 vernichtet. Wegen der unwirtlichen Klimaverhältnisse

Die Lagunas Chirripó sind von Sumpfwiesen umgeben.

hat sich die Baumvegetation bis heute noch nicht wieder von dieser Katastrophe erholt. Einige Arten wurden wahrscheinlich für immer ausgelöscht.
Die nächsten 1,5 km wandert man auf einem leicht begehbaren, ebenen Weg fast ausschließlich durch das waldbrandgeschädigte Gebiet. Sträucher und Blütenpflanzen beginnen bereits wieder zu siedeln. Vor allem *Castelleja*-Arten, Lupinen und Pantoffelblumen sind erfolgreich.
An den Blüten ist häufig der Weinkehlkolibri bei der Nektaraufnahme zu beobachten. Diese kleinen Vögel verfallen bei Nacht in den Torpor, um ihren Energieverbrauch zu senken (s.S.74).
Am Ende des Tales wird ein Bach erreicht, an dem ein Wegweiser die letzten 1,5 km bis zum Basislager ankündigt. Wegen des zum Teil extremen Anstieges benötigt man für dieses Teilstück noch etwa 1–1,5 Stunden. Am Grat angekommen hat man bei klarer Sicht einen wunderschönen Ausblick auf das Tal, in dem das **Crestones-Basislager** ④ liegt, sowie auf die Crestones-Formation auf der gegenüberliegenden Seite. Ein kurzer Abstieg führt zu den Hütten und mit etwas Glück zu einem heißen Getränk, zu dem Sie von bereits eingetroffenen Wanderern eingeladen werden. Das Basislager besteht aus 3 Hütten: In der ersten befindet sich ein Posten der Nationalparkverwaltung, der allerdings nur in den Monaten von Dezember bis März ständig besetzt ist; 2 weitere Hütten bieten Schlafplätze und eine Küche.

Castelleja-Arten bewohnen die Bergregionen Mittelamerikas.

Lupinen verwildern leicht und sind für Europäer ein vertrautes Erscheinungsbild.

Zypressen der Gattung *Escallonia* sind typische Pflanzen der subalpinen Paramó-Vegetation.

Vom Basislager aus läßt sich die Umgebung auf einer Reihe von Wegen erkunden. Der Weg zum Gipfel des Chirripó ⑥ führt über das **Valle de Conejos** (Tal der Kaninchen) vorbei am Cerro Pyramide (3807 m) ⑤ zur 3820 m hohen Spitze. Bei klarem Wetter sollen beide Küsten, der Vulkan Irazú (S. 144) und die umliegenden Berge zu sehen sein. Dies ist allerdings nur sehr selten der Fall und dann auch nur in den frühen Morgenstunden. Weitere Ausflüge führen zur **Laguna Ditkevi** und den **Lagunas Chirripó** ⑦, einer Gruppe kleiner Seen inmitten der sonst eher kargen Landschaft. Die Vegetation wird von kleinbleibenden knorrigen Bäumen aus der Heidekrautfamilie, Zwergbambusarten und Sumpfwiesen beherrscht. Neben Kaninchen leben in dieser Höhe noch einige Vogelarten wie Maskenklarino und Streifenjunko. Unter den Reptilien hat die seltene Gebirgsschleiche, eine vierbeinige Verwandte der europäischen Blindschleiche, es geschafft sich den Lebensbedingungen in dieser Höhe anzupassen.

Der **Crestones-Gipfel** ist einer der wenigen Orte in Costa Rica, an denen free-climbing möglich ist. Wer vorhat den Gipfel auf diese Weise zu erklimmen, benötigt die entsprechende Ausrüstung und eine Genehmigung der Parkverwaltung in San Gerardo. Deren Mitarbeiter sind angehalten, die Kletterfähigkeiten und Ausrüstungsgegenstände der Besucher zu überprüfen. In der Hochsaison ist es möglich, sich einheimischen Gruppen anzuschließen, die meist an Wochenenden zu diesen Klettertouren

Halsband-Waldsänger bevorzugen die mittleren Höhenlagen.

aufbrechen. Bedenken Sie aber dabei, daß das nächste Krankenhaus einen Tagesmarsch entfernt ist, und lassen Sie daher genügend Vorsicht walten!
Eine alternative Aufstiegsroute führt über den Ort **Herradura** nur wenige Kilometer von San Gerardo entfernt. Dieser Weg darf ohne Führer nicht begangen werden und ist nur kleineren Gruppen zu empfehlen, die ausreichend Erfahrungen im Bergwandern besitzen. Beim Aufstieg ist mehrmals der Río Blanco zu überqueren, so daß diese Route nur in der Trockenzeit (Dezember bis März) sicher begangen werden kann. Der erste Tag führt über einige Nebengipfel zum **Cerro Uran** ⑧, an dem Zelte errichtet werden. Am folgenden Tag wandert man entlang dem Cerro Cupula (3699 m) und dem Cerro Nudo (3762 m) zum Hauptgipfel des Chirripó und gelangt über das Valle de Conejos zum Crestones-Basislager. Der Abstieg am dritten Tag folgt der oben beschriebenen Aufstiegsroute über Monte Sin Fe und Llano Bonito.

Praktische Tips

Anreise

Die Reise führt von San José auf der Interamericana bis nach San Isidro El General (130 km) und dann über Rivas nach San Gerardo. Die Talari Mountain Lodge ⑨ befindet sich auf der linken Seite 8 km hinter San Isidro kurz vor dem Ort Rivas.

Klima/Reisezeit

Die beste Reisezeit ist die Trockenzeit von Dezember bis April. Der Berg ist auch zu anderen Jahreszeiten zu besteigen, jedoch ist der Aufstieg dann wegen der schlechten Weg- und Wetterverhältnisse noch anstrengender. Das Wetter am Berg ist extrem: Die niedrigste gemessene Temperatur liegt bei -8 °C, die höchste bei 27 °C. Die jährliche Niederschlagsmenge beträgt durchschnittlich etwa 3000 mm. Außerdem wurden Windgeschwindigkeiten bis zu 80 km/h gemessen.

Unterkünfte/Bergtouren

In San Gerardo gibt es einige kleine Herbergen, in denen man die Nacht vor dem Aufstieg verbringen kann. Wer ein wenig Zeit mitbringt, sollte die Chirripó-Tour über die **Talari Mountain Lodge** ⑨ buchen. Auf deren Gelände leben viele Vogelarten. Die Besitzer organisieren beide Aufstiegsrouten. Der Preis für die San-Gerardo-Route beläuft sich auf US$ 187,– und umfaßt neben einer Übernachtung im Talari die Mahlzeiten und Unterkünfte am Berg sowie einen Träger, der das Kochgeschirr und Teile des Gepäcks zum Basislager befördert. Der Preis erniedrigt sich mit jeder weiteren Person (US$ 131,– pro Person bei 4 Teilnehmern) und beträgt in der Nebensaison nur noch US$ 115,–. Die Herradura-Route umfaßt 2 Nächte im Talari, 2 Nächte am Berg sowie die oben angeführten Leistungen und kostet US$ 310,– pro Person in der Hochsaison.

Adressen

- Talari Mountain Lodge, Rivas, San Isidro El General, Apdo. 517-8000; Tel./Fax 7710341.
- Die Parkverwaltung befindet sich auf der linken Seite am Ortseingang von San Gerardo. Sie ist täglich von 5.00–17.00 Uhr geöffnet.
- Auskünfte zum Park erteilt die Area de Conservación La Amistad Pacífico in Pérez Zeledón (Tel./Fax 7713155).

Blick in die Umgebung

Am Cerro de La Muerte (Todesberg) steigt die Interamericana auf ihren höchsten Punkt. Bei klarer Sicht bieten sich herrliche Ausblicke auf die Talamanca-Kordillere. Außerdem gibt es Gebiete mit Paramo-Vegetation. In Richtung San José liegen einige Lodges, die Wanderungen im Hochland anbieten, auf denen man gute Chancen hat, Quetzale zu sehen. Von San Isidro führt weiterhin eine Straße in Richtung Küste nach Dominical und Quepos.

10 Tortuguero-Schutzzone und -Nationalpark

Weitverzweigtes System von Wasserläufen; Bootsausflüge; Krokodile, Fischotter, Faultiere sowie zahlreiche Vogelarten; Bechsteinaras; Eiablageplatz der Suppenschildkröte.

Der Tortuguero-Nationalpark liegt im Nordosten des Landes an der Karibischen See. Er überdeckt eine Landfläche von 189,5 km^2 und schützt zudem 552,65 km^2 Meeresfläche. Die an den Nationalpark angrenzende Tortuguero-Schutzzone bildet einen biologischen Korridor zum nördlich gelegenen Barra-del-Colorado-Wildschutzgebiet. Das gesamte Gebiet ist von Kanälen und Flüssen durchzogen, wodurch sich ganzjährig ein feuchtwarmes Klima hält. Die Strände Tortugueros sind seit 1975 geschützt, da sie zu den bedeutendsten Eiablagestellen der Suppenschildkröte gehören. Der Herpetologe Archie Carr hat sich seit jeher für den Schutz der Schildkröten eingesetzt und die Carribean Conservation Corporation (CCC) ins Leben gerufen, die wesentlich zur Schaffung des Parks beigetragen hat. Der Name des Ortes »tortuguero« bedeutet »Schildkrötenfänger«. Schon die indianische Urbevölkerung der Region hatte Schildkröteneier auf dem Speiseplan. Zu Beginn des 20. Jh. wurden diese als Delikatessen tonnenweise nach Amerika und Europa exportiert. Hinzu kam später noch der Gebrauch des »calipee«, einer Knorpelsubstanz des Panzers, als Suppengrundlage. Da hierfür die Tiere getötet werden mußten schrumpften die Populationen schnell. Zusätzlich fanden die Panzer Verwertung als Schildpatt für Brillengestelle. Heutzutage sind alle Meeresschildkröten weltweit unter Schutz gestellt, jedoch kommen Eier noch häufig auf den Markt.

Pflanzen und Tiere

Die markanteste Pflanze des Sumpfgebietes ist die Raphia- oder Bastpalme, die die Ufer säumt und deren Blätter bis zu 15 m lang werden können. Sie besiedelt das gesamte Areal und kann das ganze Jahr über blühend oder mit Fruchtstand angetroffen werden. An der Wasseroberfläche treiben Wasserhyazinthen (S.15), von deren Wurzeln sich die seltenen Seekühe ernähren. Weitere häufige Pflanzen sind die hochstämmige Stelzwurzelpalme, der Fruchtflügelbaum sowie die Wassernuß. Die Blüte der Wassernuß bildet sich in einer bohnenähnlichen Umhüllung, die erst bei abgeschlossener Entwicklung aufplatzt. Schneidet man sie vorsichtig mit einem Messer an und entfernt den oberen Teil der Hülle, so kommt die weiße Blüte in voller

Der Silberreiher – hier im Prachtgefieder – hat einen gelben Schnabel und dunkle Füße.

◁ Am Caño La Palma wachsen riesige Bastpalmen.

▷ Blüte der Wassernuß.

Pracht zum Vorschein. Im Küstenbereich ist die Kokospalme neben der Meertraube vorherrschend, und in den küstennahen Wäldern sind Helikonien, Feigenbäume und Bromelien zu finden. Der Park rühmt sich Heimat für 400 Baumarten und 2000 weitere Pflanzenarten zu sein.
Unter den Säugetieren dieses Parks sind besonders die Karibische Seekuh (Manati), Geoffroy-Klammeraffen (S.136) und Fischotter zu erwähnen. Während die beiden letztgenannten leicht zu beobachten sind, werden Seekühe nur noch sehr selten gesehen. Die Fischotter sind meistens mit sich selbst oder einem Artgenossen derart beschäftigt, daß man sich ihnen leicht nähern kann. Weitere häufig vorkommende Arten sind Brüllaffen, Dreifinger-Faultiere (S.105) und Fledermäuse. Die Hasenmaul-Fledermaus ist auf Fischfang spezialisiert. Sie erbeutet an der Oberfläche schwimmende Fische im Flug. Mit einer guten Taschenlampe kann man nachts die eindrucksvolle Fangtechnik bewundern. Tortuguero ist Heimat von etwa 40 Bechsteinaras, Großpapageien, die an anderen Stellen des Landes nahezu ausgestorben sind. In letzter Zeit ist die Zucht dieser seltenen Vögel gelungen, so daß man auch anderswo auf Wiedereinbürgerung hoffen kann. Auf den Schwimmpflanzen findet man das Gelbstirnjassana. Durch seine gespreizten Zehen ist es in der Lage, über die Pflanzen zu gehen und nach Fischen Ausschau zu halten. In den Uferbäumen sind Schlangenhalsvögel, Schmuckreiher sowie verschiedene Greifvögel wie Fischadler und Graubussarde zu sehen; insgesamt leben 300 Vogelarten im Park. In den Gartenanlagen der Lodges halten sich Gelbbauch-Spateltyrannen und Braunschwanz-

◁ Vom Cerro del Tortuguero hat man eine herrliche Aussicht.

Mittelamerikanischer Fischotter.

Gelbstirnjassanas suchen ihre Nahrung zwischen den Wasserpflanzen.

Suppenschildkröten sind reine Meeresbewohner.

Amazilien auf. Montezuma-Stirnvögel (S.145) sind stellenweise sehr häufig. Hoch oben in den Bäumen kann man ihre großen hängenden Nester erkennen und ihre charakteristischen Rufe vernehmen. Am Strand und in offener Vegetation trifft man überwiegend auf Rabengeier, Dohlengrackeln und Riefenschnabel-Anis. Mit etwas Glück und einem guten Auge entdeckt man in Ufernähe Grüne Leguane (S.43) und Stirnlappenbasilisken. Während der bis 1,5 m große Grüne Leguan sich überwiegend von Pflanzen ernährt, jagt der Stirnlappenbasilisk Kerbtieren nach. Besonders auffällig bei dieser Art sind die hohen Rücken- und Schwanzkämme sowie die stechend gelben Augen der Männchen. Die mächtigen Krokodile (S.41) entlang des Kanals sind meist nicht zu übersehen, eher schon die scheuen Brillenkaimane, die sich laut ins Wasser fallen lassen und dann längere Zeit abtauchen. Erdbeerfrosch (S.66), Rotaugenfrosch (S.108) und die Agakröte sind die häufigsten Amphibien. Besonders nach heftigen Regenfällen kann man überall das Rufen und Quaken der über 50 vorkommenden Arten vernehmen.
In den Monaten August bis November sind Suppenschildkröten die Hauptattraktion des Parks. Hunderte von Tieren können in derselben Nacht zur Eiablage an den Strand kommen. Es ist bis heute noch nicht geklärt, was die Tiere dazu bewegt, nur bestimmte Strände aufzusuchen. Eine mögliche Erklärung ist, daß erwachsene Weibchen an den Ort ihrer Geburt zurückkehren. Sollte sich diese Theorie bewahrheiten, ist es um so wichtiger, die wenigen noch vorhandenen Ablageplätze weltweit zu schützen, und nicht nur die Arten als solche!

Im Gebiet unterwegs

Der größte Teil der Besucher wird nur selten etwas von dem eigentlichen Nationalpark zu sehen bekommen. Über Reiseveranstalter gebuchte Touren führen in den meisten Fällen durch die Wasserläufe der Schutzzone. Tortuguero ist ein Gebiet, in dem man sich überwiegend mit Booten fortbewegt. Kürzere Strecken können mit Paddelbooten zurückgelegt werden. Wer jedoch mehr sehen will, sollte sich einer der von den Lodges angebotenen Touren anschließen. Schöne Ausflüge führen von der Laguna Tortuguero über die **Laguna Penitencia** in den **Caño Palacio**. Das erste Stück des Weges bis zur Isla Chira wird oft im Eiltempo zurückgelegt, da wegen des starken Bootsverkehrs nur wenig Naturbeobachtungen möglich sind. Hat man die kleine Insel passiert, so kann man die höchste Erhebung des Gebietes den **Cerro del Tortuguero** ① erkennen, der die Ebene um 119 m überragt. Kurz darauf zweigt links der Caño Palacio ab. Von hier bietet sich die Möglichkeit, in die kleineren Seitenarme abzubiegen und in aller Ruhe Pflanzen- und Tierwelt zu genießen. Sie sollten kurze Pausen an dichtbewachsenen Ufern einlegen und warten, ob vielleicht ein zuvor verscheuchter Kaiman oder Fischotter wieder auftaucht. Außerdem sollte der Blick nicht nur durch das Unterholz streifen, da man sonst Gefahr läuft, die in den Bäumen ruhenden Affen, Faultiere und Vögel zu verpassen. Ein weiterer mit Bastpalmen überwucherter Kanal biegt hinter dem Cerro del Tortuguero nach rechts ab. Der **Caño La Palma** liegt bereits im Barra-del-Colorado-Wildschutzgebiet. Er gehört zu einem Forschungsprojekt der kanadischen Regierung. Die Station hat eine Anlegestelle und heißt Besucher herzlich willkommen. Diese Fahrt wird von der **Laguna Lodge** angeboten, deren Manager längere Zeit in dem Forschungsprojekt gearbeitet hat.

Wer den eigentlichen Nationalpark per Boot erkunden möchte, muß sich zuerst bei der Parkverwaltung melden und Eintritt zahlen. Die Fahrt geht dann weiter entlang der Parkgrenze auf dem **Río Tortuguero** mit Abstechern in die Seitenarme. Die Tierwelt in Nationalpark und Schutzzone ist zwar die gleiche, jedoch hat man entlang des Río Tortuguero bessere Beobachtungsmöglichkeiten, da kaum Ausflugsverkehr herrscht. Falls Sie mit dem Boot an- oder abreisen, durchqueren Sie den Nationalpark in Nord-Süd-Richtung auf dem Limón-Kanal (Canal Navegable).

Bootsausflüge dauern im allgemeinen 2–3 Stunden. Einige Lodges bieten Fahrten sowohl in den Vormittagstunden als auch in den Nachmittagstunden an. Die Teilnahme an beiden Ausflügen ist lohnenswert, da man dabei den unterschiedlichen Aktivitätszeiten der Tiere gerecht wird.

In der Umgebung des Ortes Tortuguero gibt es nur wenige Naturpfade. Zur Schildkrötenzeit wandert man nachts am Strand entlang. Am besten setzt man sich mit der Nationalparkverwaltung oder den Lodges in Verbindung, die zugelassene und erfahrene Führer vermitteln. Dies erhöht nicht nur die Chancen, Tiere zu Gesicht zu bekommen, sondern trägt auch zu dem geringen Einkommen der nur knapp 500 Einwohner zählenden Ortschaft bei. Es ist strikt untersagt Taschenlampen oder Blitzlicht zu benutzen. Daher sollten sie darauf gefaßt sein, daß der 2-stündige Nachtausflug zu einer regelrechten Stolperpartie wird. Die Führer besitzen Taschenlampen mit Rotfiltern, die zur Suche eingesetzt werden. Grelles Licht würde die ohnehin gestreßten Schildkröten irritieren und dazu

führen, daß sie wieder ins Meer zurückkehren. Die CCC betreibt eine Schildkrötenforschungsstation und unterhält ein Besucherzentrum nördlich des Ortes.

Ein 2 km langer Naturpfad **(El Gavilan)** befindet sich direkt hinter dem Nationalparkeingang. Im Büro kann man eine kleine Broschüre mit Erklärungen zur Flora und Fauna erwerben. Die Laguna Lodge bietet außerdem einen Ausflug auf den **Cerro del Tortuguero** ① an, von dem man einen guten Ausblick auf den Park und die Umgebung hat.

Praktische Tips

Anreise

Der Tortuguero-Nationalpark ist nur per Flugzeug oder auf dem Wasserwege zu erreichen. Travelair fliegt täglich außer sonntags. SANSA fliegt bis Barra del Colorado, von wo aus der Rest des Weges mit dem Boot zurückgelegt werden muß. Boote nach Tortuguero legen in den Häfen Matina und Moin nördlich von Limón ab. Die meisten Lodges besitzen eigene Boote, um

Bechsteinaras können nur noch sehr selten in freier Wildbahn zu beobachtet werden.

Gäste abzuholen. Die Fahrt durch den Limón-Kanal dauert etwa 4 Stunden. Verschiedene Reiseveranstalter wie Camino Travel (s.S.150) bieten auch kombinierte Flug-/Bootreisen an.

Klima/ Reisezeit

In dieser Region gehen jährlich bis zu 5000 mm Regen nieder und das bei einer Durchschnittstemperatur von 26°C. Nur die Monate Februar bis März gelten als Trockenzeit. Der Park kann ganzjährig besucht werden, jedoch sollte immer mit Niederschlägen gerechnet werden. Zur Schildkrötenbeobachtung sind die Monate August bis November zu empfehlen.

Männliche Stirnlappenbasilisken haben gelbe Augen.

Adressen

- Area de Conservacion y Desarrollo Sostenible de las Llanuras de Tortuguero, Apdo. 338, Guapiles; Tel. 710-2929, Fax 710-7673.
- Carribean Conservation Corporation (CCC), Apdo. Postal 246-2050, San Pedro, Costa Rica.
- Laguna Lodge, Kupia Kumi de Tortuguero, S. A.; Tel./ Fax (506) 2253740.

Unterkünfte

Die meisten Unterkünfte liegen beiderseits der Laguna Tortuguero. Wer nahe dem Ort und den Schildkrötenstränden bleiben möchte, der sollte Unterkünfte auf der Landzunge aufsuchen, auf der auch der Ort Tortuguero und die Nationalparkverwaltung liegen. Empfehlenswert ist die Laguna Lodge mit schönen Gärten und direktem Zugang zum Strand. Etwas südlich davon liegt die Mawamba Lodge. Auf der gegenüberliegenden Seite sind mehrere Hotels zu finden wie etwa die Jungle Lodge oder das Ilan-Ilan Hotel, jedoch ist von dort jeder Besuch des Ortes und seiner Strände mit einer Bootsfahrt verbunden.

Informationen

http://calypso/cr/vacation/tortu.htm

Blick in die Umgebung

Das **Barra-del-Colorado-Wildschutzgebiet** liegt nur wenige Kilometer nördlich von Tortuguero. Es gilt in Costa Rica als das Angelparadies schlechthin. Touren können von den Lodges organisiert werden. Wer über die Stadt Limón zurückreist, sollte hier ruhig ein wenig verweilen und die karibische Lebensart etwas genießen.

11 Biologische Station Rara Avis

Privates Naturschutzgebiet; unberührter Regenwald mit zahlreichen Wanderwegen und Tierbeobachtungsmöglichkeiten; geführte Wanderungen unter Leitung von Wissenschaftlern; Baumhaus und Drahtseilsystem zur Erforschung des Kronendaches.

Rara Avis bedeutet »seltener Vogel«, ist aber im Sinne von »komischer Kauz« gemeint. Amos Bien, amerikanischer Biologe und Gründer der Station, sieht sich selbst als einen solchen. Der frühere Manager der La Selva Biological Station startete das Projekt Ende 1983. Mit einer Gruppe von Investoren wurden 13 km^2 Land gekauft, mit dem Ziel, ökologische Forschung und Ökotourismus unter einen Hut zu bringen. Das an den Braulio-Carrillo-Nationalpark und La Selva grenzende Areal hat überwiegend Primärwaldbestand und ist Heimat einer reichhaltigen Flora und Fauna. Besucher werden von Mitarbeitern der Station auf mehrstündigen Wanderungen in die Grundlagen der Regenwaldökologie eingeführt und haben die Möglichkeit, mit vor Ort arbeitenden Wissenschaftlern und Studenten über deren Arbeit zu diskutieren.

Die Wälder sind ein typisches Beispiel für karibischen Tieflandregenwald und stellenweise prämontane Vegetation. Rara Avis liegt auf 700 m Höhe über dem Meeresspiegel, was zu dem angenehmen und konstanten Klima wesentlich beiträgt. Geologisch stellt das Gebiet einen nordöstlichen Ausläufer des Vulkans Barva dar.

Ein Höhepunkt eines Aufenthaltes in Rara Avis ist das Drahtseilsystem und die in 30 m Höhe befindliche, neue Forschungsplattform des Biologen Don Perry, der mit seinen Studien im Kronendach des Regenwaldes weltberühmt wurde (s.S.37). Ein Drahtseilsystem in der Nähe des Wasserfalls wurde für spektakuläre Aufnahmen zu dem Film »Medicine Man« mit Sean Connery benutzt. Gäste haben die Möglichkeit, die Plattform zu erklimmen, falls diese nicht für Forschungsarbeiten benötigt wird.

Ein gewaltiger Wasserfall bei Rara Avis in der Nähe der Waterfall Lodge.

Ameisen sind in den Tropen derart häufig, daß sie 50 % der Biomasse aller Insekten und etwa 10 % der gesamten tierischen Biomasse ausmachen. Noch heutzutage werden jährlich neue Arten entdeckt und das soziale Gefüge, in dem die Staaten existieren, ist noch lange nicht vollständig bekannt.
Nahezu überall in den neuweltlichen Tropen trifft man die auffallenden **Blattschneiderameisen** an. Manchmal sieht man 5–10 cm breite Straßen von mehreren hundert Metern Länge, auf denen ein Millionenheer kleiner, roter Ameisen Blattstücke transportiert, die die Größe und das Gewicht der einzelnen Tiere um ein Vielfaches übertreffen. Diese Ameisenart verdankt ihren Namen der Tätigkeit, mit ihren Beißwerkzeugen Segmente aus Blättern herauszuschneiden, die dann zum Nest getragen werden. Bei genauerem Hinsehen entdeckt man auf den Blattstückchen, die von den Arbeiterinnen transportiert werden, noch eine weitere, sogenannte »Reiterameise«, die dem Betrachter den Eindruck vermittelt, nichts als ein träger Mitreisender zu sein. Man nimmt an, daß sie die Blätter reinigen und die Arbeiterinnen vor parasitären Kleinstinsekten schützen. Der Staat und die Straßen werden von größeren Soldaten bewacht, die an ihren übergroßen Köpfen mit kräftigen Beißzangen zu erkennen sind. Die indianische Urbevölkerung benutzte die Kieferwerkzeuge der Soldaten als Nahtmaterial für Risse und Wunden. Bei Schnittwunden wird die Haut zwischen Zeigefinger und Daumen zusammengepreßt. Einem Soldaten erlaubt man, sich mit den Kieferzangen festzubeißen. Danach wird der Körper durch Drehen von Kopf abgetrennt und der Vorgang so oft wiederholt, bis die Wunde geschlossen ist. Nach einigen Tagen werden die Köpfe der Soldaten aus der abgeheilten Wunde einfach wieder entfernt.
Folgt man den Transportarbeitern bis an das Ende ihres Weges, so gelangt man zum eigentlichen Ameisenstaat, in dem die Königin mit einigen Millionen Arbeiterinnen lebt. In einem Kreis von 10–20 m um das Nest sind alle Pflanzen entlaubt. Das Nest kann mehrere Eingänge besitzen, die zum Teil bis zu 50 m auseinander liegen. Im Innern des Staates sind Arbeiterinnen damit betraut, die Blattsegmente zu zerkauen und auf dem resultierenden Brei Pilzkulturen anzulegen. Jeder Staat besitzt mehrere Pilzkammern; eine Kultur kann bis zu 30 cm Durchmesser erreichen. Die Pilzkulturen werden von den enzymhaltigen Ausscheidungen der Ameisen ernährt. Im Gegenzug ernten die Ameisen die jungen, nährstoffreichen Sprosse der Pilze ab. Ausfliegende Königinnen sind in der Lage, den Pilz in eigens zu diesem Zweck entwickelten Mundtaschen zu transportieren und bis zur weiteren Verwendung bei einer Neustaatenbildung aufzubewahren.
Bei Wanderungen durch die Wälder sieht man hoch in den Bäumen häufig 1–2 m große Papiernester, die von Staaten der **Aztekenameise** stammen. Diese Art bevorzugt grünstämmige, hohle Baumarten der Gattung *Cecropia*, in denen eine kleine Mehlkäferart lebt. Der Ameisenstaat entsteht durch das Einnisten einer Königin in den Hohlräumen des Wirtsbaumes. Mit dem Wachsen der Arbeiterpopulation werden nach und nach die externen Papiernester aus Pflanzenfasern und Sekreten gebaut. Aztekenameisen gelten als aggressive Raubameisen und ernähren sich überwiegend von Insekten, wobei sie auch vor großen Käferarten nicht zurückschrecken, die regelrecht von ganzen Heerscharen

gleichzeitig angegriffen werden. Die Staaten anderer Ameisenarten, die versuchen in der Nähe der Aztekenameisen zu siedeln, werden auf Kriegszügen vernichtet. Hierbei verschonen die Krieger interessanterweise die nährstoffreiche Brut im Innern des attackierten Nestes. Ihren Nährstoffbedarf decken die Aztekenameisen vollständig durch die Haltung der Mehlkäfer, deren Exkremente verschiedene Zucker und Aminosäuren enthalten.
Welchen Nutzen ziehen die Wirtspflanzen aus dieser Lebensgemeinschaft? Offensichtlich werden sie vor Freßfeinden geschützt, außerdem tragen die kleinen Ameisen noch zum langfristigen Überleben der Pflanzen bei. *Crecropia* ist eine schnellwachsende Art, die gern auf Lichtungen oder freien Plätzen siedelt. Wegen ihres schnellen Wachstums sind Stamm und Äste brüchig. Es wäre daher fatal für die Pflanze, wenn im Laufe der Zeit epiphytische Schmarotzer auf ihr siedeln würden, deren Gewicht die nur schwachen Äste zerstören würde. Aztekenameisen unterdrücken jeglichen Versuch von Epiphyten Fuß zu fassen, indem sie die Pflanzen einfach abreißen und zu Boden werfen.
In den trockeneren, nördlichen Zonen des Landes, in denen verschiedenartige Akazien weitverbreitet sind, findet man **Akazienameisen**, die ebenfalls mit ihrer Wirtspflanze eine Symbiose eingehen. Eine befruchtete Königin sucht nach frischen, noch grünen Akaziendornen, beißt mit ihren Mundwerkzeugen einen Eingang in die Basis und höhlt den Dorn aus. Von hier aus beginnt der Staat zu florieren und junge Akaziensprößlinge in der Umgebung in Beschlag zu nehmen. Die Arbeiterinnen ernten Nektar aus Drüsen am Blattstengel sowie aus nährstoffreichen, rundlichen Futterkörnchen an den Blattenden, den sogenannten Beltischen Körpern. Im Gegenzug beschützen sie ihren Wirt vor Freßfeinden wie Heuschrecken und anderen Pflanzenfressern.
Die **Ponerinen-** oder **Gewehrkugelameise** ist mit 25 mm die größte mittelamerikanische Ameisenart. Ihren Namen verdankt sie den schmerzhaften Stichen, die sie Angreifern zufügen kann. Die Arbeiterinnen dieser Art begeben sich meist nachts auf die Suche nach Nektar und Insekten. Obwohl der Bau des Staates im Wurzelgeflecht von Bäumen liegt, suchen die Tiere hoch oben in den Baumkronen nach ihrer Nahrung. Ihre Beute ergreifen sie mit den kräftigen Kieferzangen; danach werden die Insekten mit Stichen getötet. Die Beutetiere können hierbei um ein Vielfaches größer sein als die Ameise. Fühlen sich die Ameisen gestört, geben sie zischende Warnlaute von sich und richten dem Angreifer ihre eindrucksvollen Beißwerkzeuge entgegen. Zudem verbreiten sie einen moschusartigen Geruch, der wahrscheinlich dazu dient, weitere Artgenossen zu alarmieren.

Akazienameisen leben in den Dornen der Wirtspflanze.

Pflanzen und Tiere

Die Vegetation besteht überwiegend aus primärem Regenwald und altem Sekundärbewuchs. In diesem vergleichsweise kleinen Gebiet sind über 500 Baumarten nachgewiesen, d. h. mehr als in ganz Europa. Aufgrund intensiver wissenschaftlicher Forschung wurden in den letzten Jahren neue Pflanzenarten beschrieben und bereits als ausgestorben geltende Arten wiederentdeckt. Ein Beispiel hierfür ist die nur im Innern des Primärwaldes vorkommende Palme *Geonoma epetiolata*. Sie war in früheren Jahren als Zierpflanze gebräuchlich und verschwand mit zunehmender Zerstörung der Wälder vom Markt. Die Wiederentdeckung in der Umgebung von Rara Avis hat zu einem neuen Zuchtprogramm geführt, das eine nochmalige Übererntung verhindern soll. Ähnliche Programme existieren auch für seltene Bromelien und Orchideen der Region. Typische Pflanzen des Waldes sind Fensterblatt, Baumfreund sowie Zungenfarne. Geschnäbelte Helikonien besiedeln Lichtungen und Wegesränder. Oft trifft man auf auffallend rote Blüten, die in Kopfhöhe wachsen. Ihr Aussehen hat ihnen unter der einheimischen Bevölkerung den Namen »Labios de Mujer« eingebracht, was soviel wie »Lippen einer Frau«, gemeint ist der Kußmund, bedeutet.

Säugetiere sind in Rara Avis nur schwer zu beobachten, da sie sehr zurückgezogen leben und das gesamte Hinterland des Braulio-Carrillo-Nationalparks zur Verfügung haben. Jaguare und Tapire sind hier beheimatet, jedoch werden Sie wahrscheinlich eher Weißrüsselbären (S. 103) und Kapuzineraffen zu Gesicht bekommen. Eine kleine Gruppe Weißrüsselbären durchstreift nahezu täglich das Areal zwischen den Unterkünften und dem Restaurant. Einfach dagegen ist es, die Vogelwelt zu beobachten. Besonders in den frühen Morgenstunden sind viele Arten aktiv. Mit etwas Glück sieht man am Río Atelopus eine Sonnenralle, die hier nach Kerbtieren sucht. Diese Vögel können ihre Flügel und Schwanzfedern abspreizen, wobei dann ein orangerotes Sonnenrad zum Vorschein kommt. Bischofstangaren und rot-schwarze Passerinitangaren (S.137) sind in der Buschvegetation an der Lodge zu sehen, und Braunschwanzamazilien besuchen Helikonien-Blüten zur Nektaraufnahme.

In der Baumkronenregion leben Schneeschmuckvögel. Die Männchen dieser Art haben ein reinweißes Gefieder, Weibchen sind oberseits grau und besitzen dunkel gestreifte Flügel. Die verwandten Azurkotingas zeigen ein schillernd blaues Federkleid. Ebenso wie Schneeschmuckvögel ernähren sie sich überwiegend von Lorbeerfrüchten, allerdings wurden sie auch schon beim Fressen junger Anolis beobachtet. Weitere häufig gesichtete Vögel sind Regenbogentukane (S.132) und Halsband-Arassaris.

Der Wald um Rara Avis weist einen großen Reichtum an Reptilien und Amphibien auf. Schon auf dem Anmarsch von El Plastico zur Waterfall Lodge werden Sie wahrscheinlich auf die knallroten Erdbeerfrösche (S.66) treffen. Besonders nachts und nach heftigen Regenfällen sind die Rufe der Regenfrösche überall zu vernehmen. Bunte Anolis-Echsen sind allgegenwärtig, und mit etwas Glück entdecken Sie einen der selteneren ca. 25 cm großen Helmleguane (S.137). Die Schlangenfauna ist sehr reichhaltig, aber ein Großteil der Tiere lebt zurückgezogen und ist sehr scheu. Buntgeringelte Korallenschlangen verbergen sich im Laub und die Schlegelsche Lanzenotter ist meist nur in den Kronenregionen des Waldes zu finden.

Schmetterlinge gibt es in jeder Farbe und Größe. Ein Teil der im Gebiet vorkommenden Arten sind in einer Zuchtanlage zu bewundern. Die Tiere werden hier vom Ei bis zur schlupfreifen Puppe herangezogen und dann über Händler weltweit an Schmetterlingsfarmen und Sammler verkauft. Der Vorteil dieses Projektes ist, daß auf diese Weise nur sehr wenige Zuchtpaare der Natur entnommen werden und somit die natürlichen Populationen nicht gefährdet werden. Ponerinenameisen sind in diesem Gebiet weit verbreitet, so daß es ratsam ist, sehr genau hinzuschauen, bevor man an irgendeinen Ast greift oder sich auf eine Wurzel zum Ausruhen niederläßt. Die Stiche können zu allergischen Reaktionen führen und sind äußerst schmerzhaft.

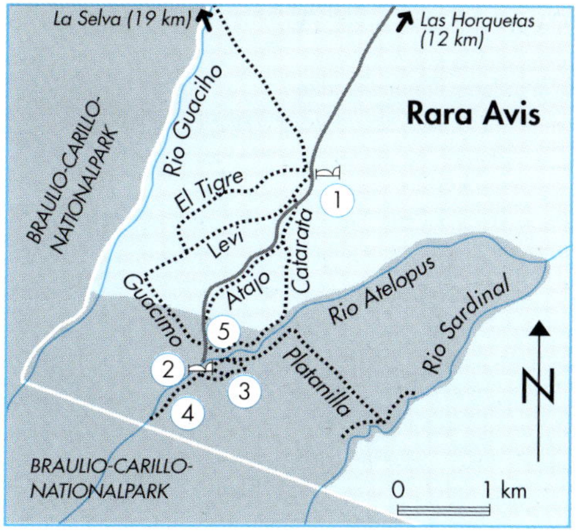

Im Gebiet unterwegs

Die Anfahrt bis **El Plastico** ① führt größtenteils durch Weide- und Ödland. Hier kann man sehen wie sich Viehwirtschaft auf ein ehemals mit Regenwald bedecktes Gebiet auswirken kann. Ab El Plastico beginnt das eigentliche Schutzgebiet. Nach etwa 100 m entlang des Hauptweges biegt rechts der **Sendero Atajo** ab. Er windet sich parallel zur Versorgungsstraße den Berg hinauf bis nach etwa 1,5 Stunden – wenige hundert Meter vor **Waterfall Lodge** ② – beide Wege wieder zusammentreffen. Der **Sendero Catarata** zweigt nach einem Drittel des Weges links vom Atajo-Pfad ab. Er ist schwieriger zu begehen, und läuft geraume Zeit parallel zum Río Atelopus bis zum Wasserfall kurz unterhalb der Lodge. Für diese Strecke sollte man 2,5 Stunden Gehzeit einplanen. Beide Wege führen sowohl durch primären als auch sekundären Regenwald. Neben einer Vielzahl von Vögeln sind insbesondere die kleinen, roten Erdbeerfrösche sehr zahlreich.
In El Plastico beginnt auch der 19 km lange Trail zu der Biologischen Station La Selva (s. Karte S.68). Diese Tour darf allerdings nur in Begleitung eines Führers und nach vorheriger Anmeldung unternommen werden. Eine 4-stündige Dschungelwanderung über die **Senderos El Tigre, Levi** und **Guacimo** führt ebenfalls von El Plastico zur Waterfall Lodge. Auf dieser Strecke sind verschiedene Bäche zu überwinden und das Terrain ist ziemlich schwierig, somit nur erfahrenen Dschungeltrekkern zu empfehlen.
In der Umgebung der Station existieren eine Reihe kürzerer Pfade, die 1–2 Stunden Gehzeit in Anspruch nehmen. Ein schöner Rundweg ist der **Sendero Nicolas**, der links vor der Lodge in den Wald abzweigt und hinter dem Restaurant endet. Wie alle Pfade im Gebiet um Rara Avis ist er gut ausgeschildert. Besonders nach heftigen Regenfällen fällt die Wanderung schwer, da verschiedene Stellen sehr rutschig oder gar schlammig sind. Dafür wird man allerdings mit einer großen Zahl bunter Vögel, Schmetterlinge und Amphibien belohnt. Die Gehzeit beträgt 60–90 Minuten. Der **Sendero Vuelton** ③ ist ein weiterer Rundweg, der hinter der Lodge beginnt. Das erste Stück des Weges folgt er dem Sendero Bromelia und zweigt nach wenigen hundert Metern links ab. Dieser Pfad führt in einem Bogen auf den Sendero Nicolas, so daß man an der Kreuzung entweder recherhand zur Lodge zurückgehen kann (insgesamt 60 min) oder aber dem Nicolas-Pfad folgt. Die Kombination beider Trails erfordert je nach Wetterlage und Bodenbeschaffenheit 2–3 Stunden.
Der **Sendero Bromelia** ④ führt zur Grenze des Braulio-Carrillo-Nationalparks und

Blattschneiderameisen sind in Costa Rica allgegenwärtig.

Ponerinenameisen werden bis 2 cm groß und können schmerzhafte Stiche verteilen.

zum **Río Atelopus**, dessen eigentlicher Name Río Villalobos ist. Wegen des früheren häufigen Vorkommens einer kleinen, bunten Stummelfuß-Kröte aus der Gattung *Atelopus* ist der Fluß nach ihr benannt worden. Heutzutage sind diese Tiere in Costa Rica zu einer ausgesprochenen Seltenheit geworden. Der Grund hierfür, wie auch der weltweite Trend abnehmender Amphibienpopulationen, ist bisher noch nicht geklärt. Einzig die Tatsache, daß Umwelteinflüsse eine bedeutende Rolle spielen, ist allgemein anerkannt. Trotzdem ist es verwunderlich, daß ganze Populationen selbst aus seit langer Zeit geschützten Gebieten wie Rara Avis verschwinden. Der Sendero Bromelia ist kein Rundweg und muß daher auf derselben Strecke zurückgegangen werden. Dasgleiche gilt für den **Sendero Plantanilla**, der zu den längsten Pfaden gehört und an einem Wasserfall sowie einem Aussichtspunkt endet **(Sendero Rondo)**. Für Hin- und Rückweg sollten mindestens 6 Stunden eingeplant werden. Außerdem ist es ratsam, vor der Wanderung Erkundigungen über die Wegbeschaffenheit bei den Rara-Avis-Mitar-

Die Schlegelsche Lanzenotter bewohnt vorwiegend die Baumregionen.

Einheimische vergleichen diese Blüte gern mit Frauenlippen und gaben ihr den Namen Kußmund (»Labios de Mujer«).

Bunte Korallenschlangen (hier *Micrurus nigrocinctus*) leben meist unter Laub verborgen.

beitern einzuholen oder besser noch mit einem erfahrenen Mitarbeiter zu gehen. Bei dieser Wanderung sind mehrere Bäche zu überwinden, die besonders nach starken Niederschlägen schnell zu reißenden Gewässern werden.

Nur etwa 20 Minuten Fußweg entfernt von der Lodge liegt inmitten des Waldes am Sendero Catarata das **Baumhaus** ⑤ von Don Perry. Nach vorheriger Absprache mit den Mitarbeitern von Rara Avis kann die Plattform in Begleitung erfahrener Kletterer erklommen werden. Nach einer kurzen Einweisung in die Klettertechnik wird man angegurtet und kann den mühsamen Aufstieg in 30 m Höhe beginnen. Unterwegs bietet sich eine herrliche Aussicht auf das Kronendach, und oben angekommen begegnet man Tieren und Pflanzen, die nur selten in Bodennähe zu finden sind.

Praktische Tips

Anreise

Von San José führt die Straße durch den Braulio-Carrillo-Nationalpark bis an die Kreuzung, an der es links in Richtung Puerto Viejo de Saripiquí geht. Nach weiteren 17 km wird der Ort Las Horquetas erreicht, in dem Rara Avis ausgeschildert ist. Das Büro liegt nur etwa 500 m links der Straße. Die Anfahrtszeit beträgt etwa 1 Stunde.

Die großen Augen des Wickelbärs verraten, daß er meist nachts unterwegs ist.

Bei Störung zeigt die Sonnenralle (hier am Nest) ihr Abwehrverhalten.

Rosttäubchen sieht man meist in kleinen Gruppen auf der Suche nach Beeren.

Aus Richtung Arenal oder Monteverde muß der Arenal-See umfahren werden. Da diese Anfahrt mindestens 3–4 Stunden dauert, ist eine Zwischenübernachtung in der Umgebung von Puerto Viejo de Saripiquí empfehlenswert. Das gleiche gilt für eine Anreise aus dem Süden etwa von Cahuita, bei der man einen Aufenthalt in der Nähe von Guapiles einplanen sollte. Der Grund für die Zwischenaufenthalte liegt in der frühen Abfahrt von Las Horquetas gegen 9.00 Uhr morgens, von wo aus die Anreise nach Rara Avis entweder per Traktor oder zu Pferde zurückgelegt wird. Die Strecke bis El Plastico nimmt 3 Stunden, bis zur Waterfall Lodge 4 Stunden in Anspruch. Die Rückfahrt wird von der Waterfall Lodge gegen 14.00 Uhr angetreten und erreicht Horquetas um 18.00 Uhr.

Klima/ Reisezeit

Rara Avis kann ganzjährig besucht werden. Mit Regenfällen muß eigentlich immer gerechnet werden, da es keine regelrechte Trockenzeit gibt. Die jährliche Niederschlagsmenge von 7500 mm verteilt sich gleichmäßig auf die einzelnen Monate. Die Durchschnittstemperatur liegt bei 22° C; auch hier existieren kaum Schwankungen.

Unterkünfte

Dem Reisenden stehen zwei Arten von Unterkünften zur Verfügung: die spartanische Herberge El Plastico und die Waterfall Lodge. Erstere liegt am Rande des Schutzgebietes und ist vornehmlich für Studentengruppen und Biologen bestimmt. Man schläft in Etagenbetten und teilt sich einen Duschraum. Das Gros der Naturtouristen wird in der mitten im Wald gelegenen Waterfall Lodge untergebracht. Die Zimmer sind geräumig und besitzen Balkone mit Hängematten. Verpflegung und geführte Touren sind im Preis inbegriffen.

Adressen

➪ Rara Avis, S. A., P. O. Box 8105,
San José 1000, Costa Rica;
Tel./Fax (506) 253-8044,
e-mail: raraavis@sol.racsa.co.cr
Internet: http://www.cool.co.cr/usr/raravis/ing/raravis.html

Ausrüstung

Um Rara Avis zu besuchen, benötigen Sie gute Regenschutzkleidung und wasserfestes Schuhwerk. Im Parkbüro sind Gummistiefel erhältlich; trotzdem sollten Sie darauf gefaßt sein, daß Wasser oder Schlamm von oben in die Stiefel eindringen. Nehmen Sie keinesfalls Ihren »Sonntags-Ausgehanzug« mit; nach 3 Tagen Rara Avis werden Sie Begriffe wie Feuchtigkeit und Schmutz aus Ihrem Vokabular verbannen.

Blick in die Umgebung

In der Nähe von Puerto Viejo de Saripiquí liegt die Biologische Station **La Selva**, die zu den bedeutendsten Forschungsstationen der westlichen Hemisphäre gehört. Wer sehr gut zu Fuß ist, kann von Rara Avis aus an einem Tag dorthin wandern. Weitere private Schutzgebiete wie die Selva Verde Lodge oder die Saripiquí Lodge lohnen einen Besuch.

12 Cahuita-Nationalpark und Aviarios del Caribe

Karibikstrände; Korallenriff; Mantelbrüllaffen, Faultiere; Pfeilgiftfrösche; Wasservögel; Landkrabben.

Der Ort Cahuita ist besonders unter Rucksacktouristen beliebt. Mit seinen Sandstränden und der überwiegend kreolischen Bevölkerung vermittelt er ein gewisses karibisches Flair. Naturtouristen besuchen die Region hauptsächlich wegen des Korallenriffs im Cahuita-Nationalpark. Hier bietet sich eine der besten Möglichkeiten zum Schnorcheln in Costa Rica. Leider wurden Teile des Riffs bei dem großen Erdbeben im Jahre 1991 beschädigt. Das Beben hatte eine Stärke von 7,45 auf der Richterskala und hob dabei das Riff um etwa 1m an. An der Küste am Punta Cahuita sind überall Korallenteile zu finden, die noch von dieser Naturkatastrophe zeugen. Das Riff hat sich bis heute noch nicht vollständig erholt, jedoch kann man schon wieder einige Teile davon bewundern.

Der Nationalpark liegt auf einer Halbinsel mit Regenwald und Mangrovenbewuchs. Wegen der Nähe zum Meer ist die Luft recht salzhaltig und das Wasser zum Teil brackig, so daß die Artenvielfalt unter den Pflanzen nicht so hoch wie in anderen Landesteilen ist.

Die Aviarios del Caribe sind ein kleines privates Naturschutzgebiet, das vor allem für Vogelkundler interessant ist. Das Gebiet liegt an der Mündung des Río Estrella und ist mit natürlichen Süßwasserkanälen durchzogen. Die Vegetation besteht überwiegend aus Sumpfland und Resten natürlichen Regenwaldes. Neben Vogelbeobachtungen hat man gute Chancen zur Sichtung von Faultieren und Mantelbrüllaffen.

Pflanzen und Tiere

Die Vegetation des Cahuita-Nationalparks ist von küstennahem Sumpfwald bestimmt. Ein typischer Baum solch überfluteter Gebiete ist der Fruchtflügelbaum. Er ist leicht an seinen knorrigen Brettwurzeln zu erkennen, die ihm auf der dünnen Erdschicht genügend Halt verschaffen. In den Brackwasserregionen des Park findet man Rote Mangroven. Auffällig ist, daß nur wenige Epiphyten auf den Bäumen siedeln. Das liegt daran, daß die meisten Arten nicht an die salzhaltige Luft angepaßt sind. Diese Anpassung hat dagegen in besonders hohem Maße die Meertraube entwickelt, die teilweise bis in die Gischtregion vordringt. Die bis 15 m hohe Pflanze gehört zu den Knöterichgewächsen und ist ursprünglich in Mittelamerika beheimatet. Wegen ihrer hohen Salzresistenz wird sie heutzutage weltweit in Küstenregionen angebaut. Ihren Namen verdankt sie dem

Weißrüsselbären sind recht neugierig und erkunden ihre Umgebung genau.

Die Strände des Cahuita-Nationalparks vermitteln Karibikatmosphäre.

traubenförmigen Fruchtstand, dessen Früchte zwar eßbar, aber sehr sauer sind. Das Korallenriff am Punta Cahuita ist recht artenreich. Besonders häufig sind Hirnkoralle, Baumkorallen und Rindenkorallen vertreten. Zahlreiche Seegurken, Diademseeigel, Seeanemonen und Fischarten bevölkern das Riff, darunter so farbenprächtige Tiere wie der Karibenkaiserfisch, der Blaue Papageifisch und verschiedene Arten von Muränen. Teile des Riffs sind mit Seegras bewachsen, in dem viele Fische Zuflucht finden und das Meeresschildkröten als Futter dient.

An Land sind die auffälligsten Tiere sicherlich die überall in großer Zahl vorkommenden Blaukrabben, die den ebenfalls zahlreichen Krabbenwaschbären und Weißrüsselbären als Nahrung dienen. Auch von den Weißgesicht-Kapuzineraffen (S.121) ist bekannt, daß sie die proteinhaltige Kost nicht verschmähen.

Auf der Karibikseite ist das **Dreifinger-Faultier** weitverbreitet. Diese Tiere zu entdecken ist jedoch nicht einfach und man benötigt ein wenig Erfahrung. Von weitem sehen sie meist wie am Baum hängende Termitennester aus. Dreifinger-Faultiere sind reine Baumbewohner, die nur einmal wöchentlich zur Kot- und Urinabgabe den Boden aufsuchen. Eine exakte Erklärung für dieses Verhalten steht noch aus; allgemein wird angenommen, daß Faultiere auf diese Weise ihre Futterbäume düngen, um die Produktion frischer Triebe anzuregen. Alle Faultierarten werden von einer großen Anzahl Parasiten heimgesucht. In ihrem Fell leben die Faultiermotte, verschiedene Käferarten sowie Milben. Die meisten dieser Tiere benutzen den Kot, um

Mangrove- oder Grünreiher bevorzugen die küstennahen Regionen.

Die Flußmündungen im Aviarios del Caribe beherbergen eine reichhaltige Vogelfauna.

ihre Eier darauf abzulegen, und leben in der ausgewachsenen Form auf dem Wirtstier. Die Nahrung der Faultiere besteht fast ausschließlich aus Blättern. Da aus rein pflanzlicher Nahrung nur schwer genügend energiereiche Stoffe aufgeschlossen werden, besitzen die Tiere einen sehr langen Verdauungstrakt. Der lange Verdauungsprozeß führt dazu, daß die Tiere Energie sparen müssen. Sie tun dies, indem sie sich zum einen tagsüber nur wenig bewegen und nachts ihre Körpertemperatur auf die Umgebungstemperatur einpegeln, so daß keine energetischen Mehraufwendungen nötig sind, den Körper auf konstanter Temperatur zu halten. Ausgewachsene Weibchen bringen 1 Junges pro Jahr zur Welt. Die Trächtigkeit dauert 6 Monate, weitere 6 Monate verbleibt das Jungtier bei der Mutter, die es eng am Körper trägt. Viele Führer und Naturkundler berichten, daß Faultiere *Cecropia*-Bäume bevorzugen.

Dies entspricht jedoch nicht ganz der Wahrheit. Studien haben gezeigt, daß bis zu 100 verschiedene Baumarten aufgesucht werden; einzig die Tatsache, daß *Cecropia* wegen seines schnellen Wuchses oft die andere Vegetation überragt und nur im Kronenbereich Blätter trägt, führt dazu, daß hier die Tiere am ehesten entdeckt werden.

Gelbkopfgeckos und Anolis sind die häufigsten Echsen des Cahuita-Nationalparks.

Dreifinger-Faultiere leben auf Bäumen, von denen sie nur selten kurz herabsteigen..

In den Aviarios del Caribe sind neben der reichhaltigen Vogelwelt zudem Wasserschildkröten, Krokodile und eine Reihe von Amphibien, darunter Pfeilgiftfrösche, Agakröten sowie die bunten Rotaugenfrösche und Makifrösche zu finden. Äußerlich sehen sich die beiden letztgenannten Arten sehr ähnlich. Bei genauerem Hinschauen entdeckt man jedoch Unterschiede in der Seitenzeichnung. Bei Makifröschen ist die Seite schwarz-weiß gestreift, bei Rotaugenfröschen dagegen dunkelblau gemustert und elfenbeinfarben abgesetzt. In den Bergregionen des Landes gibt es noch eine weitere Art, die stechend gelbe Augen besitzt (S.75).

Im Gebiet unterwegs

Im Cahuita-Nationalpark existiert nur ein einziger Wanderweg, der um die Halbinsel herumführt und an der Mündung des **Río Carbon** endet. Der **Sendero Natural** beginnt am Eingangshäuschen des Parks, nachdem man den **Río Suarez** überquert hat. Der Weg führt durch lichten Wald entlang der Karibikküste und ist sehr gut ausgebaut. Nach etwa 2 km muß die Mündung eines Flusses überquert werden. Bei Ebbe reicht das Wasser gerademal über die Knie, bei Flut kann es jedoch bis zur Brust reichen. Der beste Weg führt durch das Meer, und nicht über die kürzeste Verbindung durch den Fluß. Wegen des angespülten Sandes ist das Wasser im Meer kurz vor der Mündung etwas seichter. Der eigentliche Fluß ist braun gefärbt, da er sehr viel organische Stoffe gelöst hat. Er entspringt auf der Cahuita-Halbinsel und ist nur etwa 3 km lang. Das Wasser ist leicht brackig, so daß überwiegend junge Meeresfische zu finden sind. Der Weg läuft überwiegend parallel zum Strand; beiderseits des Weges leben blaue Landkrabben der Gattung *Callinectes*, die bis zu 20 cm Größe erreichen können. An den feuchten Stellen sind mit etwas Glück Goldbaumsteiger (S.112) und Erdbeerfrösche (S.66) zu entdecken. Die Populationen dieser beiden Pfeilgiftfrösche scheinen aber außerhalb des Parks erheblich größer zu sein. Dies liegt wahrscheinlich daran, daß im Park nur begrenzt Süßwasser vorhanden ist, welches für das Heranwachsen der Jungfrösche unentbehrlich ist.
Nach etwa 5 km erreicht man den **Punta Cahuita**, ein kleines Kap an der Spitze der Halbinsel. Hier bietet sich die beste Gelegenheit im davorliegenden Korallenriff zu schnorcheln und die Unterwasserwelt näher zu untersuchen. Durch ein Erdbeben im Jahre 1991 ist das Riff jedoch leider nicht mehr in seiner vollständigen Schönheit erhalten. Die unzähligen am Strand liegenden, abgebrochenen Korallenstöcke zeugen noch von dieser Katastrophe. Aber auch wer nicht am Schnorcheln interessiert ist, kommt hier auf seine Kosten. Man kann weit auf das Meer hinauslaufen, baden oder einfach nur in der Sonne faulenzen. Sollten Sie bis an das Riff durchs Wasser waten, so ist dies mit Vorsicht zu tun; zum einen sind die Korallen sehr scharfkantig, was zu Verletzungen führen kann, und zum anderen wird dabei der Korallenbestand beschädigt. Einige Tourveranstalter in Cahuita bieten Fahrten in Booten zum Korallenriff an, auf denen man das Riff durch einen Glasboden bestaunen kann und die Möglichkeit hat, kurze Schnorcheltouren zu unternehmen.

Der Strand bei Punta Cahuita ist mit Korallenresten übersät.

Hinter dem Punta Cahuita führt der Weg wieder in den Wald und erreicht bei **Puerto Vargas** die südliche Küste der Halbinsel. Im Innern des Waldes sind oft die Rufe von Mantelbrüllaffen (S.61) zu vernehmen. An den Bäumen leben viele Gelbkopfgeckos. Während die Männchen dieser Art durch einen schwarzen Körper und – je nach Stimmung – mehr oder weniger gelbgefärbten Kopf auffallen, sind die Weibchen nur unscheinbar grau-braun gemustert. Etwa 2 km hinter Puerto Vargas zweigt rechts ein Weg zur Hauptstraße ab, die in den Ort Cahuita zurückführt. Folgt man dem Pfad entlang der Küste, so erreicht man nach weiteren 5 km die Parkgrenze an der Mündung des **Río Carbon**.

Nur 10 km nördlich des Ortes Cahuita liegt das Gebiet der **Aviarios del Caribe**. In der Umgebung des Haupthauses gibt es einen kurzen Pfad in das benachbarte Waldstück. Entlang des Pfades befinden sich einige Käfige, in denen Tukane, Erdbeerfrösche und manchmal Schlangen ausgestellt sind. Zum Haus gehört ein zahmes Dreifinger-Faultier namens »Buttercup«. Die eigentliche Attraktion ist jedoch eine Fahrt in einem Stakkahn auf dem **Río Estrella** und in den Lagunen des Schutzgebietes. Über 300 Vogelarten, Fischotter, Brüllaffen und Faultiere sind in dem Gebiet beheimatet. Wegen der langsamen und auch leisen Fortbewegung in Kähnen kommt man überraschend nah an die Tiere heran. Eine Tour dauert in Durchschnitt 3–4 Stunden, wobei ein kurzer Besuch der Karibikküste inbegriffen ist. Hier erwartet Sie jedoch kein Traumstrand, sondern eine mit Strandgut übersäte Küste. Mit großer Wahrscheinlichkeit werden Sie auf Ihrer Bootsfahrt Rosalöfflern (S.42), Mantelbrüllaffen sowie verschiedenen Reiherarten begegnen. Im seichten Wasser jagen Braunmantel-Austernfischer und auf den Bäumen sieht man gemischte Gruppen von Pelikanen und Schlangenhalsvögeln (S.42). Auf den Sandbänken sonnen sich Schildkröten und manchmal auch Krokodile. Viele Vögel wie Mangrovereiher, Nacktkehlreiher und der seltene Salmonreiher aus der Gruppe der Tigerdommeln (S.57) sind im Schilfbewuchs der Uferregion nur schwer auszumachen.Wenn man sich mit dem Boot nähert, fliegen sie häufig erst im letzten Moment auf.

Praktische Tips

Anreise

Von San José fährt man über den Braulio-Carrillo-Nationalpark nach Limón und ab dort entlang der Küste nach Cahuita, 43 km südlich der Stadt Limón. Der Haupteingang zum Nationalpark liegt am südlichen Ende des Dorfes.

Die Aviarios del Caribe befinden sich 10 km nördlich von Cahuita nahe dem Ort Penhurst. Von der Hauptstraße zweigt rechts ein Weg zur Lodge ab. Das Hinweisschild ist leicht zu übersehen!

Klima/Reisezeit

Das Klima ist angenehm karibisch mit einer Durchschnittstemperatur von 27 °C und 3500 mm Niederschlägen pro Jahr. Die trockensten Monate sind März und

Die Weibchen des Gelbkopfgeckos sind unscheinbar braun gefärbt.

Blaukrabben werden bis zu 20 cm groß.

Rotaugenfrösche lassen sich leicht nach heftigen Regenfällen beobachten.

April sowie September und Oktober. Die Region kann ganzjährig besucht werden. In der Regenzeit (April bis November) ist das Meer jedoch stark aufgewühlt, so daß man nur sehr schlechte Unterwassersicht hat und Schnorcheln kaum lohnt.

Unterkünfte und Adressen

In Cahuita stehen eine Reihe von Hotels zur Auswahl. Wegen der wachsenden Popularität des Ortes sind viele Unterkünfte an Wochenenden ausgebucht. Sie sollten daher entweder in der Wochenmitte anreisen oder Zimmer reservieren. Die Atlantida Lodge (Tel. Cahuita 213) an den nördlich gelegenen Schwarzsandstränden hat eine schöne Gartenanlage.

In den Aviarios del Caribe werden Übernachtung und Frühstück in einer eigenen Lodge angeboten. Die Logde ist über ihre Besitzer in Limón zu erreichen:

➩ Luis & Judy Arroyo, P.O. Box 569, Limón 7300, Costa Rica; Tel. 3821335, Fax 7550016.

Hinweise

Cahuita besitzt nur eine einzige Telefonnummer: 7581515. Alle weiteren Telefone sind als Nebenanschlüsse daran angeschlossen. Wenn Sie die obige Nummer wählen, werden Sie nach der gewünschten Verbindung oder der Nummer (»extension«) des Nebenanschlusses gefragt.

Blick in die Umgebung

Von Cahuita aus sind 2 weitere Schutzgebiete in Tagestouren erreichbar: das Gandoca-Manzanillo-Wildreservat bei Puerto Viejo sowie das Biologische Reservat Hitoy Cerere 24 km vom Ort Fortuna entfernt. In Valle del Río Estrella existiert noch ein Teilstück der ehemaligen, landesweiten Eisenbahnverbindung. Züge fahren in regelmäßigen Abständen nach Limón.

13 Biologisches Reservat Carara

Übergangsgebiet von tropischem Trockenwald zu immergrünem Regenwald; Zuchtprogramm von Arakangas in freier Wildbahn; Krokodile; Goldbaumsteiger-Frösche; Wildkatzen.

Das Carara-Reservat am Río Tarcoles schützt eine Fläche von 47 km² und ist nur etwa 100 km von San José entfernt. Wegen seiner leichten Zugänglichkeit gehört der Park zu den beliebtesten des Landes. Viele Touristen besuchen dieses Gebiet auf Tagestouren oder auf der Fahrt zu den Stränden an der Pazifikküste. Der Begriff »carara« ist indianischen Ursprungs und soll Krokodilfluß bedeuten. Der Grund für die Namengebung liegt in den reichlich vorhandenen Spitzkrokodilen im Río Tarcoles. Neben den Krokodilen stellen die sonst nur im Süden des Landes zu beobachtenden Arakangas einen weiteren Höhepunkt des Besuchs dar.

Außer der interessanten Flora und Fauna gibt es auch noch einige präkolumbianische Ausgrabungen im Gebiet des Reservates. Diese sind leider für Besucher nicht oder nur mit vorheriger Genehmigung der Behörden zugänglich. Archäologische Studien haben gezeigt, daß Carara während zweier verschiedener Perioden besiedelt war: der Pavas-Periode (300 v. Chr. bis 300 n. Chr.) sowie der Cartago-Periode (800–1500 n. Chr.). Aus dieser Zeit wurden Zeugnisse landwirtschaftlicher Kultivierung und religiöser Stätten gefunden.

Pflanzen und Tiere

Das Carara-Reservat liegt im Übergangsgebiet von tropischem Trockenwald im Norden zu den Regenwäldern der südlichen Pazifikküste. Hierdurch konnte sich im Gebiet eine große Artenvielfalt ausbilden. Insgesamt 750 Pflanzenarten sind bisher nachgewiesen und neue Studien werden diese Zahl sicherlich erhöhen. Die Vegetationsformen umfassen Marschland, Galeriewald und Primärwald. Da das Gebiet von einer Reihe großer und kleiner Flüsse durchzogen wird, erfährt der Boden

Zwei Langschwanzpipras beim Brauttanz. Rechts im Bild ist ein Weibchen zu sehen.

Geißelspinnen leben in dunklen Baumhöhlen.

keine Austrocknung wie in den nördlicher gelegenen Regionen. Folglich sind überwiegend immergrüne Pflanzen zu finden, mit Ausnahme von laubabwerfenden Stachelzedern und *Calycophyllum candidissimum* in den trockeneren Landstrichen des Parks. In den Galeriewäldern entlang des Río Tarcoles wachsen Espavé-Bäume; der Fluß ist größtenteils mit Wasserhyazinthen (S.15) überwuchert.

Arakangas oder Hellrote Aras (S.125) sind die Hauptattraktion des Reservates. Diese beeindruckenden Vögel waren noch 1950 über das ganze Land verbreitet, finden heutzutage aber nur noch Rückzugsgebiete auf der pazifischen Seite im Carara und auf der Osa-Halbinsel. Einige wenige Individuen leben noch in der Guanacaste-Provinz, jedoch sind diese Populationen so

Ozelots sind sehr scheu und meist nur nachts zu sehen.

klein, daß ein weiterer Rückgang vorauszusehen ist. Im Carara-Reservat sind schätzungsweise 100 Paare beheimatet, die einem strengen Schutzprogramm unterliegen. Da nur 1 bis maximal 2 Eier pro Brutsaison gelegt werden, erholen sich die Populationen nur sehr langsam. Hinzu kommt, daß das naturbelassene Gebiet begrenzt ist und die umliegende Region stark landwirtschaftlich genutzt wird. Aras benötigen zum Überleben jedoch große Flächen, die mit Galerie- und Primärwald bestanden sind. Zuchtprogramme mit wenigen Individuen in Gefangenschaft mit dem Hintergedanken der Wiederansiedlung werden seit nunmehr einigen Jahren durchgeführt; allerdings ist hier zu bedenken, daß Aras sehr soziale Tiere sind, die nur selten in kleinen Gruppen oder gar einzeln leben. Schutz- und Zuchtprogramme in freier Natur wie sie im Carara-Reservat praktiziert werden, erscheinen daher erfolgversprechender. Die Erhaltung der Arakangas zeigt deutlich, daß dem Biotopschutz ein höherer Stellenwert zukommt als dem reinen Artenschutz, der nur auf die Erhaltung einzelner Spezies abzielt, und der langfristig nicht erfolgreich sein kann, wenn der Lebensraum der zu schützenden Art zerstört wird.

Spitzkrokodile (S.41) sind eine weitere Attraktion des Reservats. Schon bei der Anreise können Sie viele Touristen und Einheimische auf der Brücke über den Río Tarcoles treffen, die versuchen, Krokodile auf den Sandbänken zu entdecken. In den meisten Fällen ist dieses Vorhaben aber nicht von Erfolg gekrönt, da alle Tiere, die sich in Wurfweite der Passanten befinden, ohnehin durch Steinewerfen verscheucht werden. Nur an der Biegung etwa 100 m flußaufwärts (außerhalb der Reichweite) halten sich vereinzelt Krokodile auf. Um die Chancen zu erhöhen, diese Tiere zu Gesicht zu bekommen, sollten Sie dem Pfad entlang des Flusses folgen, der an einigen Stellen einen guten Blick auf die Sandbänke freigibt.

Pfeilgiftfrösche

Die Pfeilgiftfrösche Mittel- und Südamerikas gehören zur Familie Dendrobatidae (Baumsteigerfrösche) und zählen zu den weltweit farbenprächtigsten Amphibien. Ihren Namen haben sie der Tatsache zu verdanken, daß kolumbianische Choco-Indianer mit dem Hautsekret des Gelben Blattsteigerfrosches (*Phyllobates terribilis*, der »Schreckliche Blattsteiger«) ihre Blasrohrpfeile vergiften. Die so präparierten Waffen dienen zur Tierjagd und zeigen eine beeindruckende Wirkung. Bei der chemischen Analyse der Froschgifte stellte sich heraus, daß diese zu den gefährlichsten Substanzen im gesamten Tierreich gehören. Die Kombination von Farbenpracht und Giftigkeit bietet den Fröschen einen vollständigen Schutz vor Freßfeinden; außerdem hilft das Hautsekret Bakterien, Pilzinfektionen und Parasiten abzuwehren.
Pfeilgiftfrösche sind außerdem für ihr hochspezialisiertes Brutpflegeverhalten bekannt. Die Männchen versuchen, mit ihren Rufen paarungsbereite Weibchen anzulocken. Rivalisierende Männchen veranstalten bei einigen Arten Ringkämpfe um die besten Eiablageplätze. Ist ein Männchen erfolgreich, so wird das Weibchen zur Paarung an den vorher ausgewählten Ablageort geführt. Pfeilgiftfrösche legen meist nur wenige, nährstoffreiche Eier. Dies ist ein in der Natur gefährliches Unterfangen, da Freßfeinde oder Larventod die Brut leicht dezimieren können. Pfeilgiftfrösche gehen dem durch Brutpflege aus dem Wege.
Arten wie der Goldbaumsteigerfrosch legen ihre Eier auf sehr feuchtem Laub am Boden ab. Die Entwicklung der Kaulquappen bis zum Freischwimmerstadium, in dem die Larven die Eier verlassen und Wasser benötigen, erfolgt in den ersten Tagen wie bei den meisten Fröschen in der Gallertmasse. Die Gelege werden immer wieder vom Männchen kontrolliert und gegebenenfalls bewässert. Sind die Kaulquappen schlupfreif, so erklimmen sie den Rücken des Männchens, das sie dann zu einer nahegelegenen Wasserstelle transportiert. Dies können größere Pfützen, Bäche, aber auch wassergefüllte Bromelien sein, die genügend Nahrung für die Weiterentwicklung bieten. In diesen Wasseransammlungen wachsen die Larven bis zur Metamorphose zum Jungfrosch heran. Andere Arten wie der Erdbeerfrosch legen ihre Eier gleich zu Beginn auf Bromelienblättern ab. Sind die Larven schlupfreif, befreien sie sich aus ihrer Gallerthülle und gleiten in die wassergefüllten Blattachseln. In diesen Minibiotopen herrscht jedoch häufig Nahrungsknappheit.
Bei Arten, die diese Eiablageplätze bevorzugen, übernimmt nun das Weibchen die weitere Brutpflege. Auch dieses kontrolliert in regelmäßigen Abständen die Bromelien und die Kaulquappen signalisieren ihre Anwesenheit, indem sie die Wasseroberfläche durch schnelle Schwanzbewegungen in Schwingung versetzen. Das auf diese Weise stimulierte Weibchen legt ein unbefruchtetes, nährstoffreiches Ei, das der Kaulquappe als Nahrung dient. Bis zur Metamorphose benötigen die Larven etwa 8–10 dieser Eier, die in meist mehrtägigen Abständen gelegt werden.
In Costa Rica sind 3 Arten von Baumsteiger- und 1 Blattsteigerfrosch beheimatet: der schwarz-grün marmorierte Goldbaumsteiger, der orangegestreifte Gestreifte Blattsteiger sowie die beiden auffällig rot gefärbten Arten: Erdbeerfrosch und Granulierter Baumsteiger. Erdbeerfrösche zeigen regional unterschiedliche Zeichnungs- und Färbungsvarianten.

Ein Waldanolis imponiert durch das Aufblähen seines Kehlsackes.

Der Goldbaumsteiger gehört zu den Pfeilgiftfröschen.

Die übrige Tier- und Pflanzenwelt setzt sich aus Arten zusammen, die auch in anderen Gebieten angetroffen werden können. Es kommen seltene Arten wie Ozelot und Tamandua (S.77) ebenso vor wie verschiedene Tukan- und Affenarten. Vögel und Insekten weisen wie die Pflanzenwelt einen großen Artenreichtum auf, da Arten aus den Trockengebiet mit Regenwaldformen zusammentreffen. Verhältnismäßig oft kann man die schwarz-grünen Goldbaumsteigerfrösche entdecken, die sich bevorzugt in der Nähe von Brettwurzelbäumen aufhalten.

Im Gebiet unterwegs

Das Hauptquartier ① des Reservates liegt an der Küstenstrasse 34 etwa auf halbem Wege zwischen Orotina und Jáco. Besucher sind angehalten, sich dort zu melden und den Eintritt zu bezahlen, da die zweite Station am Río Tarcoles häufig nicht besetzt ist. Am Hauptquartier startet der etwa 3 km lange **Sendero Las Araceas** ②, ein Rundweg, der 60–90 Minuten in Anspruch nimmt. Der Weg ist sehr einfach zu begehen, da er erstens gut ausgebaut ist und zweitens nur wenig Steigungen besitzt. Vom Hauptquartier kommend wird allgemein im Uhrzeigersinn gewandert. Der Unterbewuchs ist recht licht, so daß man Tiere auch in größerer Entfernung entdecken kann. Besonders Weißrüsselbären (S.103) durchstreifen das Gebiet auf der Suche nach Nahrung. Manchmal sieht man Gruppen von bis zu 10 Tieren. Carara ist ein Gebiet, in dem regelmäßig Raubkatzen gesichtet werden. Baumozelots (Langschwanzkatzen) machen ihrem Namen alle Ehre. Sie sind wahre Kletterkünstler, die Kleinsäuger in den Baumkronen erbeuten. Vom Ozelot sind sie nur durch ihre geringere Größe zu unterscheiden, da Farbe und Fellmusterung identisch sind. Da sie tag- und nachtaktiv sind, hat man gute Chancen, diese wunderschönen Katzen in

freier Natur zu beobachten. Sollten Sie Gelegenheit dazu bekommen, verhalten Sie sich sehr ruhig und bewegen Sie sich nicht. Schon das Auslösen einer Kamera kann diese Tiere verschrecken.
Langschwanzpipras sind dafür bekannt, daß immer 2 Männchen zusammen einen Brauttanz aufführen. Sie sitzen hierzu nebeneinander auf einem gut einsehbaren Ast und versuchen, durch ihre Rufe Weibchen anzulocken. Haben sie die Aufmerksamkeit eines Weibchens auf sich gezogen, fliegen sie abwechselnd auf und ab oder um den Ast herum. Nur der Ausdruck des Tanzes entscheidet über den Paarungserfolg. Die beiden Männchen bleiben jahrelang zusammen und versuchen, ihren Tanz immer mehr zu perfektionieren. Die eigentliche Paarung wird jeweils von dem erfahreneren Männchen vollzogen, und erst nach dessen Tode kommt der Lehrling zum Zuge, der sich wiederum ein neues Männchen für den Brauttanz sucht.
Die auffällig schwarz-weiß geringelten Bindenwollrücken aus der Familie der Ameisenvögel durchstreifen das Unterholz auf der Suche nach Raupen, Käfern und Spinnen. Meist leben diese Vögel in Paaren zusammen. Die Weibchen dieser Art zeigen ein unscheinbares hellbraunes Gefieder.
Nach wenigen hundert Metern gelangt man an eine Stelle mit einigen etwa 50 m hohen Bäumen, die sämtliche Vegetation überragen. In den Bäumen rechts des Weges ist meist ein lautes Krächzen zu vernehmen, das von Arakangas (S.125) stammt. In den Baumkronen befinden sich Nistkästen, die von den Papageien in der Brutzeit (Dezember bis März) anscheinend gerne angenommen werden. Wer einmal das soziale Verhalten dieser großen Vögel eine Zeitlang beobachtet hat, der wird nicht mehr verstehen wie diese Vögel in Gefangenschaft überhaupt überleben können, zumal Individuen dann häufig einzeln gehalten werden. Arakangas bleiben nur selten ruhig sitzen; meist fliegen sie Runden

Ein Karakara beobachtet von seinem Posten aufmerksam die Umgebung.

Ingwergewächse treiben oft auffällige und farbenprächtige Blüten.

Oncidium-Orchideen treiben Rispen mit einer Fülle von Blüten.

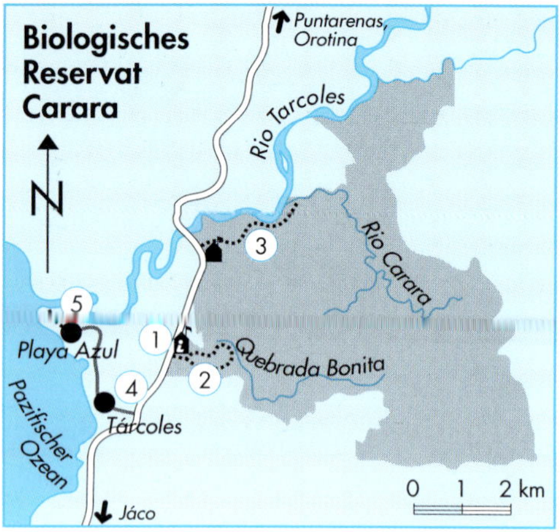

über der Lichtung, um dann wieder mit einem anderen Tier der Gruppe Kontakt aufzunehmen und soziale Bindungen zu stärken. Gegen Abend kehren die Papageien zu ihren Schlafplätzen in den Mangroven entlang der Küste zurück. Hierbei können nicht selten 10 oder mehr Tiere gleichzeitig beobachtet werden.

Nachdem Sie nun den Höhepunkt dieses Rundganges gesehen haben, sollten Sie sich Zeit nehmen und auch den anderen Tieren und Pflanzen etwas Aufmerksamkeit schenken. Neben reichlichem Helikonien- (S.15) und Palmenbestand, gibt es eine Reihe interessanter Pflanzen. Der Purpurbaum (S.124) trägt seinen Namen wegen der Farbe seines Holzes. Das Holz ist recht hart und wird dementsprechend teuer gehandelt. Purpurbäume sind Vertreter der südamerikanischen Flora und im Carara am nördlichen Rand ihrer Verbreitung. Auf den Bäumen siedeln zahlreiche Epiphyten wie Orchideen, Tillandsien und Bromelien (S.116).

Der Weg folgt nun eine Zeitlang dem Verlauf des **Quebrada Bonita**, um dann in einer Schleife zum Ausgangspunkt zurückzuführen. Der Bach führt während der Trockenzeit stellenweise kein Wasser, verläuft aber unterirdisch weiter. Im Unterbewuchs leben hier kleine Echsen der Gattung *Anolis*, und schwarz-grün gezeichnete Goldbaumsteiger-Frösche sind kaum zu übersehen. Die Blüten der Geschnäbelten Helikonie werden von Erzeremit-Kolibris und Zebrafaltern (S.133) aufgesucht. Unter den Schmetterlingen sind Eulenfalter und der Blaue Morpho (S.64) am beeindruckendsten. Mit zusammengeklappten Flügeln sind sie kaum voneinander zu unterscheiden. Wer etwas Zeit mitbringt, sollte nicht davor zurückschrecken denselben Weg zweimal zu gehen. Besonders in den frühen Morgenstunden, wenn nur wenige Touristen den Park besuchen und die lauten Rufe der Mantelbrüllaffen durch den Wald schallen, kann dies sehr ergiebig sein.

Ein weiterer Weg befindet sich etwa 2 km entfernt, kurz vor der Brücke über den Río Tarcoles. Der 4 km lange **Sendero Laguna Meandrica** ③ (Sendero Río Tarcoles) führt entlang des Flusses und bietet gute Beobachtungsmöglichkeiten für Vögel und Reptilien. Da dieser Weg manchmal von den Rangern mit Autos befahren wird, ist er zu Beginn stellenweise recht breit. Dies hat den Nachteil, daß der Pfad insbesondere in den Mittagsstunden vollständig in der Sonne liegt. Guter Sonnenschutz und Hut sind mitzubringen, ebenso sollten Sie an die Mitnahme von Wasser denken, denn Hin- und Rückweg können bis zu 4 Stunden dauern. Die hohe Sonneneinstrahlung und relative Trockenheit dieses Teils des Reservates sind während der Trockenzeit für zahlreiche Waldbrände verantwortlich. Zum anderen fühlen sich gerade in einem solchen Klima einige Tiere besonders heimisch. Entlang des Weges sind Hunderte von Schwarzen Leguanen zu sehen. Während die Jungtiere eine grüne Tarnfarbe besitzen, sind Alttiere grauschwarz gebändert. Schwarze Leguane sind Allesfresser und schrecken auch nicht davor zurück den eigenen Nachwuchs zu verzehren. Daher halten sich die jüngeren Individuen vorwiegend im grünen Unterbewuchs auf, bis sie aufgrund ihrer Größe

davor geschützt sind, ihren Verwandten zum Opfer zu fallen. Gefahr droht zusätzlich noch aus der Luft durch die verbreiteten Lachfalken, die eigentlich auf Schlangen spezialisiert sind, aber einen jungen Leguan nicht verschmähen.
An einigen Stellen gibt der Wald den Blick auf den Fluß frei, der so stark von Wasserhyazinthen (S.15) überwuchert sein kann, daß nicht einmal mehr Wasser zu sehen ist. Auf den Sandbänken können Krokodile meist beim Sonnenbad entdeckt werden. Beobachtungen von 3 m großen Tieren sind dabei nicht selten. Es empfiehlt sich zudem, mit dem Fernglas einmal genau das Dickicht von Wasserhyazinthen zu untersuchen. Oftmals erkennt man dann untergetauchte Krokodile, von denen nur noch der Kopf zu sehen ist.
Bei Hochwasser bildet der Fluß Lagunen, in denen sich zahlreiche Wasservögel aufhalten. Beobachtungen fallen allerdings wegen der dichten Vegetation schwer. Mit etwas Glück können Rosalöffler (S.42) und Kahnschnäbel (S.43) entdeckt werden, jedoch bleiben die meisten Sichtungen auf Gelbstirn-Jassanas (S.91) und Silberreiher beschränkt. Am Ende des Weges gelangt man an einen Aussichtspunkt, an dem die U-förmige Lagune überblickt werden kann. Der Weg führt zwar weiter, ist dann aber als Privatweg ausgewiesen, und das anschließende Gelände darf nur mit vorheriger Genehmigung betreten werden. Um zur Straße zurückzugelangen, muß man den gleichen Weg, den man gekommen ist, einschlagen. Weitere Privatwege befinden sich im unzugänglichen Hinterland des Reservates. Sollten Sie vorhaben, Ausflüge dorthin zu unternehmen, setzen Sie sich mit der Nationalparkverwaltung in Verbindung.
Sehr gute Vogelbeobachtungen gelingen an der Río-Tarcoles-Mündung. Dieses Gebiet zählt offiziell nicht mehr zum Reservat, beherbergt aber große Bestände an Wat- und Wasservögeln. Um dorthin zu gelangen, biegt man kurz hinter der Parkverwaltung rechts in die Straße nach Tarcoles ④ ein und fährt an der Abzweigung im Dorf in Richtung Playa Azul ⑤. Hierbei durchquert man ein kleines Mangrovengebiet, in dem Grünreiher (S.104), Mangrove-Amazilien und Mangrove-Bussarde beheimatet sind. Wegen ihrer kürzeren Flügel werden die in den Mangroven lebenden Bussarde als eigenständige Art von dem herkömmlichen Krabbenbussard unterschieden. Interessanterweise besiedeln jedoch sowohl lang- als auch kurzflügelige Bussarde das Gebiet, was einige Wissenschaftler dazu veranlaßt, beide Formen als artgleich aufzufassen. Der Beweis einer eigenständigen Art kann nur geführt werden, falls sich zeigen läßt, daß die beiden Formen keinen zeugungsfähigen Nachwuchs miteinander produzieren. Die Straße endet an der Flußmündung, und je nach Tidenhub sind eine Reihe von Watvögeln zu beobachten.
In den Monaten September, Oktober sowie April und Mai finden sich im Tarcoles-Gebiet viele Schwarzmantel-Scherenschnäbel ein. Diese Vögel haben ihre Brutplätze in Nord- und Südamerika und kommen nur zur Überwinterung an den Golf von Nicoya. Scherenschnäbel erbeuten Fische und Krebstiere, indem sie mit weitgeöffnetem Schnabel nahe der Wasseroberfläche fliegen und den Unterschnabel dabei durch das Wasser ziehen. Stoßen sie auf Beute, so klappt der Oberschnabel herunter und der Fisch ist gefangen. Üblicherweise halten sich auf den Sandbänken Aztekenmöwen, Braunpelikane (S.141) und Seeschwalben auf.

Praktische Tips

Anreise

Von San José fährt man über Orotina und dann entlang der Küstenstraße 34. Ab Orotina sind es noch 25 km bis zur Parkverwaltung, die etwa 3 km nach der Brücke über den Río Tarcoles auf der linken Seite liegt. Reisende aus Richtung Süden neh-

Guzmania-Bromelien (Mitte) haben rote, spiralförmige Scheinblüten, während Tillandsien (oben) oft schwertförmige Blütenstände besitzen.

men die Küstenstraße über Jáco. Ab hier sind es noch 17 km zum Parkeingang. Das Reservat ist von 7.30–15.30 Uhr täglich geöffnet. Der Zugang wird an Wochenenden auf 60 Personen gleichzeitig beschränkt. Die beste Zeit das Gebiet zu besuchen sind die frühen Morgenstunden.

Klima/Reisezeit

Das Reservat kann ganzjährig besucht werden. Die trockeneren Monate sind März und April. In dieser Zeit bestehen auch die besten Möglichkeiten Arakangas zu beobachten. Die jährliche durchschnittliche Niederschlagsmenge liegt bei 2800 mm und die Durchschnittstemperatur bei 27° C.

Unterkünfte

Im Park selbst stehen keine Unterkünfte zur Verfügung, jedoch gibt es eine Vielzahl von Hotels und Lodges entlang der Küstenstraße und in Jáco.

Hinweise

Der Parkplatz am Río Tarcoles und am Eingang zum Sendero Meandrica wird oft von Taschen- und Autodieben heimgesucht. Sie sollten sicherstellen, daß ihr Auto während der Tour bewacht ist. Entweder sollten Sie einen der Busfahrer bitten, auf Ihr Auto zu achten, oder es auf dem Parkplatz der Reservatsverwaltung abstellen.

Die Raupe der Io-Motte signalisert: Vorsicht Gift!.

Blick in die Umgebung

In Tagestouren können der Manuel-Antonio-Nationalpark und die Leguanfarm (s.S.118) in der Nähe von Orotina besucht werden. Zum Baden können die Strände von Tarcoles, Herradura und Jáco angefahren werden. Dies ist an Wochenenden wegen der Fülle an Touristen allerdings nicht zu empfehlen.

14 Manuel-Antonio-Nationalpark

Beliebtester Nationalpark Costa Ricas; weiße Sandstrände; Faultiere, Weißgesicht-Kapuzineraffen und Gelbe Totenkopfäffchen; Grüne und Schwarze Leguane; reichhaltige Vogelwelt.

Der Manuel-Antonio-Nationalpark zählt sowohl bei der einheimischen Bevölkerung als auch unter Naturtouristen zu den beliebtesten Ausflugszielen. Besonders an Wochenenden zieht er zahlreiche Besucher an. Der Grund hierfür liegt in seiner einfachen Zugänglichkeit und der schönen Lage direkt an der Pazifikküste. Hier findet der Besucher mit Palmen bewachsene, weiße Sandstrände sowie eine reichhaltige Tier- und Pflanzenwelt auf kleinstem Raum. Die Schutzzone besteht aus 6,82 km^2 Landfläche und 550 km^2 Meeresfläche inklusive einiger kleiner, vorgelagerter Inseln. Das Gebiet steht seit 1972 unter staatlichem Schutz. Zu dieser Zeit bedrohten eine Reihe von Hotel- und Tourismusprojekten die Region südlich des Ortes Quepos, da man dort nicht mehr in der Lage war, den ständig steigenden Ansturm an Touristen aufzufangen. Glücklicherweise wurde die Bedeutung der verbliebenen Waldstücke um Manuel Antonio rechtzeitig erkannt, was zur Gründung des Nationalparks führte. Heutzutage stellt der Park eines der letzten Rückzugsgebiete für die Tiere der Region dar. An einigen Stellen können interessante geologische Formationen aus dem Paläozän (60–65 Mio. Jahre) besichtigt werden. Der Punta Catedral war einst eine Insel, die dem Festland vorgelagert war. Durch

Die Buchten und Strände im Manuel Antonio laden zum Baden ein.

Leguanzucht – ein möglicher neuer Wirtschaftszweig

Grüne Leguane sind neben Krokodilen und Kaimanen die größten Reptilien Costa Ricas. Sie erreichen eine Länge von über 1 m und wiegen dann 4 kg und mehr. Männchen besitzen hohe stachelige Nackenkämme und einen großen Kehlsack. Bei Bedrohung durch Feinde oder beim Eindringen fremder Männchen in ihr Revier blähen sie sich auf und stellen ihren Kehlsack zur Schau (S.43).

Trotz ihrer Größe und ihres Imponiergehabes sind Grüne Leguane friedliche Echsen. Die Tiere sind reine Vegetarier, die mit Vorliebe junge Blätter fressen, deren Nährstoffgehalt hoch ist. Die Verdauung wird von Bakterien im Darm übernommen, die erst optimal bei Temperaturen oberhalb 30 °C arbeiten; dies ist einer der Gründe, warum Leguane häufig an sonnenbeschienenen Stellen entlang der Ufer zu finden sind. Wissenschaftler glauben, daß die Tiere durch gezielte Wechsel zwischen Sonne und Schatten ihre Temperatur regulieren.

In den trockenen Regionen Costa Ricas lebt noch eine weitere Leguanart: der Schwarze Leguan. Auch er kann eine Größe bis zu 1 m erreichen, bleibt im allgemeinen jedoch kleiner. Die Jungtiere dieser Art sind ebenfalls überwiegend grün gefärbt; sie unterscheiden sich von jungen Grünen Leguanen durch eine zusätzliche Fleckenzeichnung.

In vielen Landstrichen zwischen Mexiko und Panama ist der Grüne Leguan in seinem Bestand bereits erheblich dezimiert worden. Der Grund hierfür liegt neben der Abholzung seines Lebensraumes in der Überjagung durch den Menschen. Traditionell gehört Leguanfleisch bei der Landbevölkerung zum Speiseplan. Die Eier werden in den Städten als Delikatesse gehandelt.

In den letzten Jahren entstanden an verschiedenen Orten Mittelmerikas Zuchtfarmen für Grüne Leguane. Initiiert wurden diese Programme durch die Forschung der deutschen Biologin Dr. Dagmar Werner, die in einer Studie belegen konnte, daß der Proteinertrag einer Leguanpopulation höher ist als der einer Rinderfarm auf der gleichen Fläche. Letzteres setzt zudem die Abholzung des Geländes für die produktive Viehwirtschaft voraus. Leguanzucht dient daher nicht nur ausschließlich dazu, ein weiteres Nahrungsmittel zu produzieren, sondern hilft auch, die Waldressourcen zu schützen. Costa Rica eignet sich besonders für ein derartiges Vorhaben, da hier noch genügend Grüne Leguane leben und nur begrenzt als Nahrungsmittel genutzt werden.

Auf einer Farm werden die Tiere gezüchtet und bis zu einem Alter von 7 Monaten in der Obhut von Pflegern betreut. In natürlichen Populationen ist die Sterberate der Jungtiere bis zu diesem Alter am höchsten: Nur eines von 20 Jungen überlebt das erste Jahr. Durch diese »Lebenshilfe« während der ersten Monate können schnell reproduktionsfähige Populationen aufgebaut werden. Im Alter von 3 Jahren können die Tiere für die Fleisch- und Lederproduktion »geerntet« werden.

In Costa Rica existieren mehrere, kleinere Projekte dieser Art, z. B. im Reservat der Kéköldi-Indianer an der Atlantikküste. Das wohl bekannteste ist jedoch die Iguana-Farm bei Orotina. Hier kann man Einblicke in das Zuchtprogramm gewinnen, Leguanfleisch probieren und Touren durch das Baumkronendach unternehmen. Die Einnahmen kommen dem Schutz der Tiere und einem Wiederaufforstungsprojekt zugute.

Strömungen, die parallel zur Küste verlaufen, haben sich im Laufe der Zeit Sedimente abgelagert und zu einer Verbindung mit dem Festland geführt. Der schmale, sandige Verbindungsstreifen mit dem Playa Manuel Antonio und Playa Espadilla wird »tombolo« genannt. Am Puerto Escondido kann bei Flut ein sogenanntes Fontänenloch bewundert werden. Das einkommende Wasser wird durch eine Öffnung in den Felsen gepreßt und schießt in Form einer Fontäne hoch in die Luft. In den überwiegend aus Kalk aufgebauten Gesteinen werden Fossilien aus dem Paläozän gefunden.

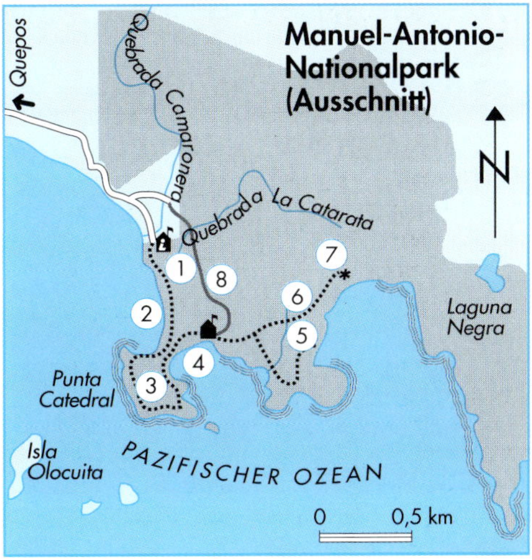

Pflanzen und Tiere

Das Gebiet umfaßt verschiedene Vegetationsformen wie Küstenwald, Mangrove sowie sekundären und primären Regenwald. An den Stränden wachsen überwiegend Kokospalmen und Manzanillobäume. Die Früchte dieses Baumes sehen Äpfeln ähnlich und sind hochgiftig wie auch ein von der Pflanze produzierter Saft. An verschiedenen Stellen warnen Schilder den Besucher vor dem Verzehr der Früchte. Die Feuchtgebiete des Parks besitzen Roten, Weißen und Knopfmangrovenbestand. Im Primärwald sind Zedern und Guacimobäume weitverbreitet. Trotz seiner geringen Größe wachsen im Manuel Antonio 138 Baumarten.

Im Park kommen über 100 Säugetierarten vor. Weißgesicht-Kapuzineraffen sind besonders häufig und manchmal recht aufdringlich. An die Besucherströme gewöhnt und gern von Kindern gefüttert, zeigen sie keinerlei Scheu dem Menschen gegenüber. Seltener dagegen sieht man Gelbe Totenkopfäffchen, die hier eines ihrer letzten Rückzugsgebiete gefunden haben. Diese Art ist nur noch in den südlichen, pazifischen Wäldern Costa Ricas und an einigen Stellen Panamas verbreitet. Manchmal kann man Gruppen von 30 und mehr Tieren entlang der Straße zum Nationalpark beobachten, wo sie gern Mangobäume aufsuchen. Da der größte Teil ihres natürlichen Lebensraumes abgeholzt ist, ist diese Art vom Aussterben bedroht und streng geschützt. In den Bäumen sind Hoffmann-Zweifinger-Faultiere manchmal schon vom Strand aus zu erkennen. Diese Tiere ernähren sich von Blättern und verlassen nur einmal wöchentlich ihre Bäume, um zur Kotabgabe auf den Boden herabzusteigen. Wegen ihrer langsamen und trägen Lebensweise sind Faultiere mit zahlreichen Parasiten und Algen befallen, jedoch scheinen die Tiere hierunter nicht zu leiden. Weitere häufig zu beobachtende Säugetiere sind Waschbären, Agutis (S.38), Weißrüsselbären (S.103) sowie vor der Küste ziehende Delphine.

Die Vogelwelt des Manuel-Antonio-Nationalparks ist mit über 350 Arten sehr reichhaltig, jedoch leben die Vögel wegen des hohen Besucheraufkommens meist sehr zurückgezogen. Am ehesten entdeckt man noch die im Park lebenden Taubenarten, von denen Schuppenbrusttauben, Schmuck- und Rosttäubchen (S.102) vorkommen. Während die Schmucktäubchen meist einzeln oder in Paaren zu sehen sind, streifen Rosttäubchen in Gruppen mit

Der Kanonenkugelbaum treibt seine Blüten und Früchte nahe am Stamm.

bis zu 20 Vögeln durch die offene Vegetation. Ihre Nahrung besteht aus Samen und Beeren, die sie am Boden sammeln. Häufig sind Graubussarde und Fischadler zu sehen, wenn sie am Himmel ihre Kreise ziehen. In den Feuchtgebieten leben Grünfischer, Rotbrustfischer und Schmuckreiher. Die 12 vorgelagerten, überwiegend vegetationslosen Inseln dienen als Brutplätze für Seevögel wie Brauntölpel und Brauner Pelikan (S.141) sowie als Rückzugsgebiet für Prachtfregattvögel.
Schon am Parkeingang kann man große baumbewohnende Grüne Leguane (S.43) und am Boden lebende Schwarze Leguane sehen. Gelegentlich suchen Suppen- (S.92), Karett- und Lederschildkröten die Strände auf. Besonders häufig kommen buntgefärbte Land- und Geisterkrabben in diesem Gebiet vor.

Prachtfregattvögel nisten auf den vorgelagerten Inseln. Hier Männchen mit aufgeblasenem Kehlsack..

Im Gebiet unterwegs

Um in den Nationalpark zu gelangen muß man die Mündung des Quebrada Camaronera durchwaten. Bedenken Sie, daß die Wassertiefe bei Ebbe nur 20 cm, bei Flut jedoch bis etwa 1,5 m betragen kann. Besonders an Wochenenden bieten geschäftstüchtige Einheimische Überfahrten mit einem kleinen Boot an; in der Woche sollten Sie allerdings darauf gefaßt sein, bis zu den Schultern naß zu werden. Auf der anderen Seite angekommen, finden Sie das Eingangshäuschen ①, an dem der Eintritt zu bezahlen ist und ein großes Schild auf die Wege und Besonderheiten des Parks hinweist. Zuerst folgt man dem Hauptweg, der am Strand **Playa Espadilla Sur** ② vor-

Schwarze Leguane bevorzugen sonnenbeschienene Plätze, klettern aber nur selten auf Bäume.

Weißgesicht-Kapuzineraffen begegnet man im Manuel Antonio ständig.

beiführt und an einer Kreuzung endet. Zur Rechten beginnt der Rundweg **Punta Catedral** ③, der durch alten Waldbestand auf die kleine Halbinsel führt. Der Rundweg dauert etwa 1 Stunde und besitzt verschiedene Aussichtspunkte, die den Blick auf die vorgelagerte **Isla Olocuita** freigeben. Am höchsten Punkt des Weges kann man an der Steilklippe herunterschauen und sieht mit etwas Glück vorbeiziehende Delphine. In Innern des Waldes begegnet man verschiedenen Krabben wie der Roten Krabbe und der mundlosen Krabbe *Cardisoma crassum*. In den Bäumen leben Brüllaffen (S.61) und beide Faultierarten (S.105). Der Pfad führt zurück zum Hauptweg und weiter zu einer Bucht, in der der **Playa Blanca** ④ (Playa Manuel Antonio) liegt. Hier sind oftmals größere Gruppen der Weißgesicht-Kapuzineraffen anzutreffen, die damit beschäftigt sind, Besuchern Teile ihres Picknicks streitig zu machen. Nach etwa 100 m gelangt man an eine weitere Kreuzung, an der links der **Sendero Perezoso** (Faultierpfad) ⑧ abzweigt. Hierbei handelt es sich um die eigentliche Versorgungsstraße des Parks. Der Weg ist breit und liegt besonders in der Mittagszeit in der prallen Sonne. In den Bäumen beiderseits des Weges leben Faultiere. Achten Sie auf offensichtlich in den Boden gesteckte Stöcke oder Zeichen am Wegesrand. Diese werden von Mitarbeitern des Parks und wohlgewogenen Touristen an Stellen angebracht, an denen Faultiere beobachtet wurden. Weitere häufig gesichtete Tiere entlang des Weges sind Grüne Leguane und Ameiven. Am Ende des Weges angelangt werden Sie sich fragen, warum Sie die Flußmündung überhaupt durchquert

Gelbe Totenkopfäffchen findet man nur noch an wenigen Stellen in Costa Rica.

Rote Landkrabben täuschen große Augen auf ihrem Panzer vor.

Rabengeier sind ständig auf der Suche nach Aas.

haben, denn Sie stehen nun vor einem Tor, das den Park über eine kleine Brücke mit dem Parkplatz auf der anderen Seite des Flusses verbindet. Für den Hin- und Rückweg sollten etwa 1,5 Stunden eingeplant werden.
Wieder an der Kreuzung angelangt führt der zweite Weg auf den **Sendero Mirador** ⑥ (zu Beginn identisch mit dem Sendero Puerto Escondido), an dessen Ende sich ein Aussichtspunkt ⑦ mit Blick auf die Punta Serrucho befindet. Der Pfad windet sich größtenteils durch Sekundärwald bergauf; außer einigen Vögeln wie Riefenschnabel-Anis und Dohlengrackeln sind vielleicht ein paar Krabbenwaschbären und viele Landkrabben zu sehen. Je nach Bodenbeschaffenheit benötigt man etwa 20–30 Minuten zum Aussichtspunkt. Besonders nach morgendlichen Regenfällen kann es sehr schlammig sein. Nach etwa einem Drittel des Weges biegt rechts der **Sendero Puerto Escondido** ab, der hinunter zur Bucht führt ⑤. Von dort aus läßt sich der einsame **Playa Escandida** erreichen. Hierfür muß allerdings über steinigen Grund durch das Wasser gewatet werden. Bei einlaufender Flut kann dies wegen Unterströmungen gefährlich sein. Obwohl alle Strände des Parks zum Baden einladen, sollte man eine gewisse Vorsicht walten lassen, da an mehreren Stellen starke Strömungen auftreten können.

Praktische Tips

Anreise
Der Park liegt nur wenige Kilometer südlich des Ortes Quepos, der von San José mit dem Flugzeug oder mit Bussen erreichbar ist. Selbstfahrer gelangen über die teilweise mit Schlaglöchern übersäte Küstenstraße 34 dorthin. Einige Reiseunternehmen bieten auch kombinierte Bootsausflüge zum Manuel-Antonio- und Corcovado-Nationalpark an. Der Park ist täglich außer Montags von 8–17 Uhr geöffnet; Besucherzahlen sind auf 600 (!) Personen pro Tag (800 an Wochenenden) beschränkt.

Klima/Reisezeit
Dieses Gebiet kann ganzjährig besucht werden, jedoch herrscht in den Monaten Dezember bis März eine Trockenzeit, in der es sehr heiß werden kann. Die regenreichsten Monate sind August bis Oktober.

Adressen
Es gibt keine direkte Telefonverbindung oder postalische Adresse. Informationen sind über die Tourismusbehörde oder die Nationalparkverwaltung erhältlich.

Unterkünfte
Im Nationalpark stehen keine Unterkünfte zur Verfügung; Camping ist ebenfalls untersagt. Die meisten Besucher werden in Hotels im Ort untergebracht, die meist schöne Gartenanlagen und einen guten Ausblick auf den Park oder das Meer bieten.

Blick in die Umgebung

In Tagestouren können das Carara-Reservat und die Strände um Jáco besucht werden. Südlich des Manuel-Antonio-Nationalparks befinden sich Playa Dominical und der Ballena-Nationalpark, der besonders für Schnorchel- oder Tauchexkursionen zu empfehlen ist (s. Nebenreiseziel 12).

15 Corcovado-Nationalpark

Immense Artenvielfalt; einsame Strände; ausgiebiege Dschungelwanderungen; Rückzugsgebiet seltener Arten; Biosphärenreservat; Arakangas, Tapire, Raubkatzen, Seeschildkröten.

Der Corcovado-Nationalpark liegt auf der Osa-Halbinsel im Südwesten des Landes und überdeckt eine Fläche von 510 km^2. Wegen seines immensen Artenreichtums ist er von der UNO zum Biosphärenreservat erklärt worden. Abgesehen von den auf das Hochland und die Trockenzonen spezialisierten Arten, kommen fast alle übrigen Pflanzen und Tiere Costa Ricas in dieser Region vor. Wegen seiner Einbettung in das Golfo-Dulce-Waldreservat ist der Corcovado auch an seinen Grenzen geschützt und Tiere können über biologische Korridore in verschiedene Gebiete ein- und auswandern.

Der Corcovado-Nationalpark hatte eine bewegte Geschichte, bis er endlich zu dem heute bestehenden Schutzgebiet wurde. In der 30er Jahren wurden Goldgräber am Río Madrigal fündig, was zu einem kleinen Goldrausch führte. Als der Park 1975 gegründet wurde, schürften noch über 1000 Goldgräber am Río Claro nach dem Edelmetall. Hierbei wurde auch Quecksilber als Lösungsmittel eingesetzt, das der Natur großen Schaden zufügte. 1986 wurde das Gebiet mit Hilfe der Polizei endgültig geräumt. Neben Goldsuchern haben auch Siedler in den 70er Jahren versucht, Fuß im Gebiet des Nationalparks zu fassen. Außerdem bedrohten bereits vergebene Einschlagsrechte den primären Regenwald. Nur durch den persönlichen Einsatz des damaligen Präsidenten Danile Oduber Quirós konnte das Gebiet gerettet werden. Für sein Engagement wurde er 1977 mit dem Albert-Schweitzer-Preis ausgezeichnet. Heutzutage gilt das Gebiet des Corcovado-Nationalparks als eine der artenreichsten Regionen der Erde und ist ein Anziehungspunkt für Naturtouristen aus aller Welt.

Der Mittelamerikanische Tapir ist oft in der Nähe von Flüssen zu finden.

An der Mündung des Río Madrigal haben sich vielfältige Lebensräume ausgebildet.

Pflanzen und Tiere

Die biologische Vielfalt des Corcovado-Nationalparks ist unschätzbar, daher sollen hier erst einmal die bisher bekannten Artenzahlen genannt werden: 500 Baumarten, über 150 Orchideen-, 140 Säugetier-, 370 Vogelarten, 120 Reptilien- und Amphibienarten, 40 Süßwasserfische sowie über 6000 Insektenarten. Wegen dieser Fülle an Pflanzen und Tieren werden im folgenden nur diejenigen angeführt, die in den übrigen Landesteilen sehr schwer oder gar nicht zu beobachten sind.
Im Corcovado können noch echte »Urwaldriesen« bestaunt werden. Besonders augenfällig ist dies an Lichtungen oder an den Waldrändern zur Küste. 50–70 m hohe Kapokbäume, Mahagoni- und Purpurholzbäume sind sicherlich am beeindruckensten. Mahagoni ist wegen seines wertvollen Holzes außerhalb – und zum

Der Purpurholzbaum trägt seinen Namen zu Recht.

Wilder Ingwer treibt Blüten am Ende eines langen Stiels.

Farbenprächtige Arakangas sind im Corcovado leicht zu beobachten.

Teil auch innerhalb – der meisten Nationalparks nicht mehr zu finden. Purpurholz wird glücklicherweise nur von den Einheimischen geschätzt, so daß noch eine Reihe großer Bäume existieren. Äußerlich ist diese Art unscheinbar und kann oft nur mit Hilfe eines sachkundigen Führers gefunden werden. Schneidet man ein kleines Stück der Rinde ab, so kommt ein kräftig purpurfarbens Holz zum Vorschein. Gewaltige Würgefeigen umschließen manchmal einige der Riesenbäume und führen nach langer Zeit unweigerlich zu deren Absterben. Am Ende bleiben nur noch die hohlen Würgefeigen übrig, die an einigen Stellen im Corcovado groß genug sind, um sie zu begehen. In diesen Hohlbäumen siedeln sich dann Fledermäuse, Spinnen und Insekten an. Den Unterwuchs im Innern des Waldes bilden vornehmlich Zwergpalmen (»holillos«) und Helikonien verschiedener Arten. An den Stränden von Carate bis Llorona wächst die Meer- oder Strandtraube (s.S.103), deren Füchte Arakangas als Nahrung dienen.

Je weiter man in den Nationalpark vordringt desto unberührter ist die Natur. Wer einige Tage im Sirena-Gebiet bleibt, hat sogar die Chance einen Mittelamerikanischen Tapir oder einen Jaguar zu sehen. Beide Arten leben in großen Revieren, die sie immer wieder auf gleichen Pfaden ablaufen. **Tapire** gehören zu den Unpaarhufern und sind somit Nashornverwandte und weitläufige Verwandte der Pferde. Erdgeschichtlich gehören diese Tiere zu den ursprünglichsten noch lebenden Säugetieren, und werden von vielen Wissenschaftlern als »lebende Fossilien« betrachtet.

Alle Tapire besitzen einen kurzen, beweglichen Rüssel, der als Tast- und Geruchsorgan fungiert. Der Mittelamerikanische oder Bairds Tapir ist mit 120 cm Körperhöhe und über 300 kg Gewicht die größte neuweltliche Art und das größte Säugetier der amerikanischen Tropen. Er ist ein echter Waldbewohner, der sich ausschließlich von pflanzlicher Nahrung ernährt. Während ausgewachsene Tapire fast einfarbig braun sind, besitzen die Jungen eine weiße

Nur noch wenige hundert Individuen des Jaguars leben in Mittelamerika.

Flecken- oder Streifenzeichnung. Da Tapirweibchen nur ein einzelnes Junges nach etwa 400 Tagen Tragzeit zur Welt bringen, kann schon der Verlust eines einzigen Weibchens zur Gefährdung einer Population führen. Von Umweltschutzorganisationen und staatlicher Seite geförderte Projekte im Corcovado-Nationalpark versuchen den Bestand dieser beeindruckenden Tiere zu erhalten.

Jaguare sind ebenfalls reine Waldbewohner, die meist am Boden nach Pekaris, Agutis und anderen Säugern jagen. Die Raubkatzen wurden aber auch dabei beobachtet wie sie Meeresschildkröten, die zur Eiablage den Strand aufsuchten, erbeuten. Die Reviere sind zum Teil über 100 km^2 groß, so daß selbst Schutzgebiete von der Fläche des Corcovado nur eine beschränkte Anzahl dieser Großkatzen beherbergen können. Jaguare sind im allgemeinen Einzelgänger, können aber während der Ranz manchmal in Paaren beobachtet werden. 2–4 Jungtiere werden nach etwa 100 Tagen Tragzeit geboren und verbringen 2 Jahre mit der Mutter. Neben dem Jaguar sind auch die 5 übrigen Katzenarten im Park beheimatet.

Der auffallendste Vogel des Corcovado ist sicherlich der **Arakanga** oder Hellrote Ara. Besonders an den Stränden ist diese Art tagsüber leicht zu beobachten, wenn die Vögel nach den Früchten der Meertraube suchen. Häufig sieht man Gruppen von 4–6 Individuen, allerdings können bei Sonnenuntergang große Verbände von 30 und mehr Tieren beobachtet werden, wenn sie sich zu ihren Schlafplätzen zurückziehen. Während die großen Vögel bei der Nahrungsaufnahme nahezu keine Geräusche machen, so daß man sie gar übersehen kann, schallt ihr Krächzen Hunderte von Metern durch den Wald, sobald sie auffliegen. Dieses Verhalten erleichtert die Beobachtung erheblich, da man sich nur einprägen muß, wo sich die Vögel zum Fressen niederlassen, um dann langsam anzuschleichen. Arakangas zeigen keine große Scheu und lassen den Beobachter bis auf 10–20 m herankommen. Vogelfreunde können sich mehrere Stunden damit beschäftigen, Arakangas zu bestaunen, und die Zeit vergeht dabei wie im Flug, da die Vögel immer neue Facetten ihres Sozialverhaltens offenbaren.

Der Corcovado-Nationalpark gilt auch als eines der letzten Rückzugsgebiete der Harpyie, die zu den größten Greifvögeln der Erde zählt. Ausgewachsene Weibchen erreichen eine Größe von über 1 m. Harpyien leben im Innern des Primärwaldes, wo sie sich von Faultieren und Affen ernähren. Die Beute wird dabei von der Seite oder von unten ergriffen. Leider ist die Lebensweise der Harpyien weitgehend unerforscht – und wird es wohl für immer bleiben, da dieser mächtige Vogel vom Aussterben bedroht ist.

Aus der Reihe der Amphibien seien vor allem 2 Arten erwähnt: 25 mm große Gestreifte Blattsteigerfrösche, schwarze Pfeilgiftfrösche, die eine orange Streifenzeichnung beiderseits des Rückens haben. Diese Art bevorzugt die Nähe kleiner Waldbäche, wo sie nach allerlei Kleinstinsekten und Spinnen jagt. Die Rufe dieses hübschen Frosches erinnern an das Trällern von Kanarienvögeln. Am Waldboden ist mit gutem Auge die seltene Kröte *Bufo haematiticus* auszumachen. Im Gegensatz zu unseren Erdkröten besitzt sie eine samtartige Haut. Ihre Färbung und Form läßt sie regelrecht mit dem Laub verschmelzen. Diese Art der Tarnung wird als Blattmimese bezeichnet.

Im Gebiet unterwegs

Im Corcovado-Nationalpark existiert eine Vielzahl von Wegen, die zwischen wenigen Stunden und mehreren Tagen Wanderzeit in Anspruch nehmen. Der am meisten benutzte Trail führt von der **La-Leona-Station** ② im Süden zur **Sirena-Station** ③ inmitten des Nationalparks. Die Strecke ist

13 km lang und läßt sich in etwa 6 Stunden bewältigen. Der **Sendero a Sirena** führt überwiegend über den Strand, allerdings gibt es an einigen Stellen auch Abzweigungen zu interessanten Stellen oder Alternativrouten durch den Wald. Vor Antritt der Wanderung müssen bei der Rangerstation in La Leona Informationen über die Gezeitenströme eingeholt werden, weil unterwegs zwei Flüsse den Weg kreuzen, deren Überquerung nur bei Ebbe möglich ist. In La Leona hat man gleich zu Beginn der Wanderung die Möglichkeit zwischen dem Weg über den Strand **Playa Madrigal** oder einem Pfad durch den Sekundärwald. Da sich der Sand in den späten Morgenstunden sehr stark aufheizt und die Sonne direkt über einem steht, ist es ratsam, möglichst viel durch den Wald zu wandern, um Überhitzung und Dehydrierung vorzubeugen. Der Waldweg führt überwiegend durch Sekundärwald mit starkem Helikonien- und Bananenbewuchs. Hier ist eine Reihe unterschiedlicher Vögel zu beobachten wie Veilchentrogons, Zaunkönige und Zwergeremiten. Verschiedene Anolis- und Ameivenarten jagen den zahlreichen Insekten nach. Der Weg trifft nach etwa 4 km wieder auf den Strand und man gelangt an den **Río Madrigal**. Auf der Wanderung entlang des Strandes ist die Wahrscheinlichkeit, Arakangas zu sehen, sehr groß. Wer bei Sonnenaufgang aufbricht, sieht vielleicht noch einige Meeresschildkröten, die sich nach der Eiablage wieder ins Meer zurückziehen. Bei Ebbe sind häufig noch die Spuren von Bastardseeschildkröten (S.24) im Sand zu sehen. Am Río Madrigal zweigt rechts vor dem Fluß ein unmarkierter Pfad ab, der im Wald parallel flußaufwärts führt. Hier leben Schwarzkopftrogons (S.24) und Tropfentangaren. Mit etwas Glück finden Sie einen der kleinen gestreiften Blattsteigerfrösche. Der Pfad endet an einer Flußbiegung, an einem schattigen Platz, der zu einer Pause einlädt. Bei Niedrigwasser kann man auch durch den Fluß zum Strand zurückwandern, und ihn dabei gleichzeitig überqueren. Nach dem Río Madrigal geht es eine Zeitlang weiter entlang des Strandes. Von hier aus kann man sehr gut einige der über 50 m hohen Bäume sehen. Am Ende des Playa Madrigal führt der Weg in den Wald, um die Strecke um eine Landzunge herum abzukürzen. Auf der felsigen Landzunge sind in der Ferne noch die Reste eines vor wenigen Jahren gesunkenen Schiffes zu erkennen.

Der Weg durch den Wald ist zunächst einfach zu gehen, steigt aber dann nach der zweiten Bachüberquerung für kurze Zeit steil an. Dieses Gebiet ist bei den Einheimischen als »Las Chanchas« bekannt. Hier sind häufig Halsbandpekaris (S.79) anzutreffen. Sollten Sie ihnen begegnen, suchen Sie möglichst schnell den nächsten Baum auf, und warten Sie ab, bis die Tiere wieder im Wald verschwinden; glücklicherweise sind Pekaris zwar aggressiv, aber kurzsichtig. Auch dieser Waldweg endet an einem Strand, an dem sich etwa 5 km vor der Sirena-Station der **Punta Salsipuedes** befindet. Hier gibt es eine kleine Höhle mit Stalagmiten und Stalaktiten, in der Braune Fledermäuse (S.60) leben. Der Eingang ist nur bei Ebbe zu erreichen. Sie sollten daher die Gezeitentabelle genauestens kennen, bevor Sie versuchen, die Höhle zu ergründen; besser noch ist es einen Ranger von der Sirena-Station ③ um Begleitung zu bitten. Am Ende des Stran-

Der Amazonasfischer ist einer der wenigen Eisvögel Costa Ricas.

des mündet der **Río Claro** in den Pazifischen Ozean, dessen Überquerung wiederum nur bei Niedrigwasser möglich ist. Je nach zur Verfügung stehender Zeit und Kondition, können Sie nun zwischen dem **Sendero Río Claro** entlang des Flusses oder dem Weg am Strand wählen. Der Sendero Río Claro führt zur Sirena-Station durch ein schönes Primärwaldgebiet, in dem sich häufig Tapire aufhalten. Der Strandweg mündet nach wenigen hundert Metern in den **Sendero Los Naranjos**, der ebenfalls an der Station endet.
Eine weitere Route führt vom Norden in den Corcovado-Nationalpark. Von **Drake Bay** (s.S.147) gelangt man entweder zu Fuß oder per Boot über die **Biologische Station Marenco** zur 18 km entfernten **San-Pedrillo-Station** ⑥ des Nationalparks. In der Umgebung der Station gibt es 2 Trails in den Primärwald. Eine kurze Wanderung entlang des Río San Pedrillo führt zu einem 30 m hohen Wasserfall, in dessen Auffangbecken Baden erlaubt ist. Der Weg beginnt hinter der Rangerstation und geht über rutschiges Terrain teilweise steil aufwärts. Der Wasserfall ist innerhalb von 30–40 Minuten zu erreichen. Kurz hinter dem Trailanfang zweigt links ein Pfad ab, der aus dem Nationalpark heraus führt und an der Casa Corcovado endet. Dies ist der öffentliche Weg (Camino Publico), der bis nach Drake Bay zurückführt. Die Grenze des Nationalparks kann kaum eindeutiger gekennzeichnet sein als dies kurz vor der Casa Corcovado der Fall ist. War man gerade noch inmitten scheinbar unberührter Natur, so findet man sich augenblicklich am Waldrand in einer Plantage wieder. Auf der Hälfte des Weges zwischen der San-Pedrillo-Station und der Parkgrenze befindet sich ein abgestorbener, hohler Baum, in dessen Innern Fledermäuse, Geißelspinnen und Riesenwaldschaben leben.
Um von der San-Pedrillo-Station an den Trail zur Sirena-Station zu gelangen, muß erst der Río San Pedrillo durchwatet werden. Auf der anderen Uferseite gabelt sich der Weg in einen Strandtrail und einen Weg durch den Wald, bis sie am Río Pargo wieder aufeinandertreffen. Während die Strandwanderung nur 30–40 Minuten in Anspruch nimmt, sollte für die Strecke durch den Regenwald mit etwa 90 Minuten gerechnet werden; dafür sind hier jedoch Tierbeobachtungen wahrscheinlicher. Nach insgesamt 10 km Wandern auf dem **Sendero Playa Llorona** erreicht man die **Llorona-Station** ⑤; dieser Ort bietet sich zum Zelten und Ausruhen an. Ein 10 km langer Trail führt von der Llorona-Station zu dem wenig besuchten Rangerposten bei **Los Planes** ⑦. Nach etwa 1 km auf diesem Pfad kann man den vermutlich größten Baum des Nationalparks bewundern. Es handelt sich dabei um einen etwa 70 m hohen Kapokbaum, dessen Brettwurzeln allein schon 10 m hoch sind.
Der Aufbruch in Llorona richtet sich nach der Gezeitentabelle, da schon kurz nach der Station der **Río Llorona** überquert werden muß. Nach weiteren 7 km entlang des Strandes folgt der **Río Corcovado**, und wiederum 7 km weiter am Ende einer Landzunge der **Río Sirena**. Eine alternative Route von Llorona nach Sirena führt um die **Laguna Corcovado** ⑧ herum. Der Weg geht ausschließlich durch Primärwald. In dem See leben Kaimane, Krokodile und verschiedene Wasservögel. Der 20 km lange

Die Kröte *Bufo haematicus* ist nur schwer im Laub zu entdecken.

Trail darf nur mit Gehmigung der Parkverwaltung benutzt werden.
Die dritte Variante die Parkstation Sirena zu erreichen, bietet sich ab der **Los-Patos-Station** ④ im Osten des Corcovado-Nationalparks, 14 km vom Ort La Palma entfernt. Dieser Trail war während der Regenzeit im November 1996 angeblich geschlossen. Es ist daher ratsam, sich bei der Nationalparkverwaltung in San José oder Puerto Jiménez zu erkundigen, ob die Route geöffnet ist. Der 18 km lange Weg von Los Patos nach Sirena führt ausschließlich durch den Wald. Nach 5 km zweigt rechts der oben angeführte Trail um die Laguna Corcovado ⑧ ab. Kurz darauf ist der Río Sirena zu überqueren, der durch die Laguna Corcovado fließt, und dessen Mündung an der Sirena-Station liegt. Der Weg führt nun in das Flachland, und 4 km vor Erreichen der Sirena-Station liegt als letztes Hindernis der **Río Pavo**. Wegen der Länge der Strecke ab La Palma ist es sinnvoll, am ersten Tag bis Los Patos zu wandern und am zweiten Tag bis zur Sirena-Station. Es ist für erfahrene Dschungeltrekker möglich die Station in 1 Tag zu erreichen, aber man sollte mit 10–12 Stunden Gehzeit rechnen. Daher ist ein sehr früher Aufbruch angebracht, und die endgültige Entscheidung, ob ein Weitergehen zeitlich realisierbar ist, sollte erst an der Los-Patos-Station gefällt werden.
In der Umgebung der **Sirena-Station** ③ existieren zahlreiche Wege. Der 3,5 km lange **Sendero Río Claro** (siehe oben) führt zum gleichnamigen Fluß und zum Strand. Nach Regenfällen kann man hier Fußspuren von Tapiren und Raubkatzen entdecken. Eine Art »Haustapir« erscheint in unregelmäßigen Abständen in der Umgebung der Station. Arakangas sind in beachtlicher Zahl vorhanden. Nordöstlich der Station befindet sich der 2,5 km lange **Sendero Olla**, der von den Rangern als bester Pfad für Raubtiersichtungen angepriesen wird. Zumindest der moschusartige Geruchsstoff, den Pumas (S.24) oder Jaguare zur Markierung ihres Reviers benutzen, liegt an verschiedenen Stellen in der Luft. Weitere Trails sind der **Sendero Estero Río Sirena**, der zur Flußmündung führt, und der etwa 3 km lange Rundweg **Sendero Espabeles**. Entlang dieser Wege sind Geoffroy-Klammeraffen (S.136) und Weißgesicht-

Diese Gottesanbeterin imitiert das Aussehen eines Astes oder vertrockneten Blattes.

Handgroße Vogelspinnen verstecken sich tagsüber oft in Astlöchern.

Kapuzineraffen (S.121) häufig zu beobachten. In Wassernähe leben die scheuen Amazonasfischer und viele Amphibienarten. Während der Gestreifte Blattsteigerfrosch bachnahe Biotope bevorzugt, ist der Goldbaumsteigerfrosch (S.112) meist in der Nähe großer Brettwurzelbäume zu finden. Wer ein paar Tage Zeit mitbringt, sollte diese auf der Sirena-Station verbringen und die Umgebung genauer erkunden. Unter den Vögeln sind Greifvögel besonders häufig. Am Himmel kreisen oft Königsgeier, und in Strandnähe sieht man Rotschnabel- und Krabbenbussarde. Auf Nachtwanderungen kann man Brillenkäuze und Ziegenmelker entdecken.
Außerhalb des Corcovado-Nationalparks liegt im Norden die **Biologische Station Marenco**, ein privates Reservat mit schönen Lodges und zahlreichen Wanderwegen. Südlich des Parks, nur etwa 800 m von der La-Leona-Station entfernt, liegt das **Corcovado Tent Camp** ①. Durch seine Nähe zum Park ist es ein beliebter Ausgangspunkt für mehrtägige Wanderungen. Auf dem Gebiet des ebenfalls privaten Reservates führen Trails in den Primärwald. Eine Attraktion des Camps ist die in etwa 30 m Höhe gelegene Plattform im Kronenbereich des Waldes. Im Gegensatz zu den Forschungsplattformen in Rara Avis (s.S.101) oder dem Seilsystem der Rincón-de-La-Vieja-Lodge (s.S.36) muß man hier nicht den Baum emporklettern, sondern wird mit Hilfe einer Seilwinde hinaufbefördert. Oben bietet sich eine schöne Aussicht, und manchmal fliegt ein Regenbogentukan (S.132) vorbei oder macht gar Rast auf einem der benachbarten Bäume. Entlang des 5 km langen Rundweges **(»Loop Trail«)** gibt es zudem einen Aussichtspunkt, von dem aus man in Richtung Playa Carate blickt. Auf dem Pfad begegnet man vielen Pakas und seltener Agutis (S.38).
Die Strände des Corcovado-Nationalparks laden zum Baden geradezu ein. Besonders **Playa Carate** und **Playa Madrigal** locken zusätzlich mit den überaus häufigen Arakangas. Leider trügt der Schein: Die so verlockenden Wellen weisen oftmals eine gefährliche Unterströmung auf. Außerdem leben in Küstennähe zahlreiche Stachelrochen. Wenn Sie barfuß in das Meer gehen, laufen Sie Gefahr auf einen dieser im Sand verborgenen Fische zu treten. Dies hat sehr schmerzhafte Folgen und sollte daher bedacht werden. Wer Interesse an Meeresschildkröten hat, sollte nachts den Playa Carate nach Einsetzen der Flut ablaufen. Die Chancen diese Tiere zu Gesicht zu bekommen sind recht gut, und in den Monaten September bis Dezember landen pro Nacht mehrere Schildkröten am Strand an. Mit viel Glück können Sie sogar den Schlupf eines Geleges beobachten. Bei allen diesen Aktivitäten werden Sie nicht wie an anderen Orten des Landes von Rangern oder Führern begleitet. Lassen Sie den Tieren zuliebe aber trotzdem Ihr Blitzlicht im Zelt, und versuchen Sie die Eiablage möglichst nicht zu stören.

Hohe Bäume sind ein guter Beobachtungsplatz für Krabbenbussarde.

Praktische Tips

Anreise
Die Anreise richtet sich nach der Region, die besucht werden soll. Der überwiegende Teil der Besucher wird entweder per Bus, Auto oder Kleinflugzeug über Puerto Jiménez anreisen. Von dort aus sind es noch einmal 40 km bis Carate, von wo aus gewandert werden muß. Der Weg zur Los-Patos-Station beginnt in La Palma etwas nördlich von Puerto Jiménez. Der Norden des Parks ist am besten mit Booten ab Sierpe oder Drake Bay zu erreichen. Egal welche Route Sie wählen, die Anreise ist schon ein Abenteuer für sich!

Klima/Reisezeit
Das Klima auf der Osa-Halbinsel ist feuchtwarm mit häufigen Niederschlägen (über 5000 mm im Jahresmittel). Die trockensten Monate sind Januar bis März. Die Region kann ganzjährig bereist werden, jedoch sollten Sie Kulanztage in Ihre Reiseplanung einbeziehen. Bei heftigen Regenfällen können die Kleinflugzeuge weder starten noch landen, so daß man schon einmal einen Tag in Puerto Jiménez zu überbrücken hat. Die Temperaturen liegen im Mittel bei 27° C.

Unterkünfte
In der Nähe der Rangerstationen kann gezeltet werden. Die Sirena-Station und La Leona besitzen begrenzte Unterkunftsmöglichkeiten in Schlafsälen. Außerhalb des Parks existieren eine Reihe von Lodges und Zeltcamps, die zum Teil zusätzliche Wanderwege durch private Regenwälder besitzen. Dem Park am nächsten ist das Corcovado Lodge Tent Camp, das zu Costa Rica Expeditions (Tel. 2570766, 220333, Fax 2571665) in San José gehört. Die Betreiber der Lodge fliegen ihre Gäste mit Chartermaschinen nach Carate, von wo aus sie mit einem Pferdewagen abgeholt werden. Es ist aber auch möglich, direkt vor Ort ein Zelt sowie die Mahlzeiten und Ausflüge zu buchen.
Zwischen Puerto Jiménez und Carate befinden sich noch einige weitere Lodges und Privatreservate. Im Norden des Parks liegen die Biologische Station Marenco (Tel. 2211594, Fax 2551340; Apdo. 4025-1000, San José) und das Drake Bay Wilderness Camp (Tel./Fax 7712436; Apdo. 98-8150, Palmar Norte, Osa; s.S.147).

Adressen
Es gibt keine Telefonverbindungen in den Park, sondern nur Funk. Für Fragen bezüglich der Verfügbarkeit von Unterkünften sollten Sie sich direkt an die Nationalparkverwaltung in San José oder an das Büro in Puerto Jiménez (Tel. 7355036, Fax 7355011) wenden.

Blick in die Umgebung

In der Umgebung von Puerto Jiménez befinden sich einige Privatreservate und Strandhotels. Der Ort ist sehr beliebt bei Rucksacktouristen. Man kann gemütlich in einem Café sitzen und die vorbeiziehenden Arakangas bewundern, oder sich an den Stränden in der Nähe erholen.

16 Golfito-Wildschutzgebiet, Las Esquinas und Piedras-Blancas-Nationalpark

Strände am Golfo Dulce; Mangroven; Feuerschnabel-Arassaris; Braunrückentukane, Klammeraffen.

Diese 3 Parks liegen alle in unmittelbarer Nähe des Ortes Golfito und sind über biologische Korridore miteinander verbunden. Der Piedras-Blancas-Nationalpark war bis 1992 ein Sektor des Corcovado-Nationalparks und das Las-Esquinas-Projekt dringt derzeit auf Nationalparkstatus. Die Gebiete sind mit Küstenwald, Mangroven sowie sekundärem und primärem Regenwald bewachsen. Wegen der verschiedenen Waldtypen weisen sie eine hohe Artenvielfalt auf, was den Besuch sehr lohnenswert macht.

Der Schnabel des Regenbogentukans ist prächtig gelb gefärbt.

Golfito liegt an der Ostseite des »Golfo Dulce« gegenüber der Osa-Halbinsel. In früheren Zeiten herrschte hier ein reger Schiffahrtsverkehr, da im Umland die großen Bananenplantagen des Landes angesiedelt sind. Der Export wurde dann in späteren Jahren auf die Karibikseite nach Puerto Limón verlegt, was zu erheblichen sozialen Problemen in der Golfito-Region führte. Heutzutage ist der Ort eine Freihandelszone, in der die Ticos ihre Luxusgüter und Elektrogeräte kaufen können; außerdem erlebte der Ort einen Aufschwung durch den stetig steigenden Ökotourismus in die benachbarten Schutzgebiete.

Das **Golfito-Wildschutzgebiet** überdeckt eine Fläche von 1300 ha, die überwiegend mit Primärwald bestanden ist. Obwohl an verschiedenen Stellen leicht zugänglich, wird das Reservat nur wenig besucht. In direkter Nähe des Ortes Golfito sieht man die Folgen illegalen Holzeinschlages; je tiefer man jedoch in den Wald vordringt, desto unberührter ist die Natur. Einige Wege führen an die Strände am Golfo Dulce, so daß man Naturbeobachtungen mit Badevergnügen kombinieren kann.

Der **Piedras-Blancas-Nationalpark** ist im allgemeinen für den Publikumsverkehr geschlossen und kann nur mit kundigen Führern besucht werden. Das Gebiet ist nur schwer zugänglich, und es existieren kaum Wege. Gerade dies macht den Park aber für einige Naturliebhaber interessant, da »echtes« Dschungeltrekking möglich ist.

Der Piedras-Blancas-Nationalpark ist mit etwa 5000 ha das größte der 3 Gebiete. Er liegt nördlich von Golfito und grenzt an das Golfito-Wildschutzgebiet an. Über diesen Korridor besteht eine direkte Verbindung zum Corcovado-Nationalpark auf

Bischofstangaren bevorzugen offene Vegetation. Trotz ihrer blauen Färbung sind sie allerdings nur schwer zu entdecken.

der Osa-Halbinsel. Große Flächen sind noch mit Primärwald bestanden. Lange Zeit hatte das Gebiet nur den Status eines Forstreservates und war daher von Holzeinschlägen bedroht.

An den Grenzen des Golfito-Schutzgebietes und des Piedras-Blancas-Nationalparks befindet sich **Las Esquinas**, ein Waldstück von 13 km^2 Größe, das mit Hilfe privater Gelder aufgekauft wurde und von dem Verein »Regenwald der Österreicher« verwaltet wird. Durch den Kauf von Land wird der Waldbestand vor weiteren Holzeinschlägen geschützt und das Gebiet des Nationalparks ständig vergrößert. Wissenschaftlich wird das Projekt von der Universität Wien betreut, die hier Studien zur Tropenökologie, Waldbewirtschaftung und Soziologie anstellt. Die Einwohner des nahegelegenen Ortes La Gamba waren traditionell eine Gruppe von Holzfällern, die heute versuchen, ihr Einkommen über Ökotourismus zu erwirtschaften. Die Esquinas Lodge liegt auf einer von primärem Regenwald umrahmten Lichtung und paßt sich in ihrer naturbelassenen Bauweise der Landschaft an. Die Anlage ist auf nur 25 Betten in den Bungalows beschränkt; eine weitere Erhöhung der Kapazität ist nicht geplant, um nicht das ökologische und sozio-ökonomische Gleichgewicht zu stören. Gebaut wurde die Esquinas Rainforest Lodge mit Finanzmitteln aus dem Österreichischen Entwicklungshilfeprogramm.

Pflanzen und Tiere

Die Waldgebiete der Golfito-Region weisen eine Reihe unterschiedlicher Vegetationszonen auf. In den Küstenregionen wachsen an den Stränden Kokospalmen und Meertrauben. In der Brackwasserzone gibt es gemischte Mangrovewälder mit Knopfmangroven sowie Weißer und Roter Mangrove. Die Gebiete im Landesinnern sind mit primärem Regenwald bestanden. Fruchtflügelbäume, Kaschubäume und Purpurholz sind die häufigsten Arten. Außerdem wachsen riesige Kapokbäume, Wilder Muskat und stellenweise Kanonenkugelbäume (S.120). Die Blüten des Baumes sitzen an kleinen Ästen, die am Stamm getrieben werden. Das Heranreifen der Früchte dauert manchmal bis zu 1 Jahr, so daß es vorkommen kann, daß noch unreife Früchte und bereits frische Blüten gleichzeitig am Baum zu finden sind. Mahagonibäume sind zwar noch zu finden, jedoch sind die größten Exemplare bereits lange Zeit ausgeholzt.

Eine Besonderheit der Region ist das Vorkommen von Palmfarnen aus der Gattung

Zebrafalter der Gattung *Heliconius* sind leicht an ihrer auffälligen Zeichnung zu erkennen.

Cycas, die zu den erdgeschichtlich ältesten Pflanzen gehören. Die männlichen Palmfarne treiben ihre Staubblätter in großen Zapfen aus und erzeugen mehrere Millionen Pollen.
Häufigste Blütenpflanzen der Region sind Geschnäbelte und Wagnersche Helikonie. Helikonien sind Futterpflanzen für verschiedenen Schmetterlingsraupen. So leben in den Blattachseln die grünen Raupen des Falters *Opsiphanes* und an den dunklen Stielen die Raupen des Eulenfalters *Caligo*. Trotz ihres Größe von etwa 8 cm sind sie wegen ihrer perfekten Tarnung nur aus nächster Nähe zu entdecken. Mit etwas Glück findet man Wilden Ingwer (S.124), der an den roten Blütenknospen am Ende eines langen Stiels zu erkennen ist. Die eigentliche Blüte ist röhrenförmig und etwa 5 cm lang. Die Pflanze wird von kleinen Bienen der Gattung *Euglossa* bestäubt und verschiedene Ameisenarten ernten den Nektar.
Die Tierwelt der Golfito-Region ähnelt stark der des Corcovado-Nationalparks. Die meisten seltenen Arten wie Raubkatzen und Tapire leben zurückgezogen in den entlegenen Gebieten des Piedras-Blancas-Nationalparks. Ein immer seltener werdender Bewohner ist das Weißbartpekari, das in den nördlichen Landesteilen schon fast verschwunden ist. Ebenso wie das verwandte Halsbandpekari (S.79) streift diese Art in Verbänden von manchmal 50 Individuen umher. Weißbartpekaris sind etwas größer als Halsbandpekaris und weisen eine weißen Fleck auf der unteren Gesichtshälfte auf. Jungtiere besitzen eine rötliche Grundfärbung mit einem dunklen Streifen über den Rücken.
In der Golfito-Region sind Feuerschnabel-Arassari und Braunrückentukan vertreten. Beide Arten ziehen in kleinen Gruppen von 5–10 Individuen durch die Wälder. Schon am Flugbild sind sie voneinander zu unterscheiden. Während sich Arassaris mit schnellen Flügelschlägen geradlinig durch die Lüfte bewegen, machen Braunrückentukane nur kurzzeitig mehrere Flügelschläge, um sich dann nach unten gleiten zu lassen, so daß der Flug wellenförmig erscheint. Arassaris sind derart gesellig, daß sich bis zu 5 Vögel die gleiche Schlaf- und Bruthöhle teilen, wozu sie verlassene Spechtbauten aufsuchen. Braunrückentukane ziehen ihre Jungen paarweise in natürlichen Baumhöhlen auf. Die Partner wechseln sich beim Brutgeschäft ab und füttern sich gegenseitig. Obwohl Tukane vorwiegend Fruchtfresser sind, ergänzen sie ihren Speisezettel gern mit Insekten und kleine Echsen.
Helmleguane (S.137) leben an den Stämmen kleiner bis mittelgroßer Bäume. Bei Störung verschwinden sie sofort auf die dem Betrachter abgewandte Seite des Baumes. Nähert man sich den Echsen sehr langsam, so verlassen sie sich auf ihre Tarnung und bleiben bewegungslos sitzen. Diese Art besitzt die Fähigkeit ihre Farbe zu wechseln. Dies dient allerdings nicht der Tarnung, sondern spiegelt die Stimmung des Tieres wieder. In der Paarungszeit zeigen Männchen prächtige Färbungen mit schillernden Blau- und Grüntönen im Bereich des Vorderkörpers. Trächtige Weibchen sind überwiegend braun gefärbt, um den Blicken der Feinde zu entgehen. Da die Eier in den Boden gelegt werden, sind gerade die Weibchen den größten Gefahren ausgesetzt.

Im Gebiet unterwegs

Im Golfito-Wildschutzgebiet stehen zahlreiche Wege zur Verfügung, die teilweise sogar mit dem Auto befahren werden können. Der **Radio-Tower-Trail** ① verläuft über 8 km östlich des Ortes Golfito. Nur der letzte Kilometer muß zu Fuß zurückgelegt werden. Entlang des Weges sieht man viele gemischte Tangarengruppen sowie manchmal Rotstirnamazonen und Jungferntrogons. Im Gebüsch und auf dem Boden leben Katzenaugennattern und Spitz-

kopfnattern, die Anolis und Waldskinken auflauern. Oben angekommen hat man eine herrliche Aussicht auf den umliegenden Wald. Nördlich des Ortes beginnt der Weg zum palmenbewachsenen **Playa Cacao** ③, der ein beliebter Erholungsort der einheimischen Bevölkerung ist. Auf dem Weg kann man die schöne Aussicht auf den Golfo Dulce genießen. An einigen Stellen verzweigt der Weg und führt in das Waldesinnere beziehungsweise an die Pazifische Küste. Der Playa Cacao kann auch mit Booten von Golfito aus angefahren werden. An Wochenenden sollten Sie den Strand meiden, da er manchmal überfüllt ist.
Am Dorfausgang führt eine Schotterstraße direkt durch das Wildschutzgebiet in Richtung **Las Esquinas** ②. Hier sind zwar kaum Wege vorhanden, aber die Vegetation stellenweise licht, so daß man auf eigene Faust den Wald in Augenschein nehmen kann. Die **Esquinas-Lodge** bietet Wanderungen in diesen Teil des Golfito-Wildschutzgebietes an, auf denen man zu Wasserfällen und sonst unzugänglichen Stellen inmitten des Waldes gelangt.
Von der Esquinas-Lodge aus können Wanderungen von 1–3 Stunden auf gut ausgebauten Wegen in die nähere Umgebung unternommen werden. In den Morgenstunden sind sehr gute Vogelbeobachtungen auf der Lichtung um die Bungalowanlage möglich. Viele Vögel wie Regenbogentukane, Bischofstangaren und Passerinitangaren überqueren dann die Freifläche, um in die sonnigen Regionen auf der Westseite des Parks zu gelangen. Kurz hinter dem Eingangstor liegt ein kleiner Tümpel, in dem Kaimane, Wasserschildkröten und Helmbasilisken leben. Die Mitarbeiter der Lodge haben oft eine Reihe verwaister Tiere zur Aufzucht in ihrer Obhut, die später wieder in die freie Wildbahn entlassen werden.
Ein etwa 2- bis 4-stündiger Rundweg durch das Esquinas-Gebiet beginnt hinter dem Bach. Er führt erst zu einer Wegkreuzung,

an der man sich entscheiden muß, welche Dauer die Exkursion haben soll. Links beginnt der **Selva-Virgen-Trail**, der durch Primärwald nach 1 Stunde zum Ausgangspunkt zurückführt. Rechts hat man die Möglichkeit, entlang eines Baches mit mehreren kleine Wasserfällen auf dem **Sendero Catarata** zu den Hütten zurückzugelangen. Geradeaus führt der **Sendero Fila** in einem großen Bogen um das Gebiet herum. Hierbei durchwandert man Primär-, Sekundärwald und endet auf Kulturland in der Nähe es Ortes La Gamba. Auf allen drei Pfaden können zahlreiche Tiere beobachtet werden, jedoch ist der Weg zu den Wasserfällen der landschaftlich reizvollste. In den Bäumen sieht man die metergroßen Netze von Radnetzspinnen, in denen sich selbst große Schmetterlinge verfangen. Am Boden und im verrottendem Holz leben Tausendfüßer und Termiten. Entlang der Bäche findet man besonders nach Sonnenuntergang die großen Ochsenfrösche und die fast durchsichtigen Glasfrösche. Nachts sind hier auch die gefährlichen Buschmeister und Lanzenottern unterwegs.
Eine Wanderung über die Biologische Station La Gamba führt in den **Piedras-Blancas-**

Rotstirnamazonen werden oft als Haustiere gehalten.

Nationalpark. Diese Tour darf nur mit einem Führer unternommen werden, da der Nationalpark bisher für den Tourismus nicht erschlossen ist. Der Pfad führt anfangs über offenes Gelände, und dann über einen Berggrat in den Primärwald. Der Anstieg ist teilweise recht anstrengend, so daß man nur wenig Zeit für Naturbeobachtungen hat. Es bleibt einem selbst überlassen, welche Richtung eingeschlagen werden soll, da es ohnehin keine vorgegebenen Wege gibt. Eine solche Tour ist recht abenteuerlich und in sonst keinem Park ohne Genehmigung durchführbar. Die Führer sind ausgezeichnete Kenner der Region und beantworten bereitwillig alle Fragen zur Natur. Da in dem Projekt überwiegend Einheimische aus dem Dorf La Gamba arbeiten, sollten Sie jedoch darauf vorbereitet sein, daß nur Spanisch gesprochen wird.

Praktische Tips

Anreise
Golfito erreicht man per Auto über die Interamericana oder in Kleinflugzeugen ab San José. Bei Kilometer 37 im Ort Villa Briceño weisen Schilder auf die nur 4 km entfernte Esquinas-Lodge hin. Für die Strecke ab San José (300 km) sollten 6 Stunden eingeplant werden.

Klima/Reisezeit
Die Region um Golfito ist sehr regenreich und erhält im Jahresmittel 4800 mm Niederschläge. Nur in den Monaten Januar bis März gibt es eine Trockenzeit. Die Tagestemperaturen liegen häufig um 28 °C, in der Trockenzeit sogar noch höher.

Geoffroy-Klammeraffen werden auch Spinnenaffen genannt.

Die Männchen der Passerinitangare haben eine auffallend rote Rückenfärbung.

Die Farben der Helikonienfrüchte spiegeln den unterschiedlichen Reifezustand wieder.

Unterkünfte

In Golfito stehen eine Reihe von Hotels zur Auswahl. In der Esquinas-Lodge (Tel. 7750131, Fax 7750631) können insgesamt 25 Personen in Bungalows untergebracht werden. Führungen sind mit der Verwaltung abzusprechen und im Übernachtungspreis von derzeit 65 US$ inbegriffen.

Adressen

- Verein »Regenwald der Österreicher«, Sternwartestrasse 58, A-1180 Wien, Österreich; Tel. 00431-4704295, Fax 4704297.

Blick in die Umgebung

Von Golfito aus können Abstecher auf die Osa-Halbinsel oder zum Botanischen Garten Las Cruces (s.S.148) gemacht werden. Bootsfahrten ab Golfito gehen in die nahegelegenen Mangrovengebiete und zu einsamen Stränden.

Die Abgottschlange ist die größte Schlange Costa Ricas.

Ein farbenprächtiger Helmleguan.

N 1 Caño-Negro-Tierschutzgebiet

Das Tierschutzgebiet Caño Negro befindet sich im äußersten Norden des Landes nahe der Grenze zu Nicaragua. Neben dem Palo-Verde-Nationalpark zählt dieses Gebiet zu den vogelreichsten Regionen des Landes. Große Ansammlungen des Rosalöfflers und des Jabirus sind hier zu finden. Hauptanziehungspunkt für die Wasservogelfauna ist der 800 ha große und nur 3 m tiefe Caño-Negro-See, der während der Trockenzeit von Februar bis Mai fast vollständig austrocknen kann. Die übrigen Monate des Jahres ist er mit Booten befahrbar. Die häufigsten Arten am See sind Schmuckreiher, Grünreiher und Zwergsultanshühner (S.140). Aber auch Nacktkehlreiher und Kahnschnäbel (S.43) kommen vor. Neben den Vögeln sind vor allem Kaimane und Fischotter (S.91) zu sehen. In den umliegenden Wäldern leben Spießhirsche, Weißwedelhirsche und Raubkatzen. Südlich des Sees verläuft der Río Frio, der alljährlich von Braunhaien bevölkert wird, die zum Ablaichen Binnengewässer aufsuchen. Hier lebt auch der Gar, ein Fisch der als »lebendes Fossil« angesehen wird, da die Entstehung dieser Art aufgrund von Knochenfunden bis in das Paläozoikum vor 180 Mio. Jahren zurückdatiert werden kann.

N 2 Hacienda La Pacifica und Minizoo La Pumas

Die Hacienda La Pacifica ist ein privates Schutzgebiet 7 km nördlich von Cañas am Río Corobici. Auf dem Gelände befinden sich eine Hotelanlage, Farmland sowie Trockenwald. Das Hotel besitzt eine Bibliothek, die auf Trockenwaldökologie spezialisiert ist. In der Hotelanlage tummeln sich Mantelbrüllaffen (S.61); bei genauerem Hinsehen bemerkt man, daß die Tiere mit Halsbändern markiert sind. Dies dient dazu, bei wissenschaftlichen Studien einzelne Individuen zu identifizieren und den Familiengruppen zuzuordnen. Im offenen Gelände sieht man Dohlengrackeln, deren Gefieder im Sonnenlicht glänzt. Langschwanzhäher (S.25) ziehen in Gruppen lautstark durch die Anlage.
Am Río Corobici verlaufen 2 Pfade flußaufwärts durch den Galeriewald. Der **Las Garzas** Trail kann auf eigene Faust erkundet werden. Er ist nur etwa 2 km lang, vermittelt allerdings einen ausreichenden Einblick in die Flora und Fauna des Gebietes. In der Ufervegetation sieht man Grüne Leguane (S.43) und Helmbasilisken. Am Fluß sind verschiedene Reiherarten wie Grün- und Marmorreiher beheimatet.
Der **Sendero Del Chocoacu** kann nur mit einem Führer begangen werden. Er führt flußabwärts und als Besonderheit zu den Nistplätzen von Kahnschnäbeln (S.43).
Eine weitere Tour führt entweder zu Pferd oder per Mountainbike in den Bosque Deciduo Roca Blanca. Hier findet man Trockenwaldvegetation, in der Weißwedelhirsche und Mantelbrüllaffen (S.61) zu beobachten sind.
Wenige hundert Meter nördlich der Hacienda La Pacifica liegt **Safaris Corobici.** Von hier aus werden Wildwasserfahrten auf dem Fluß unternommen.
Nach etwa 500 m entlang der Interamericana in Richtung Cañas zweigt links ein Weg ab, der auf Privatgrundstück führt. Am Ende der Schotterstraße befindet sich der Minizoo **Las Pumas**. Der kleine Zoo beherbergt Jaguare, Pumas und Ozelots. Außerdem werden Jaguarundis, Baumozelots und einige Vögel gehalten. Die Anlage gehört der Schweizerin Lily Hagnauer. Die Tiere stammen sämtlich aus Beschlagnah-

mungen oder wurden krank und hilflos aufgefunden. Das Futter für die Tiere wird durch Spenden und eine Wellensittichzucht finanziert. Der kleine Zoo bietet sicherlich die beste Gelegenheit, einmal alle Raubkatzen Costa Ricas aus nächster Nähe zu bestaunen. Ein Besuch lohnt sich, und eine Spende hilft dem Projekt sowie dem Artenschutz.

N 3 Tamarindo und Las-Baulas-Nationalpark

Playa Tamarindo ist bei den Touristen als Badestrand und Ort zum Windsurfen bekannt. Etwas nördlich des Ortes befindet sich der Las-Baulas-Meeresnationalpark. Neben 22 000 ha Meeresfläche sind auch 500 ha Mangroven und Strand an der Río-Matapalo-Mündung geschützt.
In den Mangroven sind zahlreiche Vogelarten wie Krabbenbussarde, Mangrove-Amazilien und Schmuckreiher sowie Krokodile (S.41) und Kaimane beheimatet. Seinen Namen verdankt der Park jedoch den bis zu 500 kg schweren und 2m großen Lederschildkröten (»baulas«), die hier alljährlich in den Monaten Oktober bis März zur Eiablage kommen. Manchmal suchen 100 Weibchen pro Nacht den Playa Grande auf, der zu den wichtigsten Ablageplätzen Costa Ricas gehört. Der Besuch des Strandes bei Nacht ist strikt reglementiert: Er darf nur in Begleitung eines Führers betreten werden, und Lichtquellen jeglicher Art sind untersagt. Inzwischen wurden sogar eigens Beobachtungsplätze eingerichtet, um den Tieren bei der Eiablage nicht zu nahe zu kommen.
Nach Tamarindo gelangt man entweder mit Kleinflugzeugen ab San José oder mit dem Auto über die Interamericana, indem man in Liberia in Richtung Pazifikküste abzweigt. Ausflüge in die Mangroven und zu den Schildkröten werden von ortsansässigen Hotels organisiert, können aber auch auf eigene Faust unternommen werden.

N 4 Barra-Honda-Nationalpark

Der 23 km^2 große Barra-Honda-Nationalpark liegt auf der Nicoya-Halbinsel westlich der Río-Tempisque-Mündung und beherbergt neben seinem laubabwerfenden Trockenwald eines der größten Höhlensysteme in Costa Rica. Der 450 m hohe Cerro Barra Honda besteht überwiegend aus Korallenkalk und erhebt sich etwa 300 m über der angeschwemmten Tempisque-Ebene. Sein geologischer Ursprung reicht bis an das Ende der Kreidezeit zurück (ca. 60 Mio. Jahre). Nur 19 der 42 voneinander unabhängigen Höhlen sind bisher erforscht. In den einzelnen Höhlen wurden mächtige Stalagmiten, Stalaktiten und eine Vielzahl bizarrer Kalkformationen gefunden. In der 30 m tiefen Nicoa-Höhle wurden erst 1970 menschliche Überreste und präkolumbianische Kunstgegenstände entdeckt. Die tiefste bekannte Höhle ist mit 240 m die Santa-Ana-Höhle. Die Tierwelt der Höhlen ist nur wenig erforscht. Neben Fledermäusen wurden bisher nur einige Insekten und Amphibien gefunden. Im Wald, der überwiegend Sekundärvegetation aufweist, lassen sich Brüllaffen, Gürteltiere und Vögel gut beobachten. Ein Besuch dieses Nationalparks sollte jedoch die Erkundung einer oder mehrerer Höhlen zum Ziel haben.
La Terciopelo (Lanzenotter) ist die am häufigsten besuchte Höhle. Ihren Namen verdankt sie der Tatsache, daß bei der Erstbegehung eine tote Lanzenotter am Boden der Höhle gefunden wurde. Sie ist 60 m tief und besitzt 5 Säle. Über eine Strickleiter und zusätzliche Seilsicherung gelangt man etwa 30 m hinunter in die Haupthöhle. Hier lassen sich bereits mächtige Stalaktiten bewundern. Durch einen schmalen Verbindungsgang erreicht man den »sala de huevos fritos«, den »Saal der Spiegeleier«. Von der Decke abtropfendes Wasser hat vermutlich abgebrochene Stalagmiten ausgehöhlt und kleine Senken in den Stümpfen hinterlassen, die Spiegeleiern

Zwergsultanshühner können mit ihren langen Zehen über die Wasserpflanzen laufen.

Rotschnabel-Pfeifgänse bevorzugen Sumpfgebiete als Lebensraum.

ähneln. Auch der Durchgang zum nächsten Saal geht durch einen engen, glitschigen Quergang. Hier findet man Miniaturstalagmiten, die Zähnen ähneln. Von den Einheimischen wird dieser Teil »sala de tiburon« (Haifisch-Saal) genannt. In der vierten Kammer stehen hohle Stalagmiten, die als Orgelpfeifen bezeichnet werden, da sie Töne erzeugen, wenn man mit den Fingern auf ihnen trommelt. Um in den letzten Teil der Höhle zu gelangen muß man an einer Leiter heruntersteigen und rutschiges Gestein überwinden. Hier angelangt befindet man sich in einem hohen Saal, der 60 m unter dem Einstieg liegt. Der Abstieg bis an diesen Punkt dauert etwa 20–25 Minuten. Im allgemeinen ist der Zutritt nur 2 Personen plus einem Führer gleichzeitig gestattet, da der Sauerstoffvorrat im Innern der Höhle nur gering ist. Wer genügend Zeit mitbringt, kann die Erkundung der Terciopelo-Höhle mit einem Rundgang durch den Nationalpark verbinden.

Saal der »Spiegeleier« in der Terciopelo-Höhle.

»Haifischzahn«-Formation in der Terciopelo-Höhle.

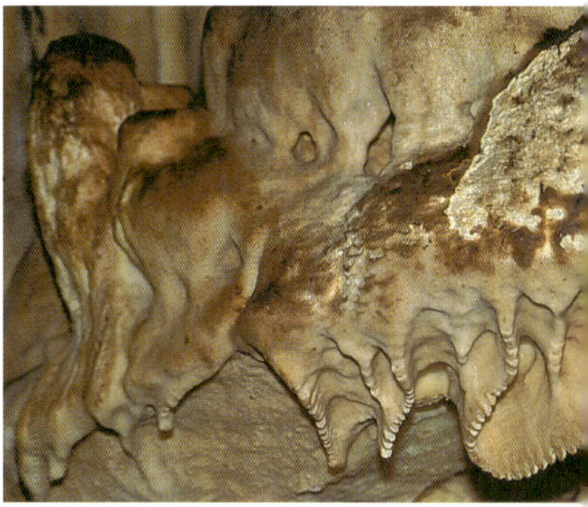

Reisende aus Richtung San José verlassen die Interamericana etwa 20 km vor dem Ort Cañas und folgen den Hinweisschildern zur Tempisque-Fähre in Puerto Nispero. Die Überfahrt kostet zur Zeit 30 Colones pro Person sowie 400 Colones pro Auto. Die Fähre verläßt Puerto Nispero von 5–19 Uhr zu jeder vollen Stunde und kehrt aus Puerto Moreno zu jeder halben Stunde zurück. Von Puerto Moreno folgt man der Hauptstraße in Richtung Nicoya bis kurz vor den Ort Santa Ana, wo spätestens Hinweisschilder angebracht sind. Der Nationalpark ist von 8–16 Uhr geöffnet; eine Tour zur Terciopelo-Höhle sollte vor 13 Uhr angegangen werden.
Falls Sie vorhaben, die Höhlen zu erforschen, gehen Sie nur in Begleitung erfahrener Führer. Diese werden von der Nationalparkverwaltung gestellt. Um Enttäuschungen zu vermeiden, sollten Sie Ihre Tour bereits einige Tage vor Ihrer Ankunft mit der Parkverwaltung (Tel. 685-5580) absprechen. Ein Alleingang ist verboten und gefährlich. Die Ausrüstungen können vor Ort gemietet und die Führer angeheuert werden, man muß jedoch mit etwa 30 US$ pro Person als Gebühr rechnen.

N 5 Ostional-Tierschutzgebiet

Ostional ist ein kleines Tierschutzgebiet an der Pazifikküste der Nicoya-Halbinsel. Neben dem Schutz eines Mangrovenwaldes an der Mündung des Río Nosara liegt das Hauptaugenmerk der Parkverwaltung auf dem Schutz der Bastardseeschildkröten (S.24). Auf einem nur 900 m langem Strandstück versammeln sich in den Monaten Juli bis November Tausende dieser großen Meeresbewohner zur Eiablage. Die Massenankünfte (»arribadas«) dauern in der Regel 3–7 Tage und finden in der Brutsaison bis zu 11mal statt. Gelegentlich nisten auch Suppen-, Karett- und Lederschildkröten an diesem Strand. Bei großen »arribadas« werden Hunderttausende von

Braunpelikane leben vorwiegend in Küstenregionen.

Mangroven bieten vielen Tieren einen Lebensraum. Die typischen Stelzwurzeln dienen der Verankerung und Sauerstoffversorgung.

Kuhreiher leben häufig in großen Gruppen zusammen.

Eiern gelegt. Viele der Nester werden in der Folgenacht von neuankommenden Weibchen zerstört.
Die Bewohner der Umgebung haben daher das Recht, in den ersten 24 Stunden nach einer »arribada« Eier zu sammeln und auf dem Markt zu verkaufen. Das Sammeln ist strikt reglementiert und wird von den Behörden überwacht. Leider ist es nicht möglich, eine derart große Zahl von Eiern künstlich zu bebrüten, und somit zur Vermehrung der ohnehin gefährdeten Seeschildkröten beizutragen.
Die im Gebiet lebenden Weißrüsselbären, Waschbären und auch Weißgesicht-Kapuzineraffen machen sich ebenfalls häufig an den Gelegen zu schaffen. Die nährstoffreichen Schildkröteneier sind anscheinend eine sehr beliebte Mahlzeit. Frischgeschlüpfte Schildkrötenbabies sind zudem eine leichte Beute für Fregattvögel (S.120), Rotschnabelbussarde und Aztekenmöwen.
Die Vegetation des Areals ist relativ karg und erinnert teilweise stark an die Landschaft des trockenen Nordens. Der Wald ist ein Mischbestand aus immergrünen und laubabwerfenden Pflanzen. An einigen Stellen sind große Säulenkakteen (S.28) zu finden.
Ostional erreicht man entweder, indem man per Flugzeug nach Nosara fliegt, oder aber mit dem Auto ab Nicoya über die Straße 150. Weitere Ausflüge können zu den beliebten Stränden Playa Samara und Playa Carrillo unternommen werden.

N 6 Curú-Wildschutzgebiet

Das Curú-Wildschutzgebiet gehört mit 0,84 km² Landfläche zu den kleinsten Parks des Landes. Allerdings haben sich wegen übermäßiger Abholzung in der Umgebung viele Tiere in das Schutzgebiet zurückgezogen. Das Gebiet ist überwiegend mit Mangroven und laubabwerfendem Wald bewachsen. Es zieht sich auf einer Länge von 4,5 km entlang der Küste und ist von Hügeln aus Sedimentgestein flankiert. Das Wildschutzgebiet liegt auf Privatgelände und ist Teil einer Rinderfarm. 10 km² der Farm sind mit Mango-Plantagen und Wald bestanden, der selektiv ausgeholzt wird. Die Besitzer des Landes halten die Tiere des Reservats, insbesondere Kapuzineraffen, Weißrüssel- und Waschbären durch gezieltes Anbieten von Futterpflanzen davon ab, die Mango-Ernte zu vernichten.
Im seichten Wasser an der Küste leben Braunmantel-Austernfischer und Lachmöwen, die in der Gezeitenzone nach Nahrung suchen. Manchmal findet man am Strand eine Plättchenseeschlange, die von der Flut angespült wurde. Im Wald leben Rosttäubchen (S.102) und Inka-Täubchen. Letztere sind erst vor wenigen Jahren in das Gebiet eingewandert, und dringen seitdem immer weiter in den Süden des Landes vor.
Auf dem Landweg wird Curú von Nicoya oder Paquera aus angefahren (s. Cabo Blanco). Es liegt nur wenige Kilometer nordöstlich von Playa Tambor. Einige Ver-

anstalter bieten Tagesausflüge und Bootstouren von Puntarenas aus an. Die Route führt an den Negritos-Inseln im Golf von Nicoya vorbei, auf denen Prachtfregattvögel, Braunpelikane und Brauntölpel nisten. Meist verbringt man auf diesen Touren einen Teil des Tages auf der vorgelagerten Isla Tortuga. Curú kann ganzjährig besucht werden, allerdings sind Tierbeobachtungen am besten in der Trockenzeit von Januar bis März zu bewerkstelligen.

N 7 Biologisches Reservat Cabo Blanco

Das Cabo-Blanco-Reservat liegt an der Südspitze der Nicoya-Halbinsel, 11 km südlich der Stadt Montezuma. Das Gebiet wurde wegen seiner einmaligen Vegetation schon 1963 unter Schutz gestellt. Auf 11,7 km^2 gedeiht hier ein Mischwald aus immergrünen und laubabwerfendem Küstenwald; außerdem gehören etwa 18 km^2 Meeresfläche zum Reservat. Im Primärwald überwiegen Stachelzedern und Chiclé-Bäume. Insgesamt sind über 120 Baumarten nachgewiesen. Vor der Küste liegt in 1,5 km Entfernung die Isla Cabo Blanco (Weißes Kap), die ihren Namen der Tatsache verdankt, daß sie mit weißem Vogelguano überzogen ist. Auf ihr nisten eine Reihe von Seevögeln wie Braunpelikan, Aztekenmöwe und Brauntölpel. Von der letztgenannten Art leben etwa 500 Pärchen in dem Gebiet.
Im Reservat existieren einige Wanderwege, jedoch ist eigentlich nur Sendero Sueco für die Öffentlichkeit zugänglich. Dieser Weg führt durch das Waldgebiet mit Zedern- und Frangipanibestand zur Küste und zum Kap. Er ist ca. 4 km lang und man benötigt wegen zahlreicher Steigungen 90 Minuten für eine Strecke. Im Wald sind Grauhörnchen, Affen, Hirsche und sogar Ozelots beheimatet. An Vögeln sind besonders Langschwanzhäher (S.25), Brauenmotmots verschiedene Reiherarten und Tovissittiche (S.34) in großer Anzahl vertreten. Bei Ebbe kann man in der Gezeitenzone in kleinen Wasseransammlungen Krabben, Seesterne und Fische beobachten.
Da bei der Anfahrt ein Fluß durchquert werden muß, ist ein Allradfahrzeug selbst in der Trockenzeit von November bis April empfehlenswert. Das Reservat ist Mittwoch bis Sonntag von 8–16 Uhr geöffnet. Man erreicht den Park von Puntarenas, indem man die Fähre nach Paquera oder Playa Naranjo nimmt, dann entlang der Küstenstraße 160 über Playa Naranjo nach Cobano fährt, um über Montezuma zum Ziel zu gelangen.

N 8 Ensenada-Lodge und Abangaritos

Dieses Gebiet liegt südlich der Tempisque-Mündung am Golf von Nicoya. Die Ensenada-Lodge ist eine Farm unter italienisch-costarikanischer Leitung. Auf dem Gelände wird Viehzucht betrieben, jedoch existiert noch ein Stück Trockenwald. Auf ausgedehnten Sumpfwiesen sind zahlreiche Wasservögel zu beobachten. Außerdem besitzt die Lodge einen eigenen Strand mit Mangrovenbewuchs. Touren auf der Farm werden entweder zu Fuß oder per Pferd unternommen. Auf diesen Ausflügen sieht man Waldstörche am Himmel kreisen und große Gruppen von Rotschnabel-Pfeifgänsen (S.140) in den Sumpfwiesen. Die trockeneren Regionen werden von tropischen Klapperschlangen und Indigonattern bewohnt. In den Bäumen sieht man schon aus großer Entfernung die Nester des Montezuma-Stirnvogels (S.145).
Etwas nördlich der Farm liegen die Abangaritos-Mangroven. Die Vogelwelt ist hier nahezu so reichhaltig wie im Palo-Verde-Nationalpark. Man hat auch gute Chancen Krokodile (S.41) zu Gesicht zu bekommen. Bootstouren ab der Ensenada-Lodge dauern 2–3 Stunden und führen durch die Sei-

Schwefelhaltige Verbindungen und Algen färben den Kratersee des Irazús grüngelb.

tenarme des Tempisque-Flusses an die südliche Grenze des Palo-Verde-Nationalparks. Vom Boot aus lassen sich Biguascharben, Silberreiher und Waschbären beobachten. Am Fluß kann man Fischadler bei der Jagd bewundern, und in der Bucht vor der Lodge stürzen sich Pelikane ins Wasser, um Fische zu erbeuten.
Man erreicht die Ensenada-Lodge mit dem Auto am besten, indem man auf der Interamericana den Zeichen zur Tempisque-Fähre folgt und nach Schildern, die auf die Lodge hinweisen, Ausschau hält. Die Schotterstraße zur Lodge zweigt rechts ab und war 1996 in einem besseren Zustand als die Hauptstraße. Auf einigen Karten ist eine Route aus dem Norden über den Ort Abangaritos eingezeichnet. Diese Route war 1996 nicht befahrbar, da eine Brücke hinter dem Ort eingestürzt war! Die Lodge ist unter Tel. 2896655/2286653, Fax 2895281 zu erreichen.

N 9 Vulkan Irazú

Nur 54 km und etwa 90 Autominuten von der Hauptstadt San José entfernt befindet sich der Vulkan Irazú. Er ist mit 3432 m der höchste Vulkan Costa Ricas. Insgesamt sind von der Spitze 5 Krater auszumachen. Der Hauptkrater hat einen Durchmesser von 1050 m und ist 300 m tief. Auf seinem Grund befindet sich ein gelbgrüner Kratersee, der seine Farbe dem hohen Schwefelgehalt verdankt. Daneben liegt der 690 m große und 80 m tiefe Diego-de-la-Haya-Krater. Im Gegensatz zum Hauptkrater ist er jedoch nicht mehr aktiv und nur in der Regenzeit mit Wasser gefüllt. Seine letzte Ausbruchsperiode verzeichnete der Irazú in der Zeit von 1963–1965. Die Aktivität ging damals mit Dampf- und Aschenausstoß einher und überschwemmte die umliegenden Farmen und Ansiedlungen mit Schlammlawinen. An einigen Stellen in

Cartago können auch heute noch Schäden ausgemacht werden. Wegen seiner Aktivität ist am Irazú nur spärliche Vegetation vorhanden.
Bei der Anfahrt zum Kratergebiet erreicht man oberhalb 2000 m eine Region, die hauptsächlich mit Eichenwäldern bewachsen ist. Die Gipfelregion vermittelt eher den Eindruck einer Mondlandschaft, jedoch lohnt es sich, auch hier genauer hinzuschauen. Fast das ganze Jahr über sieht man rotblühende Büsche. Es handelt sich dabei um eine Art, die am Irazú zuerst entdeckt wurde und daher den wissenschaftlichen Namen *Castelleja irazuensis* trägt. An diesen Blüten können häufig Bergjuwel-Kolibris bei der Nektarufnahme beobachtet. Da die Temperaturen nachts stark absinken, verfallen diese kleinen Vögel in Torpor – einen Ruhezustand –, um ihren sonst sehr hohen Stoffwechsel zu verringern. Weitere typische Vögel sind der Streifenjunko und die Zeledonie. Mit etwas Glück zeigt sich einer der hier oben verbreiteten Kojoten. An sonnigen Tagen kann man auf den aufgeheizten Steinen smaragdgrüne Zaunleguane entdecken. Die Flora ist an die extremen Höhen- bzw. Temperaturverhältnisse angepaßt und meist kleinbleibend.
Es hält sich stetig das Gerücht, daß an klaren Tagen beide Ozeane sowie der Nicaragua-See vom Irazú aus sichtbar seien, jedoch war mir dieser Anblick bisher nicht vergönnt. Die Kraterlandschaft ist schon beeindruckend genug. Wer einen Besuch plant, sollte versuchen in den Morgenstunden in der Gipfelregion anzukommen, da sich die Wolken im weiteren Tagesverlauf zuziehen, manchmal so dicht, daß nicht einmal mehr der Grund des Hauptkraters zu sehen ist. Trotz der Größe von 2309 ha sind im Irazú-Nationalpark nur wenige, kurze Pfade vorhanden. Ein halbtägiger Besuch reicht aus, um die Umgebung zu erkunden.
Das Gebiet ist von Cartago über die Straße 8 (sehr kurvenreich und stellenweise aus-

In Guayabo sind noch einige Petroglyphen erhalten, in den Stein auf dem Foto ist ein Gesicht eingeritzt (N 10).

Rotbauchguane sind Verwandte des Tuberkelhokkos.

Die hängenden Nester des Montezuma-Stirnvogels sind schon von weitem zu erkennen (N 10).

gesprochen schmal) mit Mietwagen oder Taxi zu erreichen; eine Busverbindung zum Irazú existiert nicht. An einigen Stellen entlang der Anfahrtsroute bieten sich sehr schöne Ausblicke auf das Zentraltal und die umliegenden Berge. Geöffnet wird der Park um 8.00 Uhr; die Gipfelregion muß um 15.30 Uhr verlassen werden.

N 10 Guayabo National Monument

Guayabo ist die bedeutendste archäologische Ausgrabungsstätte Costa Ricas. An den Hängen des Vulkans Turrialba existierte hier von etwa 1000 v. Chr. bis in das frühe 14. Jahrhundert ein Zentrum präkolumbianischer Kultur. In seiner Blütezeit ab dem 3.–7. Jahrhundert lebten hier schätzungsweise 10 000 Einwohner. Archäologen halten Guayabo für einen bedeutenden Kult- und Handelsplatz im Durchzugsgebiet von Nord- nach Südamerika. Die Stadt wurde Ende des letzten Jahrhunderts von dem Naturforscher Don Anastasio Alfaro entdeckt. Wissenschaftliche Ausgrabungen werden bis in die heutige Zeit durchgeführt, und eine Reihe von archäologischen Funden sind im Nationalmuseum in San José ausgestellt. In Guayabo können auf Rundgängen Aquädukte, Straßen sowie Pteroglyphen (Steininschriften) und Monolithen bewundert werden. Etwa 20% des 217 ha großen Parks sind mit prämontanem Regenwald und Sekundärwald überzogen. Pfade führen durch den Wald und zu einem nahegelegenen Fluß. Wer die Ausgrabungsstätten besichtigen möchte, benötigt dafür einen Führer; die restlichen Wege können auf eigene Faust erkundet werden. Die Tier- und Pflanzenwelt ist typisch für Höhenlagen um 1000 m. Man findet Bromelien, Orchideen und Farne ebenso wie Kolibris, Tukane und einige Säugetiere. Montezuma-Stirnvögel (Oropendolas; S.145) und ihre bis zu 60 cm großen hängenden Nester können oft entlang des Weges gesehen werden. Die Nester werden aus Gras sowie anderen Materialien kunstvoll gewoben und in die Nähe von Wespennestern gebaut. Der Grund hierfür ist, daß junge Oropendolas häufig von parasitären Fliegen befallen werden, die ihre Eier auf den Jungvögeln ablegen, was letztendlich zum Tod der Jungen führt. Die Wespen bieten den Vögeln Schutz, indem sie die Fliegen fernhalten.
Man erreicht Guayabo von San José über die gepflasterte Straße nach Cartago und Turrialba. Die Entfernung von San José beträgt etwa 80 km und man sollte mit ca. 2 Stunden Anreisezeit rechnen. Der Park öffnet um 8.00 Uhr und schließt gegen 15.00 Uhr. Gegenüber dem Parkeingang ist ein Besucherzentrum eingerichtet worden, in dem Ausgrabungsstücke und Beispiele aus Tier- und Pflanzenwelt ausgestellt sind.

N 11 Lankester-Orchideengarten

Der englische Botaniker Charles Lankester sammelte Bromelien und Orchideen, um sie zu züchten und auf diese Weise seltene Arten vor dem Aussterben zu retten. Dieses Projekt wird heute von der University of Costa Rica fortgeführt. Die meist einheimischen Pflanzen sind sowohl entlang einiger schön angelegter Pfade als auch in Gewächshäusern zu besichtigen. Die beste Zeit für einen Besuch ist während der trockenen Monate Februar bis Mai, wenn viele der etwa 1000 Orchideenarten in Blüte stehen. Aber auch in den übrigen Monaten lohnt sich ein Besuch, der einem einen wertvollen Einblick in die costarikanische Pflanzenwelt bietet. Besonders informativ sind geführte Rundgänge, die halbstündlich durchgeführt werden. In den Gärten leben zudem über 150 Vogelarten, die von der Blütenpracht angezogen werden. Der Lankester-Garten ist nur 7 km von Cartago entfernt und leicht mit Auto oder Bus zu erreichen. Die Anlage ist täglich von 8.30–15.30 Uhr geöffnet. Wegen seiner Nähe zur Interamericana sollte man auf einer Fahrt in Richtung Süden dieses Kleinod in seine Reiseplanung einbeziehen. Einige Reiseagenturen in San José bieten Besichtigungen des Lankester-Gartens in Verbindung mit einem Besuch des Vulkans Irazú in Tagestouren an.

N 12 Ballena-Nationalpark

Der Ballena-Nationalpark ist ein reines Meeresschutzgebiet. Der Name leitet sich vom spanischen Wort für Wal (»ballena«) ab. In den Gewässer wurden neben Delphinen verschieden Walarten gesichtet. Bisher existiert noch keine Untersuchungen darüber, was die Wale in dieses Gebiet zieht, und vor allem, ob dies nur zu bestimmten Jahreszeiten geschieht. Trotzdem ist der Park einen Besuch wert, auch wenn keine Walsichtungen garantiert sind. Entlang der Küste liegen wunderschöne Strände mit vorgelagerten kleinen Inseln. Das Gebiet eignet sich hervorragend für Schnorchel- und Tauchtouren. Besonders die Gewässer um »Rocas Las Tres Hermanas« und Isla Ballena gelten als fischreich. Der Park ist derart abgelegen und wenig besucht, daß er nicht einmal eine Rangerstation besitzt. Er kann mit Booten von Uvita und Dominical erreicht werden.

N 13 Drake Bay Wilderness Camp

Ein von der Stadt Plymouth gestifteter Gedenkstein erinnert an die Landung des britischen Seefahrers Sir Francis Drake im Jahre 1579. Heutzutage befindet sich an eben dieser Stelle das private Drake Bay Wilderness Camp sowie ein kleiner Fischerort. Trotz seiner Abgeschiedenheit ist dieser Ort ein idealer Ausgangspunkt für Exkursionen auf der Osa-Halbinsel. Das unter Familienleitung geführte Camp bietet komfortable Unterkünfte mit Meeresblick sowie eine Reihe von Touren an. Viele Besucher empfinden es aber auch als angenehm, in der Zurückgezogenheit einfach ein paar Tage auszuruhen.
Vom Camp aus führen Pfade in die nähere und weitere Umgebung. So können Sie den einsamen Cocalito Beach aufsuchen oder über eine Hängebrücke den Río Aguajitas überqueren, um entlang des Flusses durch den Regenwald zu wandern. Mit Kajaks können sie flußaufwärts fahren oder auf die offene See hinaus. Längere Wanderungen führen zur Mündung des Río Claro, zur Biologischen Station Marenco oder gar in den Corcovado-Nationalpark. Besonders auf Touren entlang der Küste bieten sich gute Möglichkeiten zur Vogelbeobachtung. Es vergeht eigentlich kaum ein Tag, an dem man nicht Arakangas (S.125) vorüberfliegen sieht. Ein Höhepunkt ist sicherlich eine Tour zum Río Claro. Zuerst führt eine etwa 30-minütige Bootsfahrt entlang der Küste zu dem privaten Schutzgebiet der Biologischen Station Marenco. Von hier aus wird durch den Regenwald zum Fluß gewandert. Dort angekommen legt man Schwimmwesten und Flossen an, um flußaufwärts zu schwimmen. Es ist wirklich eine einmalige Erfahrung, sich im Wasser treiben zu lassen und die Tier- und Pflanzenwelt zu bewundern. In den hohen Bäumen entdeckt man Regenbogentukane (S.132) sowie Würgadler, die nach Schlangen und Säugern Ausschau halten. Entlang des Flusses jagen Grünfischer und Amazonasfischer (S.128) nach Nahrung, und auf den Baumstämmen sonnen sich Wasserschildkröten.
Weitere Touren führen in das Mangrovengebiet der Isla Violin, Tauch- oder Schnorchelausflüge zur Isla del Caño und Trekkingtouren in den San-Pedrillo-Sektor des Corcovado-Nationalparks.
Drake Bay (Wilderness Camp Tel./Fax 7712436, Apdo. 98-8150, Palmar Norte, Osa) ist nur per Boot über den Sierpe-Fluß ab Sierpe zu erreichen. Die je nach Bootstyp 60–90 Minuten dauernde Fahrt führt durch die mangrovenbewachsene

Sonnenuntergang über dem Golf von Nicoya, von Monteverde aus gesehen.

Flußmündung auf das offene Meer und dann entlang der Küste, bis man dort ankommt, wo auch Sir Francis Drake anlandete. Seien Sie darauf gefaßt, daß die See besonders bei einkommender Flut sehr rauh sein kann, und schützen Sie daher ihre Ausrüstung in wasserfesten Seesäcken.

N 14 Botanischer Garten Las Cruces

Die Biologische Station Las Cruces liegt auf 1200 m Höhe im Süden des Landes nur 6 km südlich des Ortes San Vito. Das Gebiet ist Teil des La Amistad International Park und besteht aus dem Botanischen Garten Robert & Catherine Wilson sowie einem 145 ha großen Waldreservat der OTS. Der botanische Garten macht etwa 8 ha der Fläche aus, und besitzt eine reichhaltige Sammlung tropischer Pflanzen, darunter auch eine der weltgrößten Ausstellungen von Palmen. Nahezu 700 Arten sind hier zu bestaunen. Daneben werden vor allem Pflanzen der mittel- und südamerikanischen Region wie Bromelien, Tillandsien und Orchideen gezeigt.

Der Garten und die umliegenden Waldgebiete ziehen viele Vogelarten an. Besonders auffällig ist das Vorkommen von verschiedenen Tyrannen. So leben hier der Oliv-Breitschnabel, Gelbbauch-Spateltyrannen und 8 weitere Arten aus dieser Gruppe. Finschsittiche und Glatzenköpfe sind häufige Gäste im Garten ebenso wie Tangaren und Zaunkönige. Ein anderer hübscher Vogel ist der Bananaquit, der an seinem leicht gebogenen Schnabel zu erkennen ist. Seine Nahrung sucht er sich an Blüten. Da sein Schnabel nur sehr kurz ist kommt er oft an den begehrten Nektar nicht heran. In einem solchen Fall sticht er die Blüte von der Unterseite an, um sich Zugang zu verschaffen.

Das Gebiet ist täglich von 8–16 Uhr geöffnet und der Eintritt beträgt derzeit 6 US$. Es besteht die Möglichkeit, im Reservat zu übernachten und den Besuch etwas auszudehnen. Gäste können sich im Garten umsehen oder auf den Wegen im Waldreservat nach Pflanzen und Tieren Ausschau halten. Außerdem steht eine Bibliothek mit Bestimmungsbüchern zur Verfügung.

Anfragen unter Tel./Fax 7733278.

Vor der Reise

Informationen

Costa Rica unterhält seit 1996 ein Fremdenverkehrsbüro in Deutschland. Das Büro ist Montags bis Freitags von 9–17 Uhr geöffnet und kann telefonisch unter 0221/9624700 erreicht werden.

➪ Tourismusbüro Costa Rica,
Regentstr. 17, 51063 Köln.

Informationsbroschüren mit Hotellisten sind in anderen Ländern gegen ein geringes Entgelt von den Botschaften bzw. Generalkonsulaten erhältlich (s.S.152).

Eine weitere gute Möglichkeit Erkundigungen einzuziehen, bietet die Internationale Tourismusbörse (ITB), die jährlich in Berlin stattfindet. Interessenten können hier direkt Kontakt zu Reiseveranstaltern und Betreibern von einigen Lodges, Hotels und Tourenunternehmen aufnehmen.

Vor Ort unterhalten die staatliche Tourismusbehörde sowie die Nationalparkverwaltung Informationsbüros in San José, in denen Auskünfte und Broschüren erhältlich sind.

➪ Instituto Costarricense de Tourismo (I.C.T.),
San José, Calle 5 (zwischen Avenida Central und Av. 2), Apto.777;
Tel.: 2221090;
Mo–Fr 9–17, Sa 9–13 Uhr.

➪ Servicio de Parques Nacionales (S.P.N.),
San José, Calle 25 (zwischen Avenida 8 und Av. 10);
Tel.: 2570922;
Mo–Fr 8–16 Uhr.

Die Mepro S. A. (P.O. Box 1502, San José) gibt jährlich einen kostenlosen »Costa Rica Tourist Orientation Guide« mit Unterstützung des I.C.T. heraus, der eine Reihe nützlicher Informationen enthält und im I.C.T Büro erhältlich ist. Eine ähnliche Broschüre wird jährlich von der englischsprachigen Zeitung »The Tico Times« unter dem Titel »Exploring Costa Rica« erstellt. Beide Broschüren sind insbesondere Individualreisenden zu empfehlen, da sie mit wichtigen Adressen und Telefonnummern aufwarten.

Durch die modernen elektronischen Medien ist es neuerdings auch möglich Informationen über Preise und Veranstalter aus dem Internet zu beziehen. Wer Zugang zum World Wide Web hat, findet das Costa Rica TravelNET und andere Informationen unter:
http://www.cr/turismo.html oder
http://www.centralamerica.com oder
e-mail: travelnet@centralamerica.com

Vogelkundler finden das Buch »Birds of Costa Rica« unter:
http://www.interlog.com/~rainfrst/birds.html

Reiseveranstalter

Pauschal- und Individualtouristen haben die Möglichkeit, aus einem recht großen Angebot an Rundreisen, Badeaufenthalten, Trekking- sowie Abenteuertouren das für sie am ehesten geeignete Programm auszuwählen. Kataloge und Beratung sollten in jedem besseren Reisebüro erhältlich sein. Neben den »großen« Reiseveranstaltern gibt es auch einige Spezialveranstalter für Costa Rica und Mittelamerika. Empfehlenswert sind Äquator Tours und Colibri Umweltreisen, da sie Individualtouren und Programme nach dem Baukastenprinzip schon ab 2 Personen anbieten.

➪ Äquator Tours,
Schleißheimer Str. 439,
80935 München;
Tel. 089/3142025, Fax 089/3149945.

➪ Colibri Umweltreisen,
Sophienstr. 5,
10178 Berlin;
Tel./Fax 030/2820879.

Die finanziell günstigste Lösung ist jedoch, lediglich einen Flugschein zu lösen und Ausflüge bei einem ortsansässigen Reisebüro in San José zu buchen. Individualreisenden, die ihre eigenen Vorstellungen verwirklicht sehen möchten, sei Camino Travel in San José empfohlen. Diese Reiseagentur arbeitet auf Provisionsbasis, d. h. sie behält nur die den Reiseveranstaltern vorbehaltene Preisvergünstigung ein, und der Kunde bezahlt denselben Preis, als hätte er einen Inlandsflug oder ein Hotel direkt vor Ort gebucht. Der große Vorteil hierbei ist, daß man sich die Mühe und Zeit sparen kann, selbst alle Hotels zu kontaktieren, und besonders hilfreich ist, daß Camino Travel deutschsprachiges Personal besitzt. Üblicherweise sollte man ein Fax oder eine Email mit seinen Wünschen an das Büro schicken, um einen Tourenplan nebst Kostenvoranschlag zu erhalten.

➪ Camino Travel,
P.O. Box 1049 - 2050, San Pedro,
Costa Rica;
Stadtbüro: San José, Calle 1 (zwischen Avenida Central und Av. 1);
Tel. 2570107, Fax 2570244;
Hauptbüro: Tel. 2342530, Fax 2256143,
e-mail: caminotr@sol.racsa.co.cr

Gesundheit

Für Europäische Reisende sind keine Impfungen vorgeschrieben. In Costa Rica besteht ein geringes Malariarisiko in einigen Gebieten im Norden des Landes und entlang der Küsten. Da Mückenstiche nicht zu verhindern sind, sollte bei längeren Aufenthalten in Risikoregionen eine Malariaprophylaxe eingenommen werden. Empfehlenswert sind weiterhin Hepatitis-A-Schutz sowie Tetanusimpfungen. Auskünfte sollten entweder über den Hausarzt oder das nächstgelegene Tropeninstitut eingeholt werden.

Wer spezifische Medikamente benötigt, sollte diese von zu Hause mitbringen. Ein kleines Erste-Hilfe-Set mit Verbandszeug, Antibiotika, Antiallergika und Schmerzmitteln kann auf längeren Ausflügen sehr hilfreich sein.

Die medizinische Versorgung in Costa Rica ist recht gut. In San José gibt es englisch- und deutschsprachige Ärzte.

Anreise

Reisende aus Europa werden im Regelfall per Flugzeug nach Costa Rica reisen. Die Flugpreise variieren je nach Jahreszeit und Fluggesellschaft zwischen DM 1350.- und DM 2000.-. Günstige Charterflüge bieten Condor und LTU an. Beide Gesellschaften fliegen je nach Saison 1–2mal pro Woche. Linienflüge werden von der KLM über Amsterdam, von Iberia über Madrid (Zwischenübernachtung) und von einigen amerikanischen Fluggesellschaften täglich bzw. 2mal wöchentlich angeboten. Flugreisende kommen auf dem internationalen Flughafen Juan Santamaria von San José an. Am Flughafen sind Autovermietungen und Bushaltestellen vorhanden, im allgemeinen wird man jedoch bereits hier vom beauftragten Reiseunternehmen oder Hotel abgeholt.

Eine weitere Möglichkeit Costa Rica anzureisen bietet sich auf dem Landwege entweder von Norden (USA, Mexiko, Nicaragua) oder aus dem Süden (Panama, Südamerika). Touren entlang des Interamerican Highways sind allerdings aufgrund der politischen Lage in einigen Anrainerstaaten derzeit nicht zu empfehlen.

Wer etwas mehr Zeit und Geld mitbringt, kann auch auf dem Seewege nach Costa Rica gelangen. Auskünfte erteilen Reisebüros und Schiffahrtslinien in Hamburg.

Zeitverschiebung

Die costarikanischen Uhren richten sich nach der Central American Standard Time, die 7 Stunden hinter unserer Zeit zurückliegt. Nach Umstellung auf Sommerzeit in Deutschland (März bis September) beträgt der Zeitunterschied 8 Stunden.

Ein- und Ausreise
Für Aufenthalte bis zu 90 Tagen benötigen Deutsche, Österreicher und Schweizer lediglich einen mehr als 6 Monate gültigen Reisepaß. Schon vor der Landung werden im Flugzeug Landekarten und Zollerklärungen ausgeteilt, die bei der Einreise ausgefüllt abzugeben sind. Wer einen längeren Aufenthalt plant oder über Drittländer einreist, sollte vorher Informationen bei der zuständigen Botschaft einholen. Visa-Verlängerungen können auch in San José beantragt werden.
Bei der Ausreise ist eine Flughafengebühr in Höhe von 15 US$ zu entrichten.

Währung und Geld
Die offizielle Währung ist der Colón. Es gibt Münzen zu 1, 2, 5, 10 und 20 Colones, sowie Scheine zu 50, 100, 500, 1000 und 5000 Colones. Der Kurs ist an den Dollar angelehnt und kann demnach recht stark variieren. Mitte 1996 entsprach 1 US$ etwa 200 Colones. Die inoffizielle, aber gern gesehene Währungseinheit ist der US-Dollar. Europäische Währungen können nur in der Banco de Costa Rica umgetauscht werden und sind oft sehr ungünstig im Kurs. Es empfiehlt sich daher, Reiseschecks in US-Dollar und Bargeld mitzunehmen. Kreditkarten werden in vielen Hotels, Restaurants und Reiseagenturen akzeptiert. Man sollte jedoch darauf gefaßt sein, daß häufig ein 5%-iger Aufschlag zur Rechnung addiert wird.

Reisen im Land

Mit dem Auto
Die größtmögliche Unabhängigkeit bietet sicherlich ein Mietwagen. In San José sind eine Reihe weltweit operierender Unternehmen tätig wie auch kleinere Anbieter. Ein Preisvergleich lohnt sich allemal. Typischerweise ist mit etwa 50 US$ pro Tag für einen Kleinwagen zu rechnen. Es muß jedoch bedacht werden, welche Orte zu welcher Jahreszeit angefahren werden sollen, da häufig ein normales Fahrzeug nicht ausreicht. Allradgetriebene Autos liegen im Preis häufig 20 US$ pro Tag höher. Hinzu kommt noch eine unumgängliche Versicherungsgebühr von über 10 US$ pro Tag und 2 US$ täglich für jeden weiteren eingetragenen Fahrer.
Bei der Wagenübernahme wird ein Protokoll mit bereits vorhandenen Schäden angefertigt. Es ist daher ratsam, sich genügend Zeit zu nehmen und das Fahrzeug genauestens zu überprüfen.

Mit dem Taxi
Nahezu in jedem Ort sind Taxis zu finden, die sowohl innerörtlichen Verkehr als auch Langstreckentransporte anbieten. Im allgemeinen sind die Fahrzeuge mit Taxametern ausgerüstet, jedoch ist es auf längeren Strecken günstiger einen Pauschalpreis vorab auszuhandeln.

Mit dem Bus
Costa Rica hat ein reichhaltiges Angebot an Busgesellschaften und -verbindungen. Von San José aus ist es möglich, im Laufe eines Tages selbst in die entlegensten Ecken des Landes zu gelangen. Für weniger befahrene Strecken empfiehlt es sich, Fahrkarten im Voraus zu reservieren. San José besitzt keinen zentralen Busbahnhof, wie dies in den meisten anderen Orten üblich ist. Eine Zusammenstellung der verschiedenen Abfahrtsorte erhält man beim Touristenbüro (I.C.T.). Die Fahrpreise sind für europäische Verhältnisse ausgesprochen günstig, jedoch sollte man nicht unbedingt einen Luxusbus erwarten.

Mit dem Flugzeug
Fliegen ist sicherlich die zeitsparendste und manchmal einzige Methode in abgelegenere Gebiete zu gelangen. Geflogen wird meist mit kleinen Maschinen, die zwischen 6 und 20 Passagieren befördern können. Das Fluggepäck ist typischerweise auf 10 kg beschränkt, so daß man sich

vor Tourbeginn genau überlegen sollte, was wirklich benötigt wird.
Neben kleineren Charterfirmen sind die staatliche SANSA sowie die private Travelair Hauptanbieter von Inlandsflügen. Nahezu alle touristisch interessanten Gebiete lassen sich per Kleinflugzeug erreichen. Die SANSA fliegt ab dem internationalen Flughafen Juan Santamaria, wo sie auch ein Büro unterhält. Ein weiteres Büro gibt es in San José in der Calle 24 zwischen Avenida 1 und Central (Tel: 2330397, Fax 2552176). Travelair fliegt ab dem nationalen Flughafen Tobias Bolanos bei Pavas (Tel. 2203054, Fax 2200413). Die Flugpreise für einen einfachen Inlandsflug liegen bei Travelair um 75 US$, bei SANSA um 7000 Colones (etwa 35 US$). Flüge werden entweder direkt bei den Fluggesellschaften oder über eine Reiseagentur gebucht. Aufgrund der geringen Größe der Maschinen sollte eine Buchung in der Hochsaison frühzeitig erfolgen.

Verschiedenes

Geschäftszeiten

Behörden und Ämter sind zwischen 8 und 16 Uhr geöffnet, Banken in der Regel von 9–16 Uhr. Private Unternehmen und Geschäfte öffnen häufig schon um 8 Uhr und schließen gegen 18 Uhr. Besonders in San José wird es mit Ladenschlußzeiten nicht sehr genau genommen. In den Mittagsstunden muß man damit rechnen, daß wegen der Siesta geschlossen wird.

Strom

Das Spannungsnetz ist in Costa Rica auf 110 Volt ausgelegt. Adapter für europäische Stecker sollten schon vor der Reise angeschafft werden.

Telefon

Die Vorwahl von Costa Rica ist 00506, gefolgt von der Anschlußnummer. Eine ortsspezifische Vorwahl gibt es nicht. Anrufe und Faxe nach Europa können entweder in den meisten Hotels getätigt werden oder in den Stadtbüros des Elelektrizitätsinstituts (ICE).
Vorwahl von Deutschland: 0049, Österreich: 0043, Schweiz: 0041, gefolgt von der Ortsvorwahl (ohne die 0).
Ein typisches Telefongespräch kostet etwa DM 15.- (10 US$) für die ersten 3 Minuten und 2,50 US$ für jede weitere Minute.

Diplomatische Vertretungen

Deutschland

- Botschaft der Republik Costa Rica,
  Borsingallee 2,
  53125 Bonn;
  Tel. 0228/252940, Fax 0228/252950;
  Mo–Do 9–16, Fr 9–15 Uhr.

Österreich

- Generalkonsulat der Republik Costa Rica,
  Schlöglgasse 10/2,
  1120 Wien;
  Tel. 01/8040537, Fax 01/8049071;
  Mo–Fr 9–14.30 Uhr.

Schweiz

- Botschaft der Republik Costa Rica,
  Thunstr. 150e,
  3074 Muri;
  Tel: 031/9526230, Fax 031/9526457;
  Mo–Fr 9–12 Uhr.

In Costa Rica

- Botschaft der Bundesrepublik Deutschland,
  San José/Rohrmoser,
  Apto. 4017;
  Tel. 2325450, Fax 2316403;
  Mo–Fr 9–12 Uhr.
- Botschaft der Republik Österreich,
  San José,
  Avenida 4 (zwischen Calle 36 und 38),
  Apto. 683; Tel. 2553007;
  Mo–Fr 8–12 Uhr.
- Botschaft der Schweiz,
  San José,
  Paseo Colón (zwischen Calle 38 und 40),
  Apto. 895; Tel. 2214829;
  Mo–Fr 9–12 Uhr.

Anhang

Literatur

BOZA, M. A. (1992): Parques Nacionales Costa Rica National Parks. Editorial Incafo, S. A., Madrid.

DE VRIES, P. J. (1987): The Butterflies of Costa Rica and their Natural History. Princeton University Press, Princeton, New Jersey.

DRESSLER, R. L. (1993): Field guide to the Orchids of Costa Rica and Panama. Comstock Publ. Associates, Cornell University Press, Ithaca, New York.

FRANKE, J. (1993): Costa Rica´s National Parks and Preserves. The Mountaineers Publ., Seattle, Washington.

JANZEN, D. H. (Hrsg.) (1983): Costa Rican Natural History. The University of Chicago Press, Chicago & London.

LÖTSCHERT, W. & G. BEESE (1992): Pflanzen der Tropen. BLV Bestimmungsbuch. BLV, München.

PERRY, D. R. (1988): Leben im Dach des Dschungels. S. Fischer Verlag, Frankfurt am Main.

STILES, G. & A. F. SKUTCH (1989): A guide to the Birds of Costa Rica. Comstock Publ. Associates, Cornell University Press, Ithaca, New York.

WOLTERS, H. E. (1975–1982): Die Vogelarten der Erde. Paul Parey, Hamburg & Berlin.

Karten

Es gibt eine Reihe von Straßenkarten, die in allen Buchhandlungen erhältlich sind. Den meisten Reisenden wird schon vom Reisebüro die Mapa General Costa Rica des I.C.T. (1:800 000) überreicht, die neben den wichtigsten Inlandsverbindungen auch mit Innenstadtplänen größerer Orte aufwartet. Die Fundacion Neotropica (Apdo. 236–1002, San José) gibt eine Straßenkarte mit Beschreibungen der Nationalparks und Schutzzonen unter dem Namen »The National Parks and other protected areas of Costa Rica« heraus (1:500 000).
Sehr detailliert ist der illustrierte Straßenatlas für den Naturtouristen:
Wilberth Herrera, S. (1990): Mapa-Guia de la Naturaleza – Nature Atlas Guide Book. 1: 200 000. Incafo, S. A., Costa Rica & Madrid.
Im Internet befindet sich eine interaktive Landkarte mit Zusatzinformationen unter
http://www.cr/internet/mapacr.html
In vielen Naturschutzparks kann man am Eingang kleine Wegführer erstehen, die die Orientierung im Gebiet erleichtern und auf Besonderheiten hinweisen. Eine schöne Mappe mit Broschüren zu allen staatlich geführten Nationalparks wird vom Ministerio de Recursos Naturales, Energia y Minas (MIRENEM) herausgegeben, jedoch ist die Sammlung häufig vergriffen.

Bildnachweis

W. Denzer: 1, 10, 15o, 15ur, 20, 24o (Einklinker), 24ul, 25o, 28o, 28u, 29, 31, 32, 33, 34o, 34u, 39, 41, 43 (alle), 52u, 53o, 56, 57o, 57u, 58, 60o, 60u, 61M, 61u, 62, 63, 64o, 66u, 67ol, 67or, 70, 71u, 72, 75u, 76, 78o, 79M, 79u, 82, 83o, 83u, 86u, 87 (alle), 89, 90o, 91o, 91M, 92, 94u, 95, 100 (alle), 101ol, 102, 104u, 105o, 106, 108 (alle), 110o, 112o, 112u, 113M, 116 (alle), 117, 120u, 121 (alle), 122, 124 (alle), 129o, 130, 131, 136o, 137ol, 137or, 137u, 140ul, 140ur, 142, 144, 145o, 148

J. Drews: 64u

B. Edmaier: 71o

M. & P. Fogden: 17or, 35u, 46, 47o, 49, 52o, 53u, 66or, 75o, 78u, 79o, 101or, 101ul, 101ur, 103, 113u, 128, 137M

T. Grüner: 42ol

M. Herzog: 2/3, 11o, 11u, 15M, 15ul, 17ol, 17u, 18, 21, 23, 24o (Hauptbild), 47u, 66ol, 67u, 90u, 91u, 97, 104o, 105u, 110u, 120M, 123, 125u, 129u, 133u, 140ol, 140or, 141o, 141u, 145M, 145u

P. Hilkinger: 133o

D. Hoppe: 38

J. Koberg-Bartsch: 120o

T. Moeller: 35o, 86o, 132

M. Pfefferle: 25u, 42or

Tierfoto Reinhard: 16, 125o

K. Wothe: 24ur, 42u, 61o, 77, 94o, 109, 113o, 136u

Umschlagfotos:
Michael Herzog (Playa Naranjo im Santa-Rosa-Nationalpark, vorn; Regenbogentukan, hinten; Schmetterlingsorchidee, hinten)
Konrad Wothe (Bergregenwald im Braulio-Carrillo-Nationalpark, großes Foto)

Foto S. 1: Vulkanausbruch am Arenal
Foto S. 2: Tortuguero-Nationalpark

Wörterbuch

Deutsch/Englisch/Spanisch/ Wissenschaftlich

Säugetiere

Baumozelot, Langschwanz-Katze / Margay / Tigrillo, Caucel / Felis wiedii

Dreifinger-Faultier / Three-toed Sloth / Perezoso de tres Dedos / Bradypus variegatus

Fischotter / Southern River Otter / Nutria / Lutra longicauda

Gelbes Totenkopfäffchen / Central American Squirrel Monkey / Mono Titi / Saimiri oerstedii
Geoffroy-Klammeraffe / Central American Spider Monkey / Mono Arana / Ateles geoffroyi
Grauhörnchen / Variegated Squirrel / Chizas / Sciurus variegatoides

Halsbandpekari / Collared Peccary / Saino / Tayassu tajacu
Hasenmaul-Fledermaus / Fishing Bulldog Bat / Murciélago Pescador / Noctilio leporinus
Hoffmann-Zweifinger-Faultier / Hoffmann´s Two-toed Sloth / Perezoso de dos Dedos / Choloepus hoffmanni

Jaguar / Jaguar / Tigre / Felis onca

Karibische Seekuh / Carribean Manatee / Manaṭi / Trichechus manatus
Kojote / Coyote / Coyote / Canis latrans
Krabbenwaschbär / Crab-eating Raccoon / Mapache Cangrejero / Procyon cancrivorus

Mantelbrüllaffe / Mantled Howler Monkey / Mono Congo / Alouatta palliata
Mittelamerikanischer Tapir / Baird´s Tapir / Chancha, Danta / Tapirus bairdii
Mittelamerikanisches Aguti / Central American Agouti / Guatusa / Dasyprocta punctata
Mittelamerikanisches Opossum / Common Opossum / Raposa, Zorro Pelon / Didelphis marsupialis

Nacktschwanz-Gürteltier / Northern Naked-tailed Armadillo / Armadillo Zopilote / Cabassous centralis
Nasenbär s. Weißrüsselbär
Neunbinden-Gürteltier / Nine-banded Armadillo / Cusuco, Armadillo / Dasypus novemcinctus
Nordamerikanischer Waschbär / Northern Raccoon / Mapache / Procyon lotor

Ozelot / Ocelot / Manigordo / Felis pardalis

Paka / Paca / Tepezcuinte / Agouti paca
Puma / Cougar, Mountain Lion / Puma / Felis concolor

Roter Spießhirsch, Großamazama / Red Brocket Deer / Cabro de Monte / Mazama americana

Skunk, Stinktier / Striped Hog-nosed Skunk / Zorro Hediondo / Conepatus semistriatus

Tamandua / Banded Anteater / Oso Jaceta, Hormiguero / Tamandua mexicana

Vampirfledermaus / Vampire Bat / Vampiro / Desmodus rotundus

Weißbartpekari / White-lipped Peccary / Cariblanco / Tayassu pecari
Weißgesicht-Kapuzineraffe / White-throated Capuchin / Carablanca / Cebus capucinus
Weißrüsselbär, Nasenbär / White-nosed Coati / Pizote / Nasua narica
Weißwedelhirsch / White-tailed Deer / Venado / Odocoileus virginianus
Wickelbär / Kinkajou / Martilla / Potos flavus

Zwergameisenbär / Silky Anteater / Serafin de Plantanar / Cyclopes didactylus

Vögel

Amazonasfischer / Amazone Kingfisher / Martín Pescador Amazónico / Chloroceryle amazona
Anhinga, Schlangenhalsvogel / Anhinga / Pato Aguja / Anhinga anhinga
Arakanga, Hellroter Ara / Scarlet Macaw / Lapa Roja, Guacamayo Rojo / Ara macao
Aztekenmöwe / Laughing Gull / Gaviota Reidora / Larus atricilla
Azurkotinga / Lovely Cotinga / Cotinga Linda / Cotinga amabilis

Bananaquit/Bananaquit / Reinita Mielera / Coereba flaveola
Bechsteinara, Großer Soldatenara / Great Green Macaw / Guacamayo Verde Mayor, Lapa Verde / Ara ambigua
Bentevi, Schwefeltyrann / Great Kiskadee / Bienteveo Grande / Pitangus sulphuratus
Bergjuwel / Mountain Gem / Colibri Montañes/ Lampornis castaneoventris
Bergzaunkönig /Timberline Wren/Soterrey del Bambú/Thryorchilus brownii
Biguascharbe / Olivaceous Cormorant / Cormoran, Pato Chancho / Phalacrocorax olivaceus
Bindenwollrücken / Barred Antshrike / Batará Barreteado / Thamnophilus doliatus
Bischofstangare / Blue gray Tanager / Tangara Azuleja / Thraupis episcopus
Blauscheitelmotmot / Blue-crowned Motmot / Momoto Común / Momotus momota
Brauenmotmot / Turquoise-browed Motmot / Momoto Cejiceleste / Eumomota superciliosa
Braunpelikan / Brown Pelican / Buchon / Pelecanus occidentalis
Braunmantel-Austernfischer / American Oystercatcher / Ostero Americano / Haematopus palliatus
Braunrückentukan, Swainson-Tukan / Chestnut-mandibled Toucan / Quioro / Ramphastos swainsonii
Braunschwanz-Amazilie / Rufous-tailed Hummingbird / Amazilia Rabirrufa / Amazilia tzacatl
Brauntölpel / Brown Booby / Piquero Moreno / Sula leucogaster
Brillenkauz / Spectacled Owl / Oropopo / Pulsatrix perspicillata

Dickschnabelkolibri / Magnificent Hummingbird / Colibrí Magnífico / Eugenes fulgens
Dohlengrackel / Great-tailed Grackle / Clarinero o Zanate Grande / Quiscalus mexicanus

Erzeremit / Bonzy Hermit / Ermitaño bronceado / Glaucis aenea

Feuerschnabel-Arassari / Fiery-billed Aracari / Tucanillo Piquianaranjado / Pteroglossus frantzii
Finschsittich / Crimson-fronted Parakeet / Perico Frentirrojo / Aratinga finschi
Fischadler / Osprey / Aguila Pescadora / Pandion haliaetus
Fischertukan s. Regenbogentukan

Gelbbauch-Spateltyrann / Common Tody-Flycatcher / Espatulilla Común / Todirostrum cinereum
Gelbhosenpipra / Red Capped Manakin / Saltarin Cabecirrojo / Pipra mentalis
Gelbstirn-Jassana / Northern Jacana / Gallito de Agua / Jacana spinosa

Glanzfleckentangare / Spangle-cheeked Tanager / Tangara Vienticastañal / Tangara dowii
Glatzenkopf / White-Crowned Parrot / Loro Coroniblanco / Pionus senilis
Goldbrauenorganist / Golden-browed Chlorophonia / Chlorofonia Cejidorada / Chlorofonia callophrys
Goldkinnsittich s. Tovisittich
Goldkopftangare s. Purpurmasken-Tangare
Graubussard / Gray Hawk / Gavilan Gris / Buteo nitidus
Großfuß-Buschammer / Large-footed Brush-Finch / Saltón Petigrande / Pezopetes capitalis
Grünfischer / Green Kingfisher / Martin Pescador Verde/Chloroceryle americana
Grünreiher s. Mangrovereiher
Grüntangare / Bay-headed Tanager / Tangara Cabecicastaña / Tangara gyrola
Grün-Veilchenohrkolibri / Green Violet-ear / Colibri thalassinus
Guatemalaspecht / Pale-billed Woodpecker / Carpintero / Campephilus guatemalensis

Hämmerling, Glockenvogel / Three-wattled Bellbird / Pajaro Campana / Procnias tricarunculata
Halsband-Arassari / Collared Aracari / Tucanillo Collajero / Pteroglossus torquatus
Halsband-Waldsänger / Collared Redstart / Candelita Collareja / Myioborus torquatus
Harpyie / Harpy Eagle / Aguila Arpia / Harpia harpyja

Inka-Täubchen / Inca Dove / Tortolita Colilarga / Columbina inca

Jabiru / Jabiru-Stork / Jabirú / Jabiru mycteria
Jungferntrogon / Collared Trogon / Trogón Collajero / Trogon collaris

Kahnschnabel / Boat-billed Heron / Pico-Cuchara / Cochlearius cochlearius
Karakara / Crested Caracara / Caracara Cargahuesos / Polyborus plancus
Königsgeier / King Vulture / Zopilote Rey / Sarcoramphus papa
Krabbenbussard / Common Blach-Hawk / Gavilan Cangrejero / Buteogallus anthracinus
Kuhreiher / Cattle Egret / Garcilla Bueyera / Bubulcus ibis
Kupfertrogon / Elegant Trogon / Trogón Elegante / Trogon elegans

Lachfalke / Laughing Falcon / Guaco / Herpetotheres cachinnans
Langschwanzeremit / Long-tailed Hermit / Ermitaño Colilargo / Phaethornis superciliosus
Langschwanzhäher / Magpie-Jay / Urraca Copetona / Calocitta formosa
Langschwanzpipra / Long-tailed Manakin / Toledo / Chiroxiphia linearis
Laucharassari / Emerald Toucanet / Tucanillo / Aulacorhynchus prasinus

Mangrove-Amazilie / Mangrove Hummingbird / Amazilia Manglera / Amazilia boucardi
Mangrove-Bussard / Mangrove Hawk / Gavilán Manglera / Buteogallus subtilis
Mangrovereiher, Grünreiher / Green-backed Heron / Garcilla Verde / Butorides striatus
Marmorreiher / Fasciated Tiger-Heron / Garza-Tigre de Selva / Tigrisoma lineatum
Maskenklarino / Black-faced Solitaire / Jilguero / Myadestes melanops
Montezuma-Stirnvogel / Montezuma Oropendola / Oropendola de Montezuma / Psarocolius montezuma
Morgenammer / Rufous-collared Sparrow / Chingolo / Zonotrichia capensis

Nacktkehl-Schirmvogel / Bare-necked Umbrellabird / Pajaro Sombrilla / Cephalopterus glabricollis

Olivscheitel-Breitschnabel / Yellow-olive Flycatcher / ? / Tolmomyias sulphurescens

Passerinitangare / Scarlet-rumped Tanager / Tangara Lomiescarlata / Rhamphocelus passerinii

Prachtfregattvogel / Magnificent Frigat-Bird / Rabihorcado Magno / Fregata magnificens
Purpurmasken-Tangare, Goldkopftangare / Gold-hooded Tanager / Tangara Capuchidorada/Tangara larvata

Quetzal / Resplendent Quetzal / Quetzal / Pharomachrus mocinno

Rabengeier / Black Vulture / Zopilote Negro / Coragyps atratus
Regenbogentukan, Fischertukan / Keel-billed Toucan / Curre Negro / Ramphastos sulfuratus
Riefenschnabel-Ani / Groove-billed Ani / Garrapatero Piquiestriado / Crotophaga sulcirostris
Rosalöffler / Roseate Spoonbill / Espatula Rosada / Ajaia ajaja
Rosttäubchen / Ruddy Ground-Dove / Tortolita Rojiza / Columbina talpacoti
Rotbauchguan / Crested Guan / Pava Crestada / Penelope purpurascens
Rotbrustfischer / Ringed Kingfisher / Martín Pescador Collajero / Ceryle torquata
Rotschenkelpitpit / Scarlet-thighed Dacnis / Mielero Celeste y Negro / Dacnis venusta
Rotschnabelbussard / Roadside Hawk / Gavilan Chapulinero / Buteo magnirostris
Rotschnabel-Pfeifgans / Black-bellied Whistling Duck / Piche / Dendrocygna autumnalis
Rotstirnamazone / Red-lored Amazon / Loro Frentirojo / Amazona autumnalis

Salmonreiher / Rufescent Tiger-Heron / Garza-Tigre de Río / Tigrisoma fasciatum
Schmuckreiher / Snowy Egret / Garceta Nivosa / Egretta thula
Schmucktäubchen / Blue ground Dove / Tortolita Azulada / Claravis pretiosa
Schneekrönchen / Snowcap / Copete de Nieve / Microchera albocoronata
Schneeschmuckvogel / Snowy Cotinga / Cotinga nivosa / Carpodectes nitidus
Schuppenbrusttaube / Scaled Pigeon / Tortolita Azulada / Claravis pretiosa
Schwarzbauchguan / Black Guan / Pava Negra / Chamaepetes unicolor
Schwarzkopftrogon / Black-heade Trogon / Trogón Cabecinegro / Trogon melanocephalus
Schwarzmantel-Scherenschnabel / Black Skimmer / Rayador Negro / Rhynchops niger
Schwefeltyrann s. Bentevi
Silberkehltangare / Silver-throated Tanager / Tangara Dorada / Tangara icterocephala
Silberreiher / Great White Heron / Garceta Grande / Casmerodius albus
Sonnenralle / Sunbittern / Garza del Sol / Eurypypga helias
Streifenjunko / Volcano Junco / Junco Paramero / Junco vulcani

Tovisittich, Goldkinnsittich / Orange-chinned Parakeet / Periquito Barbinaranja / Brotogeris jugularis
Truthahngeier / Turkey Vulture / Zopilote Cabecirrojo / Cathartes aura
Tuberkelhokko / Great Curassow / Pavón Grande / Crax rubra

Vulkankolibri / Volcano Hummingbird / Chispita Volcanero /Selasphorus flammula
Veilchentrogon / Violaceous Trogon / Trogón Violaceo / Trogon violaceus

Waldstorch / American Wood-Stork / Ciguenon / Mycteria americana
Weinkehlkolibri / Volcano Hummingbird / Chispita Volcanera / Selasphorus flammula
Würgadler / Guiana Crested Eagle / Aguila Crestada / Morphnus guianensis

Zeledonie / Zeledonia / Zeledonia / Zeledonia coronata
Zwergeremit / Little Hermit / Ermitaño Enano / Phaethornis longuemareus
Zwergsultanshuhn/Purple Gallinule / Gallareta Morada / Porphyrula martinica

Amphibien und Reptilien

Abgottschlange / Boa Constrictor / Boa, Béquer / Boa constrictor
Agakröte / Marine Toad, Giant Toad / Sapo Grande / Bufo marinus
Ameiven / Macroteiids / Chisbalas / Ameiva spec.
Anolis / Anole / Lagartija, Anole / Anolis spec., Norops spec.

Bastardseeschildkröte / Olive Ridley / Tortuga Lora / Lepidochelys olivacea
Buschmeister / Bushmaster / Matabuey / Lachesis muta

Erdbeerfrosch / Red Poison Dart Frog / Rana Rojo / Dendrobates pumilio

Gelbe Rattennatter / Ratsnake / Ratonera Oliva, Culebra Amarilla / Senticolis triaspis
Gelbkopfgecko / Yellow-headed Gecko / Gonatodes albogularis
Gestreifter Blattsteigerfrosch / Striped Poison Dart Frog / Rana Venenosa / Phyllobates vittatus
Glasfrosch / Glass Frog / Rana de Vidrio / Centronella fleischmanni
Goldaugenfrosch / Golden-eyed Leaf Frog / Rana Verde / Agalychnis calcarifer
Goldbaumsteiger / Poison Dart Frog / Rana Venenosa / Dendrobates auratus
Goldkröte / Golden Toad / Sapo Dorado / Bufo periglenes
Granulierter Baumsteiger / Granulated Poison Arrow Frog / Rana Rojo / Dendrobates granuliferus
Grüner Leguan / Green Iguana / Iguana Verde / Iguana iguana

Helmbasilisk / Lagartija Jesucristo / Basiliscus basiliscus
Helmleguan / Crested Iguana / Corytophanes cristatus

Indigonatter / Indigo / Zopilota / Drymarchon corais

Kaiman s. Krokodilkaiman
Karettschildkröte / Carey / Eretmochelys imbricata
Katzenaugennatter, Riemennatter / Chunk-headed Snake / Bejuquilla / Imantodes cenchoa
Klapperschlange / Tropical Rattlesnake / Serpiente de Cascabel / Crotalus durissus
Korallenschlange / Coral Snake / Culebra Coral / Micruru spec.
Krokodilkaiman / Cayman / Caiman, Guajipal / Caiman crocodilus

Lanzenotter / Fer-de-Lance / Terciopelo / Bothrops asper
Lederschildkröte / Leatherback Turtle / Tortuga Baula / Dermochelys coriacea

Makifrosch / Clown Frog / ? / Phyllomedusa lemur

Ochsenfrosch / Smoky Frog / Rana Ternero / Leptodactylus pentadactylus

Plättchen-Seeschlange / Pelagic Sea Snake / Culebra del Mar / Pelamis platurus

Regenfrösche / Tink Frog / Martillito / Eleutherodactylus spec.

Rotaugenfrosch / Gaudy Leaf Frog / Rana Calzonudo / Agalychnis callidryas

Schlegelsche Lanzenotter / Eyelash Viper / Bocaraca, Oropel / Bothriechis schlegeli
Schleuderzungensalamander / Mountain Salamanger / Salamandra / Bolitoglossa spec.
Schwarzer Leguan / Ctenosaur, Black Iguana / Garrobo, Iguana Negra / Ctenosaura similis

Spitzkrokodil / American Crocodile / Crocodilo Amarillo / Crocodilus acutus
Spitzkopfnatter / Vine Snake / Bejuquillo / Oxybelis spec.
Stirnlappenbasilisk / Jesus Christ Lizard / Lagartija Jesucristo / Basiliscus plumifrons
Suppenschildkröte / Green Turtle / Tortuga Verde / Chelonia mydas

Tropensalamander / Tropical Salamander / Salamandra / Oedipina spec.

Waldskink / Forest Skink / Escincela Parda / Sphenomorphus cherriei

Zaunleguan / Spiny Lizard / Lagartija Espinosa / Sceloporus malachiticus

Fische

Barrakuda / Barracuda / Barracuda / Sphyraena barracuda
Braunhai / Bull Shark / Tiburon Toro / Carcharhinus leucas
Blauer Papageifisch / Blue Parrotfish / Loro Azul / Scarus coeruleus

Colorado-Schnapper / Pargo Colorado / Lutjanus colorado

Gar/Gar Fish / Pez Gaspar / Atractosteus tropicus

Kariben-Kaiserfisch / Rock Beauty / Isabelita / Holacanthus tricolor

Olivgrüner Snook / Carribean Snook / Róbalo / Centropomus undecimalis

Stachelrochen / Manta Ray / Raya / Dasiatis longus

Tarpun / ? / Sábalo / Megalops atlanticus

Weiße Meeräsche / ? / Lisa / Mugil curema

Wirbellose und Niedere Tiere

Akazienameise / Acacia-Ant / Hormiga del Cornizuelo / Pseudomyrex ferruginea
Aztekenameisen / Azteca Ants, Cecropia Ants / Hormiga Azteca / Azteca spec.
Augenspinner / Saturniid Moth / Rothschildia spec.

Baumkoralle / Elkhorn Coral / Cuernos de Alces / Acropora palmata
Blattschneiderameise / Leaf-cutting Ants / Zompopas / Atta cephalotes
Blattschrecke / Bush Katydid / Esperanza / Orophus consperus
Blauer Morphofalter / Blue Morpho / Celeste Comun / Morpho peleides
Blaukrabbe / Blue Crab / Cangreja Azul / Callinectes spec.

Diademseeigel / Black Urchin / ErizoNegro / Diadema antillarum

Eremitenkrabbe / Hermite Crab / Cangrejo Ermitaño / Coenobita compressus
Eulenfalter / Cream Owl Butterfly / Buhito Pardo / Caligo memnon

Geisterkrabbe / Ghost Crab / Cangrejo Chimpenano / Ocypode spec.
Glasflügelfalter / Satyrid Butterfly / Cithaerias menander

Hirnkoralle, Neptunhirn / Brain Coral / Cerebriformes / Diplora spec.

Monarchfalter / Monarch / Danaus plexippus
Morphofalter s. Blauer Morphofalter

Nashornkäfer / Rhinocerus Beetle / Cornizuelo / Megasoma elephas

Ponerinenameise / Giant Tropical Ant / Bala / Paraponera clavata

Radnetzspinne / Golden Orb-Spider / Arana de Oro / Nephila clavipes
Rindenkoralle / Venus Sea Fan / Abanicos de Mar / Gorgonia flabellum
Rote Landkrabbe / Red Land-Crab / Cangrejo Rojo de Tierre / Gecarcinus quadratus

Schwalbenschwanz / Giant Swallowtail / Lechera / Papilio cresphontes
Seegurke / Sea Cucumber / Pepino de Mar / Holothuria spec.
Stabheuschrecke / Walking Stick / Juanpalo / Calynda bicuspis
Stachellose Bienen / Abeja Atarrá, Culo de Vaca / Stingless Bee / Trigona spec.

Tausendfüßer / Large Forest-floor Millipede / Milpies / Nyssodesmus python

Vogelspinne / Tarantula / Tarantula / Avicularia spec.
Zebrafalter / ? / ? / Heliconius spec.

Planzen

Akazie / Acazia / Cornizuelo / Akazia costaricensis
Amerikanischer Balsambaum / Naked Indian / Indio Desnudo / Bursera simaruba

Ananas / Pineaple / Pina / Ananas comosus

Banane / Banana / Platano / Musa acuminata
Bastpalme / Raphia Palm / Palma Yolillo / Raphia taedigera
Baumfarne / Tree Ferns / Arabo de Mico / Fam. Cyatheaceae & Dicksoniaceae
Baumfreund / Philodendron / Philodendron / Philodendron spec.

Calathea / Rattlesnake Plant / Hoja Negra / Calathea insignis

Dieffenbachia / Dumb Cane / Loterías / Dieffenbachia spec.

Eiche / Oak / Roble / Quercus spec.
Espavé / Anarcadiaceae / Anarcadium excelsum

Feige / Fig / Higueron / Ficus spec.
Fensterblatt / Monstera / Monstera spec.
Frangipani / Temple Tree / Frangipani / Plumeria rubra
[illegible] / Fern / Alianton / Adiantum concinnum
Fruchtflügelbaum / Legume Tree / Leguminosa / Pterocarpus officinalis

Geschnäbelte Helikonie / Plantain / Plantanillo / Heliconia rostrata
Greisenbart / Louisiana Moss / ? / Tillandsia usneoides
Guacimo / Guacimo Tree / Guacimo / Guazama ulmifera
Guanacaste-Baum / Ear Fruit / Guanacaste / Entrolobium cyclocarpum
Gummibaum / Rubber Plant / Gomero / Ficus elastica

Ipé-Baum / Yellow Cortez / Corteza Amarillo / Tabebuia chrysantha
Ira-Baum / Ira / Ira Rosa / Ocotea spec.

Kakaobaum / Cocoa / Cacao / Theobroma cacao
Kaffeebaum / Coffee / Cafe / Coffea arabica
Kapokbaum, Wollbaum / Silk Cotton Tree / Ceiba / Ceiba petandra
Kaschubaum / Cashew / ? / Anacardium occidentale
Kaugummibaum, Breiapfel / Chiclé-Tree / Nispero, Chiclé / Manilkara zapota
Kautschukbaum / Rubber / Hule / Hevea brasilensis
Klusie / Clusias / Clusia / Clusia flava
Knopfmangrove / Buttonwood Mangrove / Botoncillo / Conocarpus erecta
Kokospalme / Coconut / Cocotero / Cocos nucifera
Kußmund / ? / Labios de Mujer / Cephaelis (Psychotria) elata

Macadamia / ? / ? / Macadamia spec. (eine Protee aus Australien mit Nußfrüchten)
Mahagonibaum / Mahogany / Caoba / Swietana macrophylla
Mangobaum / Mango / Mango / Mangifera indica
Maniok / Manioc / Yuka / Manihot esculenta
Manzanillobaum / Manzanillo / Hippomane mancinella

Papaya / Papaya / Papaya / Carica papaya
Purpurholz-Baum / Purple-heart Tree / Nazareno / Peltogyne purpurea

Raphiapalme s. Bastpalme
Regenschirm der Armen / Poor Mans´s Umbrella / Sombrillo de Pobre / Gunnera insignis
Riesenananas,Riesenbromelie / Giant bromelia / Pinuelas / Bromelia pinguin
Rote Mangrove, Amerikanische Rhizophora / Red Mangrove / Mangle Rojo / Rhizophora mangle

Schmetterlingsorchidee / ? / ? / Epidendrum radicans
Schwarzeiche / Black Oak / Roble Negro / Quercus costaricensis
Schwarze Mangrove / Black Mangrove / Mangle Salado / Avicennia germinans
Seegras / Turtle Grass / Pasto de Tortugo / Thalassia testudinum
Sinnpflanze / Mimose / Zarza / Mimosa pigra
Stelzwurzelpalme / Chonta Palm / Chonta / Iriarta spec.

Tamarinde / Tamarinde / Tamarindo / Tamarindus indica
Teak / Teak / Teka / Tectona grandis
Trompetenbaum / Cecropia Tree / Cecropia / Cecropia spec.

Wagnersche Helikonie / Plantain / Plantanillo / Heliconia wagneriana
Wasserhyazinthe / Water Hyacinth / Jacinto de Agua / Eichhornia crassipes
Weißeiche / White Oa / Roble Blanco / Quercus copeyensis
Weißgummibaum / Sun-burned Gringo / Indio Desnudo, Gumbo-Limbo / Bursera simaruba
Weiße Mangrove / White mangrove / Mariquita / Languncularia racemosa
Wilder Ingwer / Wild Ginger / Cana Agria / Costus laevis
Würgefeige / Strangler Fig / Higueron / Ficus spec.

Zuckerrohr / Sugar Cane / Caña de Azucar / Saccharum officinarum
Zypresse / Cypress / Escallonia spec.

Register

Fett gedruckte Seitenzahlen verweisen auf Fotos, schräg gedruckte auf Essays (im Text blau unterlegt). Seitenzahlen mit dem Zusatz »ff.« bezeichnen den Beginn eines Hauptreiseziels.

Planzen und Tiere

Ortsnamen und Sachbegriffe

Die Natur als Reiseziel

Pressestimmen zur Reihe »Reiseführer Natur«:

»Besser, informativer und übersichtlicher kann man es eigentlich nicht machen...«
Die Zeit

»...ein Muß für jeden Naturliebhaber...«
Frankfurter Rundschau

»...attraktiv und übersichtlich gestaltet, zudem kenntnisreich, nie aber langweilend verfaßt...«
Frankfurter Allgemeine Zeitung

»...sehr ansprechend aufgemacht...«
Süddeutscher Rundfunk

»...eine ausgezeichnete Reihe...«
Bayerisches Fernsehen

»...schöne Reiseführer, die man nicht nur gern und mit Gewinn vor Ort in die Hand nimmt. Sie laden auch ein, in Gedanken zu reisen oder einfach darin zu schmökern...« *Das Tier*

Im BLV Verlag finden Sie Bücher zu folgenden Themen: Garten und Zimmerpflanzen • Wohnen und Gestalten • Natur • Heimtiere • Jagd • Angeln • Pferde und Reiten • Sport und Fitneß • Tauchen • Reise • Wandern, Alpinismus, Abenteuer • Essen und Trinken • Gesundheit und Wohlbefinden

Wenn Sie ausführliche Informationen wünschen, schreiben Sie bitte an:

BLV

BLV Verlagsgesellschaft mbH
Postfach 40 03 20 • 80703 München
Telefon 089/12705-0 • Telefax 089/12705-543

Bereits erschienen:

Afrika, Südliches • Alaska • Australien • Brasilien, Venezuela • Frankreich, Südliches • Galapagos Griechenland – Festland und Küste • Indien • Island • Kanada • Kanarische Inseln • Malaysia • Mallorca, Menorca, Ibiza, Formentera • Nepal, Sikkim und Bhutan • Neuseeland • Ostafrika • Schottland mit England und Wales • Seychellen, Mauritius • Skandinavien, Nördliches, mit Finnland • Skandinavien, Südliches • Spanien • Türkei • USA • USA, Südwesten der

In Vorbereitung:

Polen und Baltikum • Sardinien, Korsika